U0111693

大展好書　好書大展
品嘗好書　冠群可期

大展好書　好書大展

品嘗好書　冠群可期

武術特輯
88

八極拳運動全書

安在峰 編著

大展出版社有限公司

作者簡介

安在峰（常用筆名：居山、艾峰、安康、安迪、慧根、戈盾、劍聖、居山劍聖、武林儒生），男，1957 年 11 月出生，江蘇豐縣人，大專畢業，中共黨員，武術家、作家，現爲中國體育史學會會員，小學高級教師。

自幼練武、習醫，通曉武術、散打、推手、中醫、美術，擅長寫作著書。在省以上級報刊雜誌上發表文學性、理論性、技術性文章 300 多篇；分別在人民體育出版社、北京體育大學出版社、山東科學技術出版社、中原農民出版社、河南科學技術出版社、安徽科學技術出版社、臺北品冠文化出版社、臺北大展出版社出版了《42 式太極拳意氣勢練法》《陳式太極拳意氣勢練法》《太極推手快速入門不求人》《太極推手絕技》《太極推手秘傳》《武林卸骨拿筋術》《防搶防盜護身術》《化險巧技》《名家神殺》《絕腿秘殺》《武林硬功絕技》《拳擊快速入門》《拳擊實戰提高》《世界拳王成名技法》《世界拳王爭霸絕技》《武林擒拿絕技》《肘法大擂臺》《膝法大擂臺》《散打快速入門不求人》《拍打健身祛病功》《常見病拔罐療法》《常見病艾灸療法》《常見病貼敷療法》《常見病熏洗療法》《常見病指針療法》《神奇拍打療法》《神奇藥茶療法》《神奇藥酒療法》等 60 多部著作。

其作品多次在全國獲獎，他編著的《出招制勝》一書

獲第七屆全國圖書「金鑰匙」優勝獎。多次被豐縣縣委、豐縣人民政府嘉獎，評爲優秀工作者。

　　徐州人民廣播電臺、豐縣人民廣播電臺、《徐州日報》《徐州宣傳》《豐縣日報》等新聞媒介專題介紹過其事蹟，並入選《古豐新歌》《一路風流》《實幹家》《太陽下的夢》等報告文學集。已入編《中國武林人物志》《中國當代武術家名典》《中國民間名人錄》《世界名人錄》《科學中國人／中國專家人才庫》《徐州市體育資料》《豐縣誌》等 20 多種志書。

前 言

　　八極拳又名開門八極拳，也稱爲「八擊拳」「八技拳」「八忌拳」「巴子拳」，是我國傳統的優秀拳種之一。八極拳以其剛烈雄健、樸實簡潔的風格和獨特的技擊特點著稱於世。拳諺曰：「文有太極安天下，武有八極定乾坤。」可見它在我國武壇眾多門派中的地位。

　　八極拳主要流行於我國北方諸省，南方及海外也見。河北滄州是八極拳的發源地，是清朝康熙年間一個名叫「癩」的雲遊高僧始傳給吳鐘，尊「癩」爲始祖一世，吳鐘爲初祖二世，迄今歷經 200 多年不衰。

　　20 世紀 40 年代末，原南京中央國術館將八極拳列爲必修拳術。後來軍警訓練的《擒敵拳》就是在八極拳的基礎上，汲取精華改編而成的，並成爲軍警訓練的重要手段。隨之廣傳全國，飲譽海外。

　　爲了滿足廣大拳術愛好者的需要，筆者將從師之所學和多年研練積累的經驗及搜集整理的資料，編撰成《八極拳運動全書》。

　　此書第一章爲八極拳基礎理論，介紹了八極拳的歷史淵源、風格特點、內容概要、練習好處、練習步驟、練習要領及技法要求和發勁方法；第二章爲八極拳基本訓練，介紹了八極拳的手型、手法、步型、步法及打沙袋、摟椿、靠椿、站椿、行椿等基本技法和功法練習；第三章爲

八極拳基礎套路，介紹了八拳系的六大開、八大招、八極拳母架、八極拳入門架、六肘頭、八極連環拳等單練套路的拳譜歌訣及練法；第四章爲八極拳中級套路，介紹了貼身靠、八極拳小架單練套路的拳譜歌訣及練法；第五章爲八極拳高級套路，介紹了八極四郎寬拳、八極對接拳單拆、單練套路的拳譜歌訣及練法；第六章爲八極拳對練套路，介紹了精功八極對接拳、六肘頭對接、八極單拆拳對接的拳譜及練法；第七章爲八極拳實戰用法，在實戰用法裏介紹了六大開各招實戰用法、八大招各招實戰用法、八極拳母架用法選萃、八極拳入門架用法五招、六肘頭實用法精選、八極連環拳各招實戰用法、八極拳貼身靠制敵十法、八極拳小架應敵秘法、八極四郎寬拳技擊精選、八極對接拳單拆應手制敵二十四法；第八章爲八極拳輔導答疑，對在練習八極拳過程中遇到疑難問題，用問答的形式進行了解答，對八極拳理歌進行了釋義，介紹了三勁合一的八極功——兩儀樁及八極拳的三步六字要法。在附錄裏摘編了八極拳十說。本書不僅是八極拳的資料庫，也是八極拳愛好者的「良師益友」。

此書內容豐富，套路全面，圖解清晰，圖文並茂，可謂一讀就懂，一看就會，久練能熟，熟則管用。

由於水準所限，在編寫過程中，難免有不足之處，敬希讀者批評指正。

編著者
於漢高故里

目　錄

八極拳運動全書

第 **1** 章

八極拳基礎理論

第一節　八極拳介紹

　　八極拳又名「開拳」「開門拳」，全稱為「開門八極拳」，它是我國傳統拳術中的一種，八極拳以其剛烈雄健，樸實簡潔的風格和獨特的技擊特點著稱於世。拳諺曰，「文有太極安天下，武有八極定乾坤」，可見它在我國武壇眾多門派中的地位。

　　八極拳主要流行於我國北方，南方也見，現已遍及全國並傳向海外。河北滄州孟村是八極拳的發源地。據說八極拳有二百七十多年的歷史，它是清朝康熙年間一名叫「癩」的雲遊高僧始傳給孟村吳鐘的。所以，尊「癩」為始祖一世，吳鐘為初祖二世。

　　吳鐘字弘聲，回族人，生於西元 1712 年，卒於西元 1802 年，享年 90 歲。傳聞吳鐘從雲遊僧人學藝十載，深得八極拳精髓，高僧告辭後兩年，又派其佛門弟子「癖」給吳鐘傳授大槍奧妙，並贈八極拳秘訣一卷。至此吳鐘如

虎添翼，技藝更為精湛。

　　傳說他在杭州曾與少林寺僧人較藝，屢屢獲勝。雍正年間吳鐘闖福建泉州莆田少林寺，寺內雖諸多暗器卻無一傷身，因其著名。在北京和恂群王允襈較藝，在兵器殳的上端縛上布條，塗上白粉，兩人來往數合，槍擊時，粉粘在允襈額頭之上，而允襈不覺。從此吳鐘被譽為「吳神槍」。當時還有「南京到北京，大槍數吳鐘」之說。

　　八極拳流傳至今有十多代，其中吳融、吳楠、黃四海、吳會清、吳秀峰、李書文、王忠全、霍殿閣、霍雲慶、馬風圖、馬英圖、張克明、楊秀山、楊沛武、趙寶璧、錢樹喬、馬明達、蔣浩全、安天榮、劉吉亭、吳連枝、李俊義、趙連訓、張興民等八極拳名家，對八極拳的傳播均做了大量的工作。使八極拳得到了長足發展。八極拳在日本、美國、德國、新加坡等國家和臺灣、香港等地區流行較為廣泛，尤其是在日本比較盛行。

　　八極拳的主要內容有「六大開」「八大招」「八極拳母架」「八極拳入門架」「六肘頭」「八極連環拳」「貼身靠」「八極拳小架」「八極四郎寬拳」「八極對接拳單拆」「精功八極對接拳」「六肘頭對接」「八極單拆拳對接」及「實戰應手（招式的實戰用法）」等。技擊以「六大開」「八大招」為核心。

　　「六大開」即頂、抱、單、提、挎、纏，是單手操六個基本動作的小組合。每一種手法都有較強的技擊性，簡樸剛烈，兇猛異常，均是八極拳的主要技擊手段。

　　「八大招」是八極拳的動作組合操，每組可單獨練習，也可連在一起貫穿練習，是八極拳的技擊散手，和

「六大開」有異曲同工之妙，可合而不可分。「閻王三點手」「猛虎硬爬山」「迎門三不顧」「霸王硬折韁」「迎封朝陽掌」「左右硬開門」「黃鶯雙抱爪」「立地通天炮」等為其主要手法。

「八極拳母架」是八極拳門母拳套路，也是八極拳的基礎單練套路。每套二十多個動作，內容豐富，每招每勢技擊實用。

「八極拳入門架」是八極拳門的一套基本單練套路。動作簡易，內容豐富，每招每勢技擊實用。

「六肘頭」是以肘為主的具有代表性的單練套路。它套路短小精悍，全套動作僅有十幾個，包括踢、打、摔、拿等極為豐富的內容，它體現了八極拳太極肘的變化特點，技擊性極強。拳諺有「學會六肘頭，遇敵變手不用愁」。

「八極連環拳」是八極拳門的一套單練套路，分為兩段，二十三個動作，可將首尾連接起來反覆進行練習而得名。其動作簡單實用，攻防兼備，氣勢雄健。其套路具有編排新穎、內容精純，動作樸實，勁力剛猛，技法實用之特點。

「貼身靠」又稱「鐵山靠」「貼山靠」，它是一套以挨、崩、擠、靠為主要技法的單練套路，主要體現摔跌之特點。全套二十多個動作，練起來剛勁有力，暴烈突然，技擊實用特點突出。

「八極拳小架」是八極拳門中的主要基本套功，是單練套路。此拳短小精悍，整個套路不過二十幾個動作。但內容極其豐富，包括打法、肘法、捆法、靠法、纏法等各

種技法動作。每個動作能舉一反三，變化無窮。所以，「八極小架」易學易練，又有較強的技擊作用，是八極拳術中之精華。

「八極四郎寬拳」是一套八極拳門的綜合單練套路，技法全面，內容豐富，技擊實用，拳諺曰「學會四郎寬，打遍半邊天」。

「八極對接拳單拆」有人稱做「大八極」「應手拳」，原名是「單摘」「小極管招」等。此拳是按「八極對接拳」套路的動作順序進行單練的套路，是八極拳門的一套正拳，也是最重要的一套主拳，屬於單練套路，也可對練。全套四十八個大架子。

「精功八極對接拳」是一套八極拳基本對練套路，技法簡單，一攻一防，往返兩趟，返回時攻方為防、防守方為攻，左右對稱。

「八極單拆拳對接」又稱「八極對練」「八極對打」「八極對截」等。它是按「八極拳單拆」單練套路的動作順序，其一趟中的動作與另一趟中相應的動作進行攻防交手的對練套路。其內容與「八極拳單拆」單練套路相同，僅練習形式不同，一個是單人練習，另一個是兩人對練而已。

「實戰應手」則是八極拳門各套拳法之動作在實戰時的應用，也稱「拆手」或「散手」「散打」等。

應用時講求：「挨崩擠靠，迅猛遒勁，崩撼突擊，以短制長。」發招進手時吐氣發聲，以氣催力，以聲助勢，咄咄逼人。並要求擁搓代緩，抑揚頓挫，氣力貫通，即所謂：八極暴發力強，剛柔相濟，有開有合，內練一口氣，

外練筋骨皮。

八極拳拳理說：「拳似流水腰連貫，腰似蛇行腳似鑽，剛柔圓活上下連，閭尾中正神貫頂，滿身輕俐頂頭懸，體內氣固神內斂，陰陽虛實極變化，命意源泉在腰間。」與人交手時，八極拳攻中有防、防中寓攻、招法連貫、三盤連擊、勁足勢猛，還要求眼隨手轉、手腳齊到、上打下封、緊逼硬攻、長短兼施。八極拳技擊歌訣云：「上打雲掠點提，中打挨戳擠靠，下打吃根埋根。」八極拳散打很講求肘法，故有「八極拳法肘最長」之說。

八極拳的特點是勁力剛猛、下盤穩固、節短勢險、暴烈突然、短促多變、猛起硬落、氣勢雄健、攻防兼備、剛柔相濟。

八極拳動作要求含胸拔背、頂項拔腰、沉肩垂肘、氣貫丹田，踢腿高不過襠，震腳闖步如穿石入洞，落地生根，出手如箭離弦，快似閃電，內功外功兼修。

八極拳步型多以四六步、弓步、馬步、蹲步為主，步步有勢，勢勢連招。步法則有擁搓步、跺碾步和震腳、闖步，而沒有躥、蹦、跳、躍的步法，即所謂「八極，八極，腳不離地」。

第二節　練習八極拳的好處

一、練習八極拳有利於健體

八極拳有多種手法、身法和步法，動作幅度大，關節

活動範圍也大，因而要求肌肉韌帶能夠拉長，並富有彈性，可有效地發展柔韌性。套路中的「挨、戳、擠、靠、崩、撼、突、擊、擁、搓、碾、震」，可很好地發展靈敏、速度、力量等素質，提高動作的協調能力。在套路練習時，往往把二十幾個或四十幾個大架子只分成幾組，每組要一氣呵成，做到動迅靜定，整套在一分鐘內完成。因此，對提高人體動作速度、耐力素質有良好的效果。

八極拳的上肢運動規律一般是裏擰發出和外旋內收，可使前臂肌肉和肱二頭肌、肱三頭肌、三角肌都產生一個擰轉裏包的過程。八極拳的勁力剛猛、暴烈突發、急促短快，是透過各部位肌肉的伸展收縮、相互制約和平衡產生的。

八極拳的步型、步法要求嚴格，步法一般是猛起硬落、進步滑闖，發力時用擁搓、碾震等步法以助之。運動時，身體不可忽高忽低，對步型的要求很低，因此，下肢承受很大的負荷，使肌肉和韌帶得到更全面的鍛鍊。長期堅持八極拳練習，可使周身肌肉逐步充實，增強其力量。達到以「築其基，壯其體」「外練筋骨皮」的作用，為逐步提高打下身體基礎。

八極拳對內臟器官和中樞神經系統也有很好的作用。八極拳套路以踢打摔拿、手眼身法步、精神氣力功等為基礎，按照它的運動規律把它們連接起來形成的動作結構（套路）。套路運動時，有剛有柔，有快有慢，有長有短，有節奏的變化，因此，內臟也隨之蠕動。所以，經常練習八極拳可以增強血液循環系統、呼吸系統和消化系統活動。

套路中的「手眼身法步」配合協調嚴謹、變化多端，不僅要求支配各肌肉群活動的運動中樞要高度協調，而且要求運動中樞與支配內臟器官的植物性神經系統很好地配合工作，這樣就有利於改善大腦皮層和各神經中樞的協調關係。

八極拳套路動靜分明，節奏變化快，對神經系統的興奮與抑制交替過程的靈活性和強度均有提高。因此，在勞動、工作之餘，練練八極拳，身上略出點汗，不但不覺倦累，反覺身體輕鬆、心情舒暢、精力充沛。除此之外，可有培養機智勇敢和頑強的意志品質。

二、練習八極拳能提高實戰能力

八極拳以技擊特點著稱於世。八極拳套路中的招勢實際上都是格鬥的攻防動作和姿勢。這些招勢皆是攻中有防，防中寓攻，招法連貫，三盤連擊，勁足勢猛。因此，其套路既可單練又能對練，經常進行套路的練習可培養攻防意識。

對練時雙方按照動作要領切實做到「挨、崩、擠、靠」，又有利於近身打法，著實發力，適時解脫技能的提高。還可對「頂、抱、擔、提、挎、纏」等兇猛異常手段熟練地掌握，達到眼隨手轉、手腳齊到、上打下封、緊逼硬攻、長短兼施、「破中有立」、拳熟自開的境界。從而提高散打時的實戰應變能力。這在保安綜合治理上也具有一定的現實意義。

第三節　八極拳練習步驟及要領

練習八極拳要經過一個由生到熟、由熟到巧的循序漸進的過程，逐步提高。

大致說來練習八極拳可分為三個階段：練「形」（明勁）階段，練「法」（暗勁）階段，練「功」（靈勁）階段。每個階段技術程度不同，練習標誌及要領也有所區別。

第一階段：練「形」（明勁）階段

所謂練「形」，就是對八極拳的每招每勢的外形姿勢動作能夠練習的正確。

這一階段的練習關鍵是要把拳套中的手型、手法、步型、步法、身型、身法及眼法等基本要領弄清楚。按照逐勢要求的方向、角度、位置、手足運動路線等進行練習。這階段練習速度不可過快。每個動作都要乾淨俐落，不拖泥帶水。上、中、下三盤要密切地配合。以剛為主，打出八極拳的威猛、沉穩、發如炸雷的風格。這種練法術語叫做「明勁」功夫。

練「形」階段應注意以下幾點：

1. 端正

練習八極拳首先要保持身體中正，做到姿勢正確無誤。練習時不可馬虎，依樣畫形。

2. 穩定

練習八極拳要做到步型準確，身體重心下落，使下盤穩定。同時做到頂頂拔腰、含胸實腹、沉肩墜肘、氣沉丹田，全身上下渾然一體，穩如山岳。

3. 舒鬆

練習八極拳時要求全身上下自然舒鬆，切忌用拙力，避免各個部位發僵造成不必要的緊張，尤其要注意鬆肩、腰、胯、膝。鬆肩可使氣下沉，避免力受阻於肩；鬆腰可使氣下行，重心下移，兩足增力，下盤穩固，還可以轉動自如，使動作敏捷；鬆胯、鬆膝有助於重心下移使動作更靈活。這裏所說的「鬆」決不等於「懈」。

4. 開展

練習八極拳要使動作到位，發力飽滿。胸部和上下肢開展。上肢開展胸敞，胸敞血宜行，血行氣力增。下肢開展步子穩健。

除此之外還要明三節。三節者：上三節肩為根，肘為枝，手為葉，勁由肩發，經肘達於手；下三節胯為根，膝為枝，腳為葉，力由胯發，經膝達於腳；中三節胸為梢，心為枝，丹田為根節，以腰為主，主幹變化帶動四肢，以下盤穩固為中心。拳論曰：「上三節不明，手多強硬；下三節不明，足多而跌；中三節不明，全身落空。」就是指「明三節」的重要意義。

第二階段：練「法」（暗勁）階段

練「法」就是練內氣在身體內運行，以意行氣，以氣催形，即進行內部功力的鍛鍊，故稱為「暗勁」功夫。

這個階段的練習，步型步法十分重要。因此，這個時

期一定要以四六步為主，也用弓步、馬步等。下盤講究收臀掖胯，兩膝微微內扣、十趾抓地；中盤講究腰胯放鬆、含胸緊背，頭正身直；上盤講究兩肩放鬆、下沉。兩臂配合兩膝，動作做到緩慢勁力均勻，儘量使動作之間不斷勁。步法儘可能用擁搓和跺碾，體現出外柔內剛的特點。

練「法」階段應注意以下幾點：

1. 連貫

在姿勢有一定的基礎後，就要努力做到節節連貫，各個動作前後銜接，一氣呵成（注意有節奏），勁力要均勻不斷。

2. 和順

要求做到內外六合（內三合是心與意合、意與氣合、氣與力合；外三合是手與腳合、肘與膝合、肩與胯合），上下七順（以首領身，以腰催胯，以胯催膝，以膝催足，以肩催肘，以肘催手，以手催指），周身渾然一體。

3. 協調

練習八極拳是全身運動，要求上下相隨，完整一氣，全身各部位無不隨之協調運動。身體靜止時各部位無不靜之處。除此之外，還要求三尖（鼻尖、手尖、腳尖）對，四梢（毛髮為血梢、舌頭為肉梢、牙為骨梢、手指腳趾為筋梢）齊。動中含靜、靜中含動、剛中有柔、柔內生剛。

第三階段：練「功」（靈勁）階段

這是在前兩個階段的基礎上意識動作的高度結合，形神合一的高峰階段，稱之為「靈勁」功夫。

這個階段練起拳來，要求不為套路形式所拘，但講究

三盤緊密配合，氣沉丹田、收腹提肛、內撐外圓、內外合一。重「意」不重「形」。達到周身靈活，動則變、變則動、快速集中、隨心所欲、反應靈敏、輕鬆自如、勁力飽滿的高度協調的境界。此時形不外現、行若游龍、應用自如、一觸即發，這就是「靈勁」的獨特風格。

練「功」階段應注意以下幾點：

1. 平穩安靜

練習八極拳要求精神集中，用以意念引導動作。至於意念活動就是要與勁力的剛柔、張弛相一致，形成有節奏有變化的運動。同時，要注意情緒平穩，思想安靜，意念、勁力、動作三者合一。

2. 呼吸自然

八極拳的呼吸要求與動作相結合。要通順自然。一般而言，凡是用力含蓄輕靈、肩胛放開、胸腔舒張時應該有意識地吸氣；用力沉穩堅實、肩胛內含，胸腔收縮時應該呼氣，即所謂達到「開吸合呼」的要求。

3. 用意不用力

練習八極拳要求全身肌肉放鬆，不使分毫之拙力，才能輕靈變化，運動自如。如全身肌肉緊張，就會渾身「僵」勁，氣血停滯，轉動不靈。若「不用力而用意，意之所至，氣即至焉。如是氣血流注，日日灌輸，周流全身，無時停滯」。久練則得「靈勁」。

4. 內外相合

練習八極拳要求形體動作與意向相一致。動作時由內心活動把動作意向表現出來。做到「心動形隨」，隨著內心意識的活動而活動，這樣久練則能隨心所欲。

總之，練習八極拳必須按照以上三個階段，下苦工夫，細心領會，明其道理，逐步提高。

第四節　八極拳的技法要求

八極拳在技法上有十大要求。

一是姿勢舒展

每個動作都要求做到含胸拔背、頂項拔腰、沉肩垂肘、上頦下沉、左撐右拉，利用「十字整勁」保持重心，達到舒展穩堅的目的。

二是手腳相隨

要求眼隨手轉，拳（包括肘肩髖背）腳（包括腿膝）齊發、上打下封、緊逼硬攻、長短兼施，其次還要求手到步落，上下相隨。做到動作的運行和靜止時，手腳同起同落。

三是下盤穩固

要求踢腿高不過襠，腳不離地（指沒有躥蹦跳躍的步法）。在步法上多用「擁搓震碾」，震腳闖步如穿石入洞，落地生根，以「沉墜勁」為根基。

四是勁力短快

要求發力短脆快速，也就是要體現出「崩」勁。所謂「崩勁」就是短快勁，即在短距離上一瞬間的爆發力。在發力的瞬間要運用內氣，身體重心下沉，使自己牢如磐石。

五是變化突然

要求做到發招突然、變化快速、上下肢合一。在練習

時常把幾個動作緊連在一起，乾淨俐落地一氣呵成。做到猛起硬落、動迅靜定、變化莫測、疾如閃電、難以捉摸；實用時使對方在防守上措手不及。

六是以氣催力

演習時要求吐氣發聲，以聲助勢，以勢動員渾身肌力集聚一處，以氣催力。

七是擁搓代緩

運動的變化必然是要經過一個由低潮到高潮或由高潮到低潮，由急劇到緩慢至靜止或由靜止到緩慢至快速的過程。因此，靜止前必須緩慢。否則會由於慣性難以達到靜定的目的。所以，八極拳運動中的突發之後和定勢之前要求要緩，緩的處理著重於「纏絲勁」和「擁搓」步法的運用。用擁搓代緩的好處是勁連停止慣性，此時緩而不鬆、不散、不懈。

八是剛柔相兼

八極拳要求明勁、暗勁均存。明勁則剛，具有威猛沉穩，發如炸雷的風格；暗勁則柔，它以「四六步」為主，用「擁搓」步法儘量做到緩慢均勻，使動作之間不斷勁。這樣就形成了突然之後緩連，使勁不斷，勻緩中猛發更顯突然，則有剛有柔，剛柔相兼，它們構成了既對立又統一的同一運動整體。

九是抑揚頓挫

八極拳中的運動、變化、功用是建立在動靜、開合、剛柔、虛實、起落、進退、急緩、攻防等對立統一因素的基礎上的。只有有運動、有變化才能產生功用。

十是神形合一

練習八極拳要求全神貫注，精神飽滿，思想集中，達到精神、形體合一。

上述各要素都貫穿在八極拳中，它們相互聯繫，相互統一，不可分割，只要理解掌握了以上技法要求，練好八極拳就不難了。

第五節　八極拳發勁的練法

八極拳的發勁方法按表現形式可分「明勁」「暗勁」和「化勁」三種；按發勁性質來分，有「十字整勁」「沉墜勁」和「纏絲勁」三種。

明勁以剛勁為主，具有拳勢威猛、沉穩、發如炸雷的氣勢。練明勁要求演練速度不可快。每個動作都要乾淨俐落，不能拖泥帶水，上、中、下三盤緊密配合，協調一致。其步型以四六步或馬步為主。內部呼吸任其自然，不可憋氣。雖說是打明勁，全身肌肉也需放鬆，不能僵死。

暗勁就是去掉明勁那種氣勢逼人和動作如炸雷的外形，用力時沉穩，外柔內剛，這是暗勁的特點。

練習暗勁動作要緩慢，勁力要均勻，儘量做到動作之間不斷勁。其步法儘可能用擁搓步，儘可能不用跺子腳。三盤配合要協調一致，要有明顯的對立統一勁力的感覺。注意用意不用力。

化勁，其特點是不受步法和套路的限制，身法最為靈活，隨心所欲，反應靈敏，輕鬆自如，勁力飽滿。其練法

是：開始時步子走的慢，以後由慢到快，在不停的走動中進行，但還是要求緊密配合，做到氣沉丹田，收腹提肛，內撐外圓，內外合一。

十字整勁的特點是勢沉勁猛，利用直線和弧線進擊，往往能打出上乘拳法的透勁。發十字整勁的關鍵在於全身動作協調，充分利用全身的力量集中於一點。

其方法是：練時要注意左撐右拉上頂下沉，以身正直為根，以整體推進，迅猛突發全身抖動之勁為本，以身體的重量及對於地面的反作用力所產生的爆發力和慣性為源。

沉墜勁的特點是疾速有力，動靜分明，起勢如崩牆倒，落地如樹紮根。其練法要有意識地培養下肢力量，反覆鞏固基本動作和基本要領，要做到上鬆下實，基礎穩固，氣勢貫於頭頂腳趾，落步儘量屈膝裹胯，腳趾扣地，上體不能散亂。

纏絲勁如同槍炮彈膛中的螺旋線，易產生相當距離的穿透力，在拳法中屬於較高級的勁力。在練習時，要在鬆緊、剛柔、虛實等相對矛盾、變化中體會、感覺、理解它的統一性。

從以上分析來看，不論怎樣分，在勁法上主要的就是追求「崩撼突擊」四個字。

崩是短勁，即在短距離上一瞬間的爆發力；撼指全身被撼動所發的勁力；突是突發的貫穿全身的攻擊力；擊是直或橫著打出的勁力。「崩撼突擊」之勁，概而言之，如火藥爆炸之威力，以此之力達四面八方。

這樣的勁力怎樣才能發好呢？

一是要練好八極拳的步法

八極拳的步法以震腳、闖步和擁搓步為主。震腳就是將腿屈膝提起，離地約二寸，然後整個腳掌迅速下踏震地，屈膝半蹲，五趾抓地。

1. 震腳

震腳又分單震腳、雙震腳、上步震腳、退步震腳和碾震腳。

五種震腳的區分是：①震腳是一腿屈膝提起下踏震地；②雙震腳是兩腳跳起同時下踏震地；③上步震腳是向前上步下踏震地；④退步震腳是向後退步下踏震地；⑤碾震腳是全腳掌著地，然後腳跟提起（腳尖著地為軸）內轉，再外轉下踏震地。震腳可用以調動全身之力突然發力。

震腳要領：震腳膝關節應彎曲，五趾微扣，沉勁猛烈，全腳下踏，震腳時忌起伏，要有突發勁、崩撼力。

2. 闖步

當一腿屈膝震腳後，另一腳迅速向前搓地直沖滑出，身體也相應隨之朝前闖撞成馬步姿勢。

闖步要領：腳尖向前搓地，直沖滑出時，以腳尖先著地，隨後腳跟頂住地面，腳掌搓地前沖而闖成馬步。

3. 擁搓步

全腳掌著地，以腳心為軸，腳尖、腳跟依次用力搓地面擰轉成為馬步。

擁搓步要領：要以腳尖、腳跟依次猛力擰轉搓地，腳不准提起移動。

二是要練好八極拳樁功

八極拳樁功大致可分為外功樁和內功樁兩種。外功樁包括摟樁、靠樁等，用以加強發力；內功樁包括站樁和活步樁兩種。用以牢固根基。

1.摟樁

摟樁包括推掌擊樁、橫掌砍樁、雙臂抱樁、雙掌掐樁。

2.靠樁

靠樁包括三靠臂、側靠肘、前靠肩、側撞肩、靠胯。

3.站樁

站樁包括兩儀樁、三體樁、四向（象）樁等。

4.活步樁（行樁）

活步樁主要是練好「金剛八勢」，其動作順序如下：
預 備 勢——馬步頂肘——馬步撐掌——弓步斜推——
弓步沖拳——跪步架打——虛步攢拳——拗步擊掌——
併蹲頂肘——收勢。

樁式要求 10～12 分鐘或更長，一般初學者先站 3～5分鐘。然後根據自己的情況酌情增加。

三是要練好八極拳基本套路

八極拳基礎套路動作精練，雖然動作少，但卻包括了八極拳中的各種基本動作，透過練習可以發展素質和提高基本技能。因此，練好八極拳基本套路也是掌握好發勁的關鍵。

練習八極拳基礎套路，要做到姿勢準確無誤，符合動作規格要求。做到全身上下舒鬆、發力飽滿，身體自然開展，保持身體重心，呼吸自然，意念集中，做到「六合」。再經過長期的艱苦努力，就能達到由生到熟，由熟到巧的境界。

　　練好八極拳基礎套路還不夠，還應在練習八極拳中級、高級套路上下一番工夫。透過八極拳套路的練習，掌握八極拳的發勁特點，真正地認識發勁方法，從而體會發勁的真諦。

第 **2** 章

八極拳基本訓練

第一節　八極拳的手型、手法

一、手　型

(一)拳

五指捲曲，四指扣於掌心，拇指壓食、中指第二節上。（圖2-1）

1.**拳心**　手心的一面稱為拳心。

2.**拳背**　手背的一面稱為拳背。

3.**拳面**　食指、中指、無名指和小指第一節指骨相併形成的平面稱為拳面。

4.**拳眼**　拇指根部與食指相疊而成的螺旋形圓窩稱為拳眼。

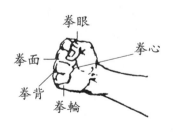

圖 2-1

5.拳輪　小指一側的螺旋圓窩稱為拳輪。

(二)掌

五指自然伸開，屈腕，手型似荷葉狀。（圖 2-2）

1.掌指　手指的前端稱為掌指。

2.掌心　手心的一面稱為掌心。

3.掌背　手背的一面稱為掌背。

4.掌外沿　小指的一側稱為掌外沿。

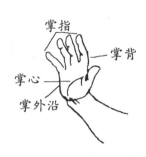

圖 2-2

(三)勾

五指撮在一起，腕關節彎曲稱為勾。（圖 2-3）

1.勾尖　五指撮在一起的端頭稱為勾尖。

2.勾頂　指關節彎曲凸起處稱為勾頂。

圖 2-3

(四)開口拳

握拳時，無名指和小指鬆握，為開口拳。（圖 2-4）

圖 2-4

(五)鈀子掌

五指分開,食指伸直,拇指彎曲,中指、無名指、小指第二、三節指骨彎曲上挑,但不屈攏。(圖2-5)

圖 2-5

二、手　法

八極拳的手法包括沖、搵、劈、砸、貫、撑、推、提、穿、按、刁、纏、頂、撞等。

(一)沖 拳

拳從腰間快速猛力直線沖出,臂伸直或微屈,力達拳面。

(二)搵 拳

拳從腰間旋臂向側下方鑽出,臂伸直,力達拳面。

(三)劈 拳

以拳輪為力點,向前下直臂掄砸,力達拳輪。

(四)砸 拳

以拳背為力點,拳上舉,而後屈臂向前、向下猛力劈砸,力達拳背。

(五)貫 拳

拳從體側下方向前上方弧形猛力橫擊,臂略屈,拳眼

斜向下，力達拳面。

(六)撐 掌

兩掌同時平肩直臂向體兩側推出，掌心均向外，掌指向上。

(七)推 掌

單掌或雙掌，直臂平肩向前立掌推出，力達小指側。

(八)上 提

手掌抓握，由下向上提拉。

(九)穿 掌

臂由屈到伸，使手掌沿另一臂或身體其他部位穿出，力達掌指。

(十)按 掌

手掌由上而下用力按擊，掌心向下，力達掌心。

(十一)刁 手

手腕由伸到屈，向內或向外刁捋，力達手指。

(十二)纏 手

以腕或肘關節為軸，手掌由內向上、向外纏繞，同時前臂外旋，掌心轉向上抓握。

(十三) 頂 肘

臂屈肘，以肘尖為力點，由裏向外頂出，力達肘尖。

(十四) 撞 肩

以肩為力點，向外頂撞，力達肩頭。

第二節　八極拳的步型、步法

一、步　型

八極拳步型主要是四六步，亦用弓步、馬步、虛步等。

(一) 四六步 (半馬步)

兩腳左右開立，略寬於肩，左腳尖外撇 45°，上體左轉與左腳尖方向相同；身體重心六份在後腿上，四份在前腿上，即不丁、不八、不弓、不馬，取其四六不成材之意。（圖2-6）

【要求】：歌曰「意薄身正直，十趾抓地牢，兩膝微下蹲，鬆胯易擰腰，兩肘配兩膝，八方任飄搖」。

圖2-6

圖 2-7   圖 2-8

(二)弓 步

兩腿前後分立，前腳跟與後腳跟距離二至三腳長，前腿屈膝半蹲，大腿接近水平，腳尖向前或稍向內扣，膝蓋與腳尖垂直；後腿挺膝蹬直，腳尖稍外撇，前腳尖與後腳腳跟在一直線上，兩腳掌均著地。（圖 2-7）

【要求】：上身正直，挺胸、直腰、斂臀。

(三)馬 步

兩腳左右開立，腳尖正對前方，屈膝半蹲，大腿接近水平，膝不超過腳尖，兩腳全掌著地，身體重心落於兩腿之間。（圖 2-8）

【要求】：挺胸、塌腰，腳跟外蹬，兩膝內扣，臀部收斂。

(四)虛 步

後腳斜向前，屈膝半蹲，大腿接近
水平，全腳著地；前腿微屈，腳尖向前
虛點地面，腳背繃緊，重心落於後腿
上。（圖2-9）

【要求】：挺胸，塌腰，虛實分
明。

圖 2-9

二、步 法

(一)震腳(跺子腳)

將腿屈膝提起，離地約二寸，然後整個腳掌迅速下踏
震地，屈膝半蹲，五趾抓地。

震腳又分單震腳、雙震腳、上步震腳、退步震腳、碾
震腳和轉身跺子腳。

1. **單震腳** 一腿屈膝提起下踏震地。

2. **雙震腳** 兩腳跳起，同時下踏震地。

3. **上步震腳** 向前上步下踏震地。

4. **退步震腳** 向後退步下踏震地。

5. **碾震腳** 全腳著地，然後腳跟提起內轉，再外轉下
踏震地。

6. **轉身跺子腳** 左腳向右向後邁步，上體左後轉，隨
轉體，右腳跟進在左腳內側下踏震地成併步半蹲。

【要領】：震腳膝蓋應彎曲，五趾微扣，沉勁猛烈，
全腳下踏，震腳時，身體忌起伏。其好處是增大力點承受

面，減小單位面積壓強。震腳腳底要承受身體下震壓力和地面的作用力，而腳趾微扣可增大受力面積，保護腳底，腳弓處血管以及神經免受過大壓迫，也能有效預防足跟骨損傷。當擴大撐地面後，還可利用肌肉收縮和韌帶拉力，借此提高並維持身體平衡，穩定性也相對加強，震腳也可體現出八極拳剛猛之特點。

（二）闖步（滑搓步）

當一腿屈膝震腳之後，另一腳迅速向前搓地，直沖滑出，身體也相應隨之朝前闖撞，成馬步姿勢。

【要領】：腳尖向前搓地，直沖滑出時，以腳尖先著地，隨後，腳跟頂住地面，腳掌搓地前沖而闖成馬步。

其好處是：能保持重心穩定，不至於身體跌向前去，並能夠接近對方，有利於施展各種攻擊。當身體向前運動，腳步若不前沖滑闖，驟然而停，可身體上部並沒停下，勢必造成慣性運動，就會使整個身軀前跌。為了防止這種慣性運動，八極拳便採用搓步的措施，由腳掌與地面進行摩擦，加大外力之作用後，才使慣性消失，如此定勢方可穩固。其道理亦同緊急剎車原理相似。要朝前運動一段距離，方能停下，這並不難理解。闖步正因為符合這一運動規律，八極拳才具備了下盤穩固的特點。

（三）擁搓步

一般由馬步或虛步變為馬步時常採用擁搓步。它是全腳掌著地，以腳心為軸，腳尖腳跟依次用力搓地面擰轉成為馬步或虛步。

【要領】：擁搓腳時要以腳尖、腳跟依次用力擰轉，擰轉時腿部稍屈。

第三節　八極拳基本功法

一、打沙袋

【目的】：增強拳掌硬度和手臂力量。

(一)左直拳擊打

面對懸空沙袋（沙袋重15～40千克）格鬥勢站立。精神集中，目視沙袋。右腳先蹬地，推動左腳向前滑動，左腳前滑時應擦地前進，落地時應以腳尖先著地，當左腳落地後，右腳迅速跟上。步子上完後，左拳迅速擊出。同時左肩前傾，上體略右轉，重心移向左腿，右腿略伸直腳跟提起，腳尖踮地。左腳蹬地，右腳速向後滑動，左腳速跟回和兩拳一起恢復格鬥勢。反覆進行練習。（圖2-10）

圖 2-10

(二)右直拳擊打

與左直拳擊打
同，唯左右不同。

(三)左貫拳擊打

面對懸空沙袋格
鬥勢站立。精神集
中，目視沙袋。右腳
蹬地，左腳迅速向同
一方向跟步。左上臂
呈大於 90°，左拳從
左側弧線擊打沙袋，
右腿蹬直，腳跟提

圖 2-11

起。重心移於左腳。左腳蹬地；右腳速向後滑動，左腳速
跟回和兩拳一起恢復格鬥勢。反覆進行練習。（圖 2-11）

(四)右貫拳擊打

與左貫拳擊打同，唯左右不同。

(五)左右推掌擊打

面對懸空沙袋馬步站立，精神集中，目視沙袋。上體
稍向左轉，同時，右拳成掌由腰側直臂推擊沙袋，立掌力
達掌根。右掌成拳屈肘收抱於腰側，上身稍右轉。同時，
左拳成掌由腰側直臂推擊沙袋，立掌，力達掌根。反覆進
行練習。（圖 2-12）

圖2-12　　　　　　　　圖2-13

(六)右砍掌擊打

面對懸空沙袋，距離相宜，左腳在前開步站立。精神集中，目視沙袋。右臂上舉斜向下砍擊沙袋，力達掌外沿。再舉臂砍掌反覆練習。（圖2-13）

(七)左砍掌擊打

與右砍掌擊打同，唯左右不同。

(八)左頂肘擊打

面對懸空沙袋，格鬥勢站立。精神集中，目視沙袋，右腳先蹬地前進，落地時腳尖先著地，當左腳落地後，右

圖 2-14 圖 2-15

腳迅速跟上。身體稍右轉，同時屈左肘向左側頂擊沙袋，隨頂肘，上體稍前傾，略左轉。重心移向左腿，後腿略伸直。左腳蹬地，右腳速向後滑動，左腳速跟回和兩拳一起恢復格鬥勢。反覆進行練習。（圖 2-14）

(九)右頂肘擊打

與左頂肘擊打同，唯左右不同。

(十)後頂肘擊打

背向懸空沙袋，馬步站立。上體稍右轉右臂屈肘向後頂擊沙袋。上體再左轉，左臂屈肘向後頂擊沙袋。反覆進行練習。（圖 2-15）

(十一)右斜下頂肘擊打

側向懸空沙袋，馬步站立。兩手上舉握拳後屈臂斜下

圖 2-16   圖 2-17

頂肘擊打沙袋。再舉臂反覆進行練習。（圖 2-16）

（十二）左斜下頂肘擊打

與右斜下頂肘擊打同，唯方向不同。

【注意】：擊打沙袋時要先輕後重，先小力量練習一段時間後，再逐步增加擊打力量。

二、摟　　椿

【目的】：增強掌的硬度，提高擊打能力，訓練近身發勁進行短擊的方法。

（一）掌擊椿

面對木椿，距離相宜，精神集中，目視木椿，馬步站立。右掌直臂推擊木椿，力達掌根。右掌屈臂收回，左掌擊椿。照此反覆進行練習。（圖 2-17）

圖 2-18　　　　　　　　　圖 2-19

（二）下砍掌擊椿

面對木椿，距離相宜，精神集中，目視木椿，馬步站立。右臂上舉之後用掌外緣斜向裏下砍擊木椿，力達外掌緣。同時，重心移至左腿，右腿稍蹬直，成為橫弓步。右掌收回，左掌做砍掌。照此反覆進行練習。（圖 2-18）

（三）橫砍掌擊椿

面對木椿，距離相宜，精神集中，目視木椿，馬步站立。上體稍左轉，右臂左上舉之後，用掌外緣斜向下向外砍擊木椿。同時隨砍掌上體右轉，右掌屈臂收於腰側。左臂上舉向下、向外做砍掌動作。照此反覆進行練習。（圖 2-19）

圖 2-20　　　　　　　　圖 2-21

(四)雙臂抱椿

　　面對木椿，距離相宜，精神集中，目視木椿，馬步站立。雙臂內屈將木椿環抱於兩臂之間（臂與椿相隔一定距離）身體重心右移，左掌猛摟擊木椿。身體重心再左移，右掌猛摟擊木椿。照此反覆進行練習。（圖 2-20）

(五)雙掌擊椿

　　面對木椿，距離相宜，精神集中，目視木椿，併步站立。上左步成弓步，同時，兩掌由腰間向前並掌擊椿。左腳收回成併步，再上右步併掌向前擊椿。照此反覆進行練習。（圖 2-21）

(六)雙掌招椿

　　面對木椿，距離相宜，精神集中，目視木椿，併步站

圖 2-22 圖 2-23

立。上左步成弓步。同時，左掌向樁後攔抱，右掌向樁前推擊，兩掌同時相對用力，做招掌動作。左腳收回，同時兩掌收回，再上右步，右掌向樁後攔抱，左掌向樁前推擊。照此反覆進行練習。（圖 2-22）

(七)上捧下砍掌

面對木樁，距離相宜，精神集中，目視木樁，弓步站立。右掌向上、向外捧拍（拇指側向下），左掌外緣向外屈臂砍擊木樁（掌心向下）。雙掌收回之後，再做左掌上捧，右掌短擊動作。照此反覆進行練習。（圖 2-23）

【要求】：摟樁練習時，要先輕後重，先小力量練習一段後，逐步增加擊打力量。初練時也可將木樁外包層柔軟物，逐漸減薄。

三、靠　樁

【目的】：用於增強格擋、頂撞和抵抗能力。鍛鍊發

圖 2-24

圖 2-25

勁，貼身靠打方法，提高協
調性能。

（一）三靠臂

面對木樁，距離相宜，
精神集中，目視木樁，開步
站立。兩手握拳，身體左
轉，右前臂腹反臂（拳眼向
下，拳心向外），靠擊木
樁。右前臂弧形上舉，面前
反臂（拳眼向上）靠擊木

圖 2-26

樁。右前臂弧形下落，用臂內側，在腹前靠擊木樁。照此
兩臂交替反覆練習。（圖 2-24、圖 2-25、圖 2-26）

（二）側靠肘

面對木樁，格鬥勢站立，精神集中，目視木樁。右腳

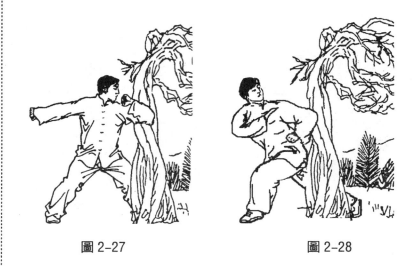

圖 2-27　　　　　　　　　　　圖 2-28

先蹬地推動左腳向前滑動，左腳前動時，應擦地前進，落地時應以腳尖先著地。當左腳落地後，右腳迅速跟上。步子上完後，右肘迅速向身側旁的木樁靠擊，後滑成格鬥勢。照此反覆進行練習。（圖 2-27）

（三）後靠肘

背向木樁，距離相宜，開步站立。右臂屈肘抬起向後靠擊木樁。照此兩臂交替反覆進行練習。（圖 2-28）

（四）前靠肩

面向木樁，距離相宜，精神集中，併步開立。上體稍右偏，用左肩向前靠撞木樁。照此兩肩交替反覆練習。（圖 2-29）

圖 2-29　　　　　　　　　圖 2-30

（五）側撞肩

　　側向木樁，距離相宜，精
神集中，併步站立。右腳向右
跨一步成為右弓步。同時，上
體右側傾，用右肩靠撞木樁，
右腳收回。照此反覆進行練
習。（圖 2-30）

（六）靠背

　　背向木樁，開步站立，精
神集中，身體放鬆蓄勁，氣向

圖 2-31

下沉。用背猛烈向後靠撞木樁，上體前移。照此反覆進行
練習。（圖 2-31）

圖 2-32　　　　　　　　　　圖 2-33

(七) 靠胯

側向木椿，併步站立，精神集中，右腳向右跨出一步。同時，身體重心下沉，用胯向木椿靠撞，右腳收回。照此反覆進行練習。（圖 2-32）

(八) 靠臀

背向木椿，馬步站立，距離相宜，用臀向後撞擊木椿，右腳收回。照此反覆進行練習。（圖 2-33）

四、站　椿

【目的】：主要鍛鍊氣的鼓蕩，使氣在緊張之中仍能沉著，仍能平和，去其浮躁，外示以安逸。並練周身內外的整勁，使勁與氣合，內與外合。

(一)兩儀椿(先天椿)

兩腳左右開立。中間距離約等於本人三腳長度，兩腿屈膝半蹲成馬步，兩膝腳尖裏扣，兩膝用勁向外撐，大腿屈平，膝不超出腳尖。左拳屈肘橫於胸前，拳心朝下，拳與肘平行，成抱嬰兒狀（為陰），右拳屈肘，拳腕上翻做托腮之狀，拳眼

圖 2-34

朝下，拳心向前高與嘴平（為陽）。頭向上頂，頦向裏收，頸直肩沉，肘頂，含胸拔背，股胯內收，寬胸實腹，呼吸自然，目視右肘尖。（圖 2-34）

【要領】：①要排除雜念，靜心；②保持頂平頭正，用力上頂，有「頭頂青天」之勢。③兩腳扣趾踏立，做到「腳踩兩灣」；④身正好似「背貼直樹」；⑤兩肘外頂有「遠山入洞」之意；⑥初練者每次靜站 1～3 分鐘，站 1～2 次。

(二)三體椿(三星椿)

兩腳前後開立。左腿屈膝半蹲，大腿接近水平。全腳掌著地，腳尖外展 45°。右腳跟離地，以腳尖虛點地面，膝稍屈。胯膝及腳尖稍裏扣內裏。重心落於左腿。挺胸塌腰，虛實分明。上身半面向左。右拳順肩屈臂前伸，拳心

圖 2-35

向內，拳與顎平，上對鼻尖，下照腳尖（即鼻、拳、腳三尖相照）。屈臂，左拳附於右肘下方，拳眼對右肘尖。目視右拳。（圖 2-35）

【要領】：①上體正直，不前俯後仰，頭向上頂頸要豎直，下頦內收；②兩肩下鬆。兩肘下墜，臂不可伸直；③胸部向內含，不要緊張用力。心胸平靜空虛，腹部自然充實，即可使氣自然下沉；④要塌腰拔背，臀部不可外突；⑤呼吸自然，精神集中，身體力求穩固；⑥初站者每次 1～3 分鐘，站 1～2 次。

(三)四向樁（十字樁）

兩腳併步站立。兩腿屈膝半蹲，大腿接近水準，兩膝與腳尖垂直，不可超出腳尖。全腳掌著地。左拳向左側直臂伸出與肩平，拳眼向上。右臂屈肘向右頂出，右拳屈於

圖 2-36

胸前與肘平行，拳眼向上。上體自然正直，頭向左轉。目
視左拳。（圖 2-36）

　　【要領】：①體態自然正直，精神飽滿，思想集中，
呼吸自然；②頭向上頂懸，氣向下沉墜，左拳向左伸直，
右肘向右力頂，形成四向之十字整勁。口訣曰：「上頂破
青天，下沉入九泉，左伸遠無際，右頂穿遠山」；③含胸
實腹（沉氣）臀部不可撅；④腳尖與兩膝，併攏不可分；
⑤兩肩下沉不可聳；⑥握拳空心不可緊；⑦初站者每次
1～3分鐘，站1～2次。

　　五、活步樁（行樁）

　　此介紹的是八極拳的單練套路「金剛八勢」，以做活
步樁練習。

　　【目的】：發展腿部的力量，提高耐久能力，訓練步

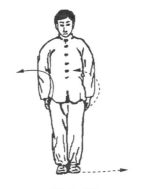

圖 2-37　　　　　　　　　　　　　　圖 2-38

型的動力定型。穩固下盤，不至飄浮，使其起步靈活。

　　【預備勢】：兩腳併步直立，五趾抓地兩臂自然下垂，五指併攏，置於腿兩側。目視前方。（圖 2-37）

　　【要點】：體態肅立，頭要正、頦收、塌腰、直臂、收腹、鬆肩、精神飽滿，思想集中，呼吸調勻。

（一）馬步頂肘

　　左腳左出一步，兩腿屈膝下蹲成馬步。同時，右掌成拳向上向右平伸，拳跟向下。左臂屈肘向左側頂擊，左拳小指頂對準鼻尖，拳眼向下。目視左肘尖。（圖 2-38）

　　【要點】：頭領氣沉，挺胸塌腰、拉臂頂肘。大腿平屈，腳尖正前，膝不沖出腳尖。

（二）馬步撐掌

　　右腳向左上一步，隨之身體左後轉 180°，兩臂屈收至腰側。兩腿屈膝半蹲成馬步。同時，兩臂立掌同時向左右

圖 2-39

圖 2-40

兩側平肩撐出。目視右掌。（圖 2-39）

【要點】：挺胸、直臂、塌腰、大腿屈平。兩膝不沖出腳尖。

(三)弓步斜推

　　兩腳不動，身體右轉，左腿挺膝蹬直，成為弓步。同時，右掌成拳屈肘收於腰側，左掌向左前上方推掌，掌心向左前上方。目視左掌。（圖 2-40）

　　【要點】：前腿屈平沉髖，前膝不過腳尖，後腿挺膝蹬直，腳跟不離地。上身略向前傾，挺胸塌腰，左掌與上身成 45°斜角。

(四)弓步沖拳

　　身體左後轉180°，左腿屈膝半蹲。右腿挺膝蹬直成為弓步。同時，左掌屈臂於胸前。右拳直臂向前伸出，拳眼朝上。目視右拳。（圖 2-41）

圖 2-41

圖 2-42

【要點】：前弓腿膝不可超出腳尖，臀不要外撅，後腿要蹬直，髖臀下沉，腳外側不要掀起，沖拳要用力。

(五)跪步架打

右腳裏跟半步，下蹲成跪步。同時，左掌成拳屈臂上架，右拳向上、向後、向下經腰側向前沖拳，拳心向下，目視右拳。（圖 2-42）

【要點】：跪步防打要斂臀，上體自然挺直，架臂自然彎曲。沖拳直臂順肩有力。

(六)虛步攢拳

左腳上提，身體右後轉 180°，左腳下落震地，右腳稍向前下落腳尖點地成為虛步。同時，右臂微屈向前攢拳與顎平，拳心向裏。左臂屈附於右臂下側，拳眼對準右肘尖。目視右拳。（圖 2-43）

【要點】：要虛實分明，支撐腿的膝部正對腳尖，挺

圖 2-43

圖 2-44

胸直背，塌腰，三尖相照。

（七）拗步擊掌

右腳下踏震地，上左步成左弓步。同時，右拳成掌向下、向後、向上、向前直臂推掌，掌心向前上。左拳成勾向後直臂平舉，勾尖朝下。目視勾手。（圖2-44）

圖 2-45

【要點】：拗弓步要肩轉胯，前弓後蹬，前後兩腳離中線 20 公分左右。左勾、右掌兩臂伸直。

（八）並蹲頂肘

身體右轉 180°，左腳收於右腳內側，併步屈膝下蹲。同時右掌成拳直臂右舉，拳眼朝下。左勾成拳屈臂向左側頂肘，拳小指頂對準鼻尖。目視左肘尖。（圖2-45）

圖 2-46

【要點】：兩腿並起屈蹲，大腿接近水平，膝不超出腳尖，不要撅臀，要立腰直臂、頂肘拉臂形成十字整勁。

【收勢】：兩腿挺膝直立，兩拳成掌自然下垂於體側。目視前方。（圖2-46）

【要點】：精神振作，呼吸平穩，其他同預備勢。

【說明】：活步樁，樁式要求10～12分鐘或者更長，一般初學者先站3～6分鐘，然後根據自己的情況酌情增加。

第 **3** 章

八極拳基礎套路

第一節　六大開

　　「六大開」即頂、抱、擔、提、挎、纏，是單手操，六個基本動作的小組合。每一種手法都有較強的技擊性，簡樸剛烈，兇猛異常，均是八極拳的主要技擊手段。其每招每式技擊實用。其實戰用法將在第七章第一節中詳細介紹。

一、六大開歌訣（拳譜）

歌訣一

八極拳法六大開，頂抱擔提和挎纏；
挨崩擠靠戳撼擊，肘法精奧在裏邊；
猛打硬開緊逼進，長短兼施招法連；
踩碾擁搓滑闖步，勁生兩足是根源。

歌訣二

一打頂肘三拳連，二打抱掌順步趕；

掄劈翻砸為擔技，提膝提肘技法全；
挎臂挎肘雙捧封，繞身撐臂便是纏；
六字真言訣裏藏，打開神拳往下傳。

二、六大開套路圖解

（一）頂

1.預備勢

兩腳併步，兩腿直立，身體正直，兩臂自然下垂。目視前方。（圖 3-1）

【要領】：身體端正，自然放鬆，精神集中。

2.抱拳禮

步型不變，兩掌直臂向前、向上直臂上舉與胸平，兩掌心相對，掌指均向前。目視前方。（圖 3-2）

圖 3-1

圖 3-2

步型不變，兩臂屈臂向上、向後畫弧，兩掌屈於頸兩側，掌心均向外，掌指均向後。（圖3-3）

步型不變，兩掌同時向下、向外、再向上畫弧，握拳屈於體兩側，高與肩平，拳心斜向前，拳面均向上。目視前方。（圖3-4）

步型不變，兩拳繼續向裏屈於胸前，拳面相對，拳心均向前。目視前方。（圖3-5）

圖3-3

步型不變，兩拳直臂前推，左拳成掌，立掌附於右拳背處，掌指向上，右拳拳眼向下，拳心斜向前。目視前方。（圖3-6）

【要領】：動作連貫，柔順圓活。

【注】：為了與目前常用的抱拳禮相一致，特將傳統的抱拳「左拳右掌」的做法改為如今的抱拳「右拳左掌」特此說明。以下不再復述。

第3章　八極拳基礎套路

圖3-4

圖3-5

圖3-6

3.併步挽拳

步不動，仍成併步，兩手抓握成拳，向裏、向外旋腕挽拳，兩拳拳心相對，拳面均向前。目視前方。（圖3-7）

【要領】：旋腕抓握要一致，轉腕柔順圓活。

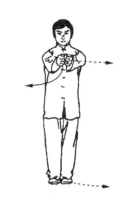

圖 3-7

4.馬步撐拳

左腳向左一步，兩腿屈膝半蹲成為馬步，同時兩拳向左右直臂分開撐出，拳心均向前，拳面均向外。目視左拳方向。（圖3-8）

【要領】：上步撐拳要一致，要做到上頂（頭）、下沉（氣），左右外撐（拳），形成「十字整勁」。

圖 3-8

5.弓步沖拳

上體左轉，右腿挺膝蹬直，成為左弓步，同時左拳直臂後擺，拳面向後，拳眼向上，右拳經右腰側，向前直臂沖出，拳面向前，拳眼向上。目視右拳方向。（圖3-9）

【要領】：轉身沖拳要協調一致，沖拳力達拳面。

圖 3-9　　　　　　　　　圖 3-10

6.虛步分拳

圖 3-11

　　右腿屈膝半蹲，左腳後撤半步，前腳掌虛點地，成為左虛步，同時右拳經右腰側向後擺於體後，拳面向後，拳眼向上，左拳經左腰側直臂向前沖出，拳面向前，拳眼向上。目視左拳方向。（圖 3-10）

　　【要領】：身體後坐與前後撐拳要協調一致，要形成「十字整勁」。

7.踩腳攢拳

　　左腿支撐身體，右腳向前蹬踩，腳尖稍外展，腳掌向前高與左膝平，右拳經右腰側向前上攢拳，拳高與下頦平，拳面斜向上。目視右拳方向。（圖 3-11）

　　【要領】：踩腳高不過膝，踩腳與攢拳要協調一致。

圖 3-12　　　　　　　　　　　圖 3-13

8. 弓步頂肘

　　右腳下踩震腳，左拳向左下擺，拳面向斜、向下，右拳上屈右肩前上方，拳眼向上，拳背向前。目視右肘方向。（圖 3-12）

　　左腳向前一步，屈膝半蹲，右腿挺膝蹬直，成為左弓步，同時右拳向右後下擺，拳面向右，拳眼向下，右臂屈肘，向左頂擊，左拳屈於左肩前上方，成開口拳，小指頂對準鼻尖。目視左肘方向。（圖 3-13）

　　【要領】：動作要連貫，上步頂肘要協調一致，上頂、下沉、前頂、後拉，要形成「十字整勁」。頂肘力達肘尖。

9. 弓步劈拳

　　步型不變，左拳屈肘收抱於左腰側，拳心向上，右拳向上、向前、向下劈拳，稍高於肩，拳眼向上，拳面向前。目視右拳方向。（圖 3-14）

圖 3-14

圖 3-15

【要領】：掄臂以肩為軸，力達拳輪。

10.虛步沖拳

身體重心後移，右腿屈膝半蹲，左腳裏收半步，腳尖虛點地面，成為左虛步，同時右拳屈臂收抱於右腰側，拳眼向上，左拳直臂向前平肩沖出，拳面向前，拳眼向上。目視左拳方向。（圖 3-15）

圖 3-16

【要領】：後坐與沖拳要協調一致，沖拳力達拳面。

11.馬步側沖

左腳向左小半步，左腳碾震，兩腿屈膝半蹲成為馬步，左拳屈肘收抱於左腰側，拳心向上，右拳直臂向右側平肩沖出，拳面向右，拳心向下。目視右拳方向。（圖 3-16）

【要領】：碾腳助力，轉身、沖拳要協調一致，沖拳

力達拳面。

12.收勢還原

左腳向右腳併攏，成為
併立步，兩拳成掌，兩臂自
然下垂於體兩側。目視前
方。（圖3-17）

【要領】：身體正直，
全身放鬆，精神集中，呼吸
均勻。

（二）抱

1.預備勢

兩腳併步，兩腿直立，
身體正直，兩臂自然下垂。
目視前方。（圖3-18）

【要領】：身體端正，
全身放鬆，精神集中。

圖3-17　　　圖3-18

圖3-19　　　圖3-20

2.抱拳禮

步型不變，兩掌直臂向前、向上直臂上舉與胸平，兩
掌心相對，掌指均向前。目視前方。（圖3-19）

步型不變，兩臂屈臂向上、向後畫弧，兩掌屈於頸兩
側，掌心均向外，掌指均向後。（圖3-20）

步型不變，兩掌同時向下、向外、再向上畫弧，握拳

圖 3-21

圖 3-22

圖 3-23

屈於體兩側，高與肩平，拳心斜向前，
拳面均向上。目視前方。（圖 3-21）

　　步型不變，兩拳繼續向裏屈於胸
前，拳面相對，拳心均向前。目視前
方。（圖 3-22）

　　步型不變，兩拳直臂前推，左拳成
掌，立掌附於右拳背處，掌指向上，右
拳拳眼向下，拳心斜向前。目視前方。
（圖 3-23）

圖 3-24

　　【要領】：動作柔順，連貫圓活。

3.併步挽拳

　　步不動，仍成併步，兩手抓握成拳，向裏、向外旋腕
挽拳，兩拳拳心相對，拳面均向前。目視前方。（圖 3-
24）

　　【要領】：轉腕與抓握要一致，旋腕要柔順圓活。

4.馬步探掌

左腳向左上半步，兩腿屈膝半蹲，成為馬步，兩拳成掌屈臂向左探出，左掌高與眼平，掌心向裏，掌指斜向上，右掌屈於左腋前，掌心斜向左，掌指斜向上。目視左掌方向。（圖3-25）

【要領】：上步與探掌要協調一致。

圖 3-25

5.馬步雙按

左腿支撐身體，右腳向前蹬踩，腳尖稍外展，腳掌向前，左掌屈於右腋下，掌心向右，掌指斜向上，右掌向下、向後、向上、向前掄擺於胸前，掌心向前，掌指向上。目視右掌方向。（圖3-26）

圖 3-26

右腳下踩震腳，左腳前上一步，成為馬步，同時兩掌向外撐下按於體側兩胯旁，掌心均向下，掌指均向裏。目視左前方。（圖3-27）

【要領】：動作要連貫，上步與雙側按掌要協調一致，下按

圖 3-27

掌時兩肘外撐，與上頂頭、下沉
氣形成「十字整勁」。

6.虛步斬掌

身體重心移於右腿，左腳裏
收半步，成為左虛步，同時左掌
屈肘收抱於左腰側，掌心向下，
掌指向前，右掌向前、向左橫斬
於胸前，掌心向上，掌指向前。
目視右掌方向。（圖 3-28）

【要領】：後坐與橫斬掌要
協調一致，斬掌要橫向用力，力
達外沿。

圖 3-28

7.震腳雙推

左腿支撐身體，右腿屈膝上
提，同時兩掌向前上方捧掌於胸
前，掌指均向前，掌心均向上。
目視兩掌方向。（圖 3-29）

右腳在左腳內側下震腳，同
時，兩掌屈肘收抱於兩腰側，掌
心均向上，掌指均向前。目視下
前方。（圖 3-30）

左腳前上一步，屈膝半蹲，
右腿挺膝蹬直，成為左弓步，同
時兩掌立掌平肩向前直臂推出，

圖 3-29

圖 3-30

圖 3-31   圖 3-32   圖 3-33

掌心均向前，掌指均向上。目視兩掌方向。（圖 3-31）

【要領】：震腳、上步、雙推掌要連貫、協調一致，雙推掌力達雙掌。

8.收勢還原

右腳外碾，左腳裏收於右腳內側，成為併步直立，兩掌自然下垂於體兩側。目視前方。（圖 3-32）

【要領】：身體正直，全身放鬆，精神集中，呼吸均勻。

（三）擔

1.預備勢

兩腳併步，兩腿直立，身體正直，兩臂自然下垂。目視前方。（圖 3-33）

【要領】：身體正直，全身放鬆，精神集中。

圖 3-34　　　　　圖 3-35　　　　　圖 3-36

2.抱拳禮

步型不變，兩掌直臂向前，向上直臂上舉與胸平，兩掌心相對，掌指均向前。目視前方。（圖3-34）

步型不變，兩臂屈臂向上、向後畫弧，兩掌屈於頸兩側，掌心均向外，掌指均向後。（圖3-35）

圖 3-37

步型不變，兩掌同時向下、向外、再向上畫弧，握拳屈於體兩側，高與肩平，拳心斜向前，拳面均向上。目視前方。（圖3-36）

步型不變，兩拳繼續向裏屈於胸前，拳面相對，拳心均向前。目視前方。（圖3-37）

步型不變，兩拳直臂前推，左拳成掌，立掌附於右拳背處，掌指向上，右拳拳眼向下，拳心斜向前。目視前

圖 3-38　　　　　　　圖 3-39　　　　　　　　圖 3-40

方。（圖 3-38）

　　【要領】：動作連貫，柔順圓活，協調一致。

3.併步挽拳

　　步不動，仍成併步，兩手抓握成拳，向裏、向外旋腕挽拳，兩拳拳心相對，拳面均向前。目視前方。（圖 3-39）

　　【要領】：旋腕要圓活，旋抓要一致。

4.馬步探掌

　　左腳向左上半步，兩腿屈膝半蹲，成為馬步，兩拳成掌屈臂向左探出，左掌高與眼平，掌心向裏，掌指斜向上，右掌屈於左腋前，掌心斜向左，掌指斜向上。目視左掌方向。（圖 3-40）

　　【要領】：上步與探掌要協調一致。

圖 3-41

圖 3-42

5.活步掄劈

　　上體稍右轉，身體重心移於右腿，左腳裏收半步，成為半跪步，左臂向前、向下格斬，掌指向右下方，掌心向後。目視左掌方向。（圖 3-41）

　　右腳向右半步，左腿屈膝半蹲，右腿挺膝蹬直成為左弓步，同時右臂向下、向右擺臂，掌指斜向右下方，掌心向前，左臂向裏、向上、向前直臂掄擺，掌指向上，掌心向前。目視左掌方向。（圖 3-42）

　　左腳裏收半步成為半跪步，左掌屈肘收按於左腰側，掌心向下，掌指向前，右臂向上、向前下直臂掄劈，掌心向上，掌指向前。目視右掌方向。（圖 3-43）

圖 3-43

【要領】：動作要連貫，掄臂圓順，劈砸有力，力達右掌背。

6.馬步舉掌

上體左轉，右腳前上一步，兩腿屈膝半蹲成為馬步，同時，兩掌向上舉於頭上方兩側，掌指相對，掌心均向上。目視右方。（圖3-44）

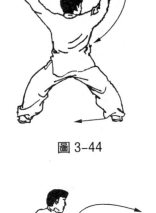

圖 3-44

【要領】：上步與雙舉沉肘要協調一致，兩肘同時下沉並有外撐之意，與上頂頭、下沉氣形成「十字整勁」。

7.虛步按掌

上體右轉，右腳裏收半步，成為右虛步，同時，右掌成拳屈肘收於小腹前，拳背向前，拳眼向上，左掌向前下按掌於胸前，掌心向下，掌指向前。目視左掌方向。（圖3-45）

圖 3-45

【要領】：轉身與按掌要協調一致。

8.馬步翻砸

右腳前上一步，成為馬步，同時，左掌下按，收於左腰側，右拳拳心向上，拳面向前，從胸前向上、向前下，

圖 3-46

圖 3-47

翻拳砸擊，高與肩平，拳背向下，拳
面向前。目視右拳方向。（圖 3-46）

【要領】：上步與翻砸拳要協調
一致，翻砸拳力達右拳臂。

9. 馬步側沖

上體右轉，左腳前上一步，兩腿
屈膝半蹲，成為馬步，同時，右拳屈
肘收抱於右腰側，拳心向上，拳面向
前，左拳直臂平肩側沖，拳眼向上，
拳面向左。目視左拳方向。（圖 3-47）

圖 3-48

【要領】：上步與側沖拳要協調一致，沖拳要力達拳
面。

10. 收勢還原

左腳裏收於右腳內側，成為併步直立，兩拳成掌自然
下垂於體兩側。目視前方。（圖 3-48）

圖 3-49　　　　　　　　圖 3-50　　　　　　　　圖 3-51

【要領】：身體正直，全身放鬆，呼吸均勻。

（四）提

1.預備勢

兩腳併步，兩腿直立，身體正直，兩臂自然下垂，目視前方。（圖 3-49）

【要領】：身體正直，全身放鬆，精神集中。

2.抱拳禮

步型不變，兩掌直臂向前、向上直臂上舉與胸平，兩掌心相對，掌指均向前。目視前方。（圖 3-50）

步型不變，兩臂屈臂向上、向後畫弧，兩掌屈於頸兩側，掌心均向外，掌指均向後。（圖 3-51）

步型不變，兩掌同時向下、向外、再向上畫弧，握拳屈於體兩側，高與肩平，拳心斜向前，拳面均向上。目視

圖 3-52

圖 3-53

圖 3-54

前方。（圖 3-52）

步型不變，兩拳繼續向裏屈於胸前，拳面相對，拳心均向前。目視前方。（圖 3-53）

步型不變，兩拳直臂前推，左拳成掌，立掌附於右拳背處，掌指向上，右拳拳眼向下，拳心斜向前。目視前方。（圖 3-54）

【要領】：動作要連貫，柔順圓活。

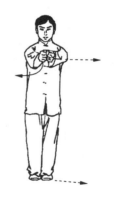
圖 3-55

3.併步挽拳

步不動，仍成併步，兩手抓握成拳，向裏、向外旋腕挽拳，兩拳拳心相對，拳面均向前。目視前方。（圖 3-55）

【要領】：旋腕抓握一致，旋轉手腕要圓活柔順。

圖 3-56   圖 3-57

4.馬步側沖

左腳左上一步，兩腿屈膝半蹲成為馬步，同時，右拳屈肘收於右腰側。拳心向上，拳面向前，左拳直臂平肩向左側沖拳，拳心向下，拳面向左。目視左拳方向。（圖 3-56）

【要領】：側上步與側沖拳要協調一致，沖拳有力，力達拳面。

5.弓步沖拳

上體左轉，右腿挺膝蹬直成為左弓步，同時，左拳屈肘收於左腰側，拳心向上，拳面向前，右拳裏旋，向前直臂平肩沖拳，拳心向下，拳面向前。目視右拳方向。（圖 3-57）

【要領】：轉身沖拳要協調一致，沖拳有力，力達拳面。

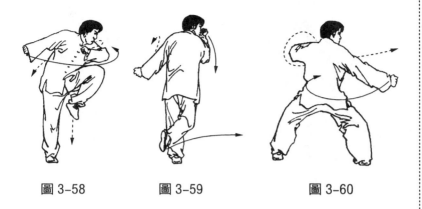

圖 3-58　　　　　　圖 3-59　　　　　　圖 3-60

6.提膝盤肘

身體重心後移於右腿，左腿屈膝上提成為獨立步，同時右拳直臂向下、向後擺，拳眼向下，拳心向後，左肘向前、向右擺肘，左拳屈於胸前，肘尖向前。目視左肘方向。（圖 3-58）

【要領】：提膝與盤肘要協調一致，盤肘橫向用力，力達肘前端。

7.震腳搡拳

左腳下落震地，右腳提起，準備上步，左拳向左下擺，拳眼向上，拳心向前，右拳屈肘向左橫擺於胸前，拳面向上，拳心向裏。目視右方。（圖 3-59）

右腳向右上步，兩腿屈膝半蹲成為馬步，同時，左拳屈肘於胸前，肘尖向左，右拳向左側下方沖搡，拳眼向上，拳面向右。目視右拳方向。（圖 3-60）

圖 3-61   圖 3-62

【要領】：震腳、上步與搓拳要協調一致，搓拳旋臂下鑽，力達拳面。

8.弓步沖拳

上體右轉，左腿挺膝蹬直，成為右弓步，同時，右拳屈肘收抱於右腰側，拳心向上，拳面向前，左拳向後、向下經左腰側向前直臂平肩沖出，拳心向下，拳面向前。目視左拳方向。（圖 3-61）

【要領】：弓步與沖拳要協調一致，沖拳有力，力達拳面。

9.併步下沖

右腿支撐身體，左腿屈膝上提，成為獨立步，同時，左拳成掌，屈臂於右肩前，掌心向右，掌指向上。目視左方。（圖 3-62）

上體左轉，左腳下落後，右腳提起在左腳內側震腳，

圖 3-63

圖 3-64

左掌仍屈於胸前，右拳上提，經胸前向下沖拳於襠前，拳
面向下，拳心向裏。目視前方。（圖 3-63）

【要領】：提膝斬掌與併步下沖要協調一致，下沖有
力，力達拳面。

10. 提膝劈拳

上體右轉，右腿支撐身體，左腿屈膝上提成為獨立
步，同時，右拳向上、向右下直臂掄劈，拳眼向上，拳面
向右，左拳屈於左肘前下方，拳眼向上，拳面向右。目視
右拳方向。（圖 3-64）

【要領】：提膝與劈拳要協調一致，劈拳力達拳輪。

11. 連環沖拳

左腳下落屈膝半蹲，右腿挺膝蹬直，成為左弓步，同
時，左拳屈肘收於左腰側，拳心向上，拳面向前，右拳經
右腰側直臂平肩向前沖拳，拳眼向上，拳面向前。目視右

圖 3-65

圖 3-66

拳方向。（圖 3-65）

　　上體右轉，兩腿屈膝半蹲，成為馬步，同時，右拳屈肘收抱於右腰側，拳心向上，拳面向前，左拳向左側直臂平肩沖出，拳面向右，拳眼向上。目視左拳方向。（圖 3-66）

　　【要領】：動作要連貫，弓步與沖拳與馬步側沖拳要協調一致，沖拳快速有力，力達拳面。

圖 3-67

12. 收勢還原

　　左腳裏收於右腳內側，成併步直立，兩拳成掌，自然下垂於體兩側，掌指均向下。目視前方。（圖 3-67）

　　【要領】：身體正直，全身放鬆，精神集中，呼吸均勻。

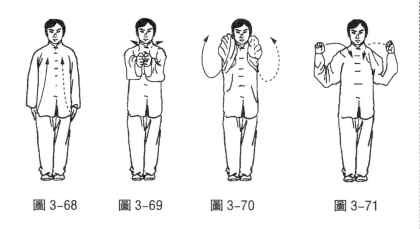

圖 3-68　　　圖 3-69　　　圖 3-70　　　　圖 3-71

（五）挎

1.預備勢

　　兩腳併步，兩腿直立，身體正直，兩臂自然下垂。目視前方。（圖 3-68）

　　【要領】：身體正直，全身放鬆，精神集中。

2.抱拳禮

　　步型不變，兩掌直臂向前、向上直臂上舉與胸平，兩掌心相對，掌指均向前。目視前方。（圖 3-69）

　　步型不變，兩臂屈臂向上、向後畫弧，兩掌屈於頸兩側，掌心均向外，掌指均向後。（圖 3-70）

　　步型不變，兩掌同時向下、向外、再向上畫弧，握拳屈於體兩側，高與肩平，拳心斜向前，拳面均向上。目視前方。（圖 3-71）

| 圖 3-72 | 圖 3-73 | 圖 3-74 |

　　步型不變，兩拳繼續向裏屈於胸前，拳面相對，拳心均向前。目視前方。（圖 3-72）

　　步型不變，兩拳直臂前推，左拳成掌，立掌附於右拳背處，掌指向上，右拳拳眼向下，拳心斜向前。目視前方。（圖 3-73）

　　【要領】：動作連貫，柔順協調。

3.併步挽拳

　　步不動，仍成併步，兩手抓握成拳，向裏、向外旋腕挽拳，兩拳拳心相對，拳面均向前。目視前方。（圖 3-74）

　　【要領】：旋腕與抓握要一致，旋腕柔順圓活。

4.弓步探掌

　　右腳向左上一步，右腿屈膝半蹲，左腿挺膝蹬直成為右弓步，兩拳成掌屈臂向左探出，左掌高與眼平，掌心向

圖 3-75　　　　　　圖 3-76　　　　　　圖 3-77

裏，掌指斜向上，右掌屈於左腋前，掌心斜向左，掌指斜
向上。目視左掌方向。（圖 3-75）

　　【要領】：上步與探掌要協調一致。

5.弓步捧掌

　　左腳前上一步，屈膝半蹲，右腿挺膝蹬直成為左弓
步，同時兩掌向左上捧掌，兩掌虎口相對，掌心均向左，
掌指均向前。目視兩掌間。（圖 3-76）

　　【要領】：上步、轉身與捧雙掌要一致。捧掌動作要
柔和。

6.弓步翻砸

　　步型不變，左掌屈臂下按屈於胸，掌心向下，虎口向
下，右掌成拳經胸前向上、向前下翻砸，拳面向前上，拳
背向下。目視右拳方向。（圖 3-77）

　　【要領】：翻砸與按掌同時進行，翻砸以拳背為力

圖 3-78

圖 3-79

點，砸擊短快。

7.馬步側推

身體左轉，右腳前上一步，兩腿屈膝半蹲成為馬步，同時，左掌成拳屈肘收抱於左腰側，拳心向上，右拳成掌，向右側直臂平肩推出，掌心向右，掌指向上。目視右掌。（圖 3-78）

【要領】：上步與側推掌要協調一致。推掌有力，力達右掌小指側。

8.掛踏推掌

身體重心移於左腿，右腿裏收成為虛步，同時，右掌外翻屈臂裏收於右腰側，掌心向上，掌指向前，左拳成掌向前上推掌，並外翻成掌心向上，掌指向前。目視左掌方向。（圖 3-79）

右腳向右後搓地後掛，成為左弓步，同時，左掌屈臂

圖 3-80

圖 3-81

收於左腰側，掌心向上，掌指向前，右掌向前下按掌，掌心向下，掌指向左前方。目視右掌方向。（圖 3-80）

【要領】：動作要連貫，領左臂與按右掌後掛趟右腳要協調一致，按掌有力，後掛趟腿要快速。

9. 虛步翻砸

右腳向右前上步，身體重心移於左腿，成為右虛步，同時，左掌向前下按於右腋內側下方，右掌成拳經胸前向上、向前下翻砸，拳背向下，拳面向前。目視右拳方向。（圖 3-81）

【要領】：上步與翻砸拳要協調一致，翻砸要快速有力，力達右拳背。

10. 弓步雙捧

身體右轉，右腳向後撤一步，屈膝半蹲，左腿挺膝蹬直，成為右弓步，同時，右拳成掌，兩掌同時向右上方捧

圖 3-82　　　　　　　　　　　　圖 3-83

掌，兩掌虎口相對，掌心均向右，掌指
均向前。目視兩掌間。（圖 3-82）

　【要領】：撤步與轉身、雙捧掌要
協調一致。捧掌動作要柔和。

11. 馬步雙撐

　上體左轉，成為馬步，同時，兩掌
直臂平肩，向兩側分撐，掌心均向外，
掌指均向上。目視右掌。（圖 3-83）

圖 3-84

　【要領】：轉身、撐掌要協調一
致，撐臂兩掌向外用力，力達兩掌，與上頂頭、下沉氣形
成「十字整勁」。

12. 收勢還原

　左腳裏收於右腳內側，成為併步直立，兩掌自然下垂
於體兩側，掌指均向下。目視前方。（圖 3-84）

圖 3-85　　　　　圖 3-86　　　　　圖 3-87

【要領】：身體自然正直，全身放鬆，呼吸均勻。

（六）纏

1.預備勢

兩腳併步，兩腿直立，身體正直，兩臂自然下垂。目視前方。（圖 3-85）

【要領】：身體正直，全身放鬆，精神集中。

2.抱拳禮

步型不變，兩掌向前、向上直臂上舉與胸平，兩掌心相對，掌指均向前。目視前方。（圖 3-86）

步型不變，兩臂屈臂向上、向後畫弧，兩掌屈於頸兩側，掌心均向外，掌指均向後。（圖 3-87）

步型不變，兩掌同時向下、向外、再向上畫弧，握拳屈於體兩側，高與肩平，拳心斜向前，拳面均向上。目視

圖 3-88　　　　　　圖 3-89　　　　　　圖 3-90

前方。（圖 3-88）

　　步型不變，兩拳繼續向裏屈於胸前，拳面相對，拳心均向前。目視前方。（圖 3-89）

　　步型不變，兩拳直臂前推，左拳成掌，立掌附於右拳背處，掌指向上，右拳拳眼向下，拳心斜向前。目視前方。（圖 3-90）

　　【要領】：動作連貫，柔順協調。

圖 3-91

3.併步挽拳

　　步不動，仍成併步，兩手抓握成拳，向裏、向外旋腕挽拳，兩拳拳心相對，拳面均向前。目視前方。（圖 3-91）

　　【要領】：旋腕與抓握要一致，旋腕柔順圓活。

圖 3-92

圖 3-93

4.馬步側推

左腳左上一步，兩腿屈膝半
蹲，成為馬步，同時，右拳屈臂
收於右腰側，拳心向上，拳面向
前，左拳成掌直臂平肩向右推
掌，掌心向左，掌指向上。目視左
掌。（圖 3-92）

【要領】：上步與側推要協調
一致，推擊有力，力達左掌外沿。

5.大纏側推

圖 3-94

身體重心移於右腿，成為左虛步，同時，右拳成掌直
臂後擺，掌心向下，掌指向後，左掌向下、向右、向上纏
腕，掌心仍向前，掌指向上。目視左掌。（圖 3-93）

左腿屈膝提起，準備下踏震腳。（圖 3-94）

左腳下踏震腳，右腳提起準備向右側上步，左掌向左

圖 3-95　　　　　　　　圖 3-96

上架掌於頭左上方。目視右方。
（圖 3-95）

　　右腳右上一步，兩腿屈膝半
蹲，成為馬步，同時，右掌直臂
平肩向右側推掌，掌心向左，掌
指向上。目視右掌方向。（圖
3-96）

　　【要領】：動作要連貫、柔
順，旋臂、上步、側推要協調一
致，側推力達小指側。

圖 3-97

6.小纏切腕

　　身體重心移於左腿，成為右虛步，同時左掌向左下按
抓於右腕上方，掌心向下，虎口向裏。目視左掌方向。
（圖 3-97）

圖 3-98

圖 3-99

右腿屈膝提起，準備下踏震步，左手仍抓住右腕，右掌外沿向右、向下切掌，收於右腰側，左掌掌心向下，虎口向前。目視前方。（圖 3-98）

【要領】：動作連貫、柔和，切掌旋繞要一致。

7.震腳側推

圖 3-100

右腳下踏震腳，左腿屈膝提起，準備前邁，左掌仍握住右腕，左掌成拳，拳眼向上，拳面向前。目視左前方。（圖 3-99）

上體右轉，左腳前上一步，兩腿屈膝半蹲，成為馬步，同時左手鬆握右腕，掌向左側直臂平肩推掌，掌心向左，掌指向上。目視左掌方向。（圖 3-100）

【要領】：動作連貫，上步側推要協調一致，推掌有

力，力達小指側。

8.收勢還原

左腳向裏收步於右腳內側，成為併步直立，兩掌自然下垂於體兩側，掌指均向下。目視前方。（圖3-101）

【要領】：身體自然正直，全身放鬆，精神集中。

圖 3-101

第二節　八大招

八大招乃是八極拳的技擊精華，也是八極拳的技擊核心，其每招均可單獨練習，以磨礪技法，體味勁道，又可連貫成套，一氣呵成，以長進功夫，熟練技巧，風格獨具。每招每勢又均可實用，其實用方法另行介紹。

一、八大招歌訣（拳譜）

八大招式是精華，與人較技則不怕。
擔推撐靠短又快，閻王點手只三下。
扇頂提打勁力整，似如猛虎把山爬。
迎門擊打三不顧，搶機奪位疾速打。
纏挎封壓折韁式，反肘索扣盡擒拿。
要穴太陽最薄弱，朝陽猛打好手法。
左磕右碰闖身進，硬開門戶進身打。
黃鶯雙抱鋒利爪，雙掌撞肋把腰掐。

立地通天似火炮，擊敵要害撞下巴。

八極八技裏面藏，領會神通本領大。

二、八大招套路圖解

起　勢

兩腿伸直，兩腳併攏，兩臂垂於身體兩側，兩手五指併攏貼於腿側為預備勢，兩腿屈膝半蹲，同時左拳直臂平肩向左側沖出，拳眼向上。目視左拳。（圖 3-102）

【要領】：身體端正，精神集中。

第一招：閻王三點手

左腳向左上步，同時左拳成掌，臂略屈，以腕為軸向上、向外挽一小圈。目視左掌。（圖 3-103）

右腳向前上步成為虛步，同時左掌下按於小腹前，掌心向下，右拳向上、向前、向下翻砸，拳心向上。目視右

圖 3-102

圖 3-103

圖 3-104

圖 3-105

拳。（圖 3-104）

步不動，右拳屈臂收於右腰側，拳心向上，同時左掌向前直臂推出，掌心向前，高與肩平。目視左掌。（圖 3-105）

圖 3-106

右腳向前上半步，成為馬步，身體左轉 90°，同時左掌向左，右掌向右側直臂撐出，掌心均向外，掌尖向上，高與肩平，兩臂成一條直線。目視右掌。（圖 3-106）

【要領】：動作連貫協調，勁力順達。

收　勢

左腿屈膝提起，同時左掌成拳收於腰側，拳心向上，上體左轉，右掌隨轉體向左平伸，拇指側在上。目視右

圖 3-107

圖 3-108

掌。（圖 3-107）

動作不停，左腳下震於右腳內側成併步，兩膝半蹲，同時右掌成拳屈肘收於右側，拳心向上，左拳直臂平肩向左側沖出，拳眼向上。目視左拳。（圖 3-108）

【要領】：震腳沖拳協調一致，沖拳有力，力達拳面。

第二招：猛虎硬爬山

圖 3-109

左腳向左上步，同時左拳成掌，臂略屈，以腕為軸向上、向外挽一小圈。目視左掌。（圖 3-109）

動作不停，右腳向前踩出，腳尖外展（翹），同時左掌成拳屈臂內收於腰側，拳心向上，右拳成掌向後、向上、向前橫劈，拇指側在上，高與肩平。（圖 3-110）

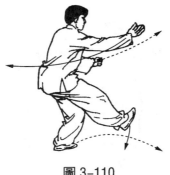

圖 3-110

圖 3-111

八極拳運動全書

　　動作不停，右腳下落震地，左腳前上一步成為馬步，身體右轉 90°，右掌成拳後擺高與肩平，左肘向左平頂。目視左肘尖。（圖 3-111）

　　左腿挺膝蹬直，右腿屈膝上提，同時右拳向前上勾擊或橫擊。（圖 3-112）

圖 3-112

　　右腳向右側下落成為馬步，右拳向右側直臂平沖，拳眼向上。目視右拳。（圖 3-113）

　　【要領】：動作連貫、協調一致，快速有力，勁力順達。

收　勢

　　左腳內收成為併步，右拳收於腰側，拳心向上，左拳向左直臂平沖，拳眼向上看左拳。（圖 3-114）

　　【要領】：轉身、收拳、沖拳一致，動作協調。

圖 3-113

圖 3-114

圖 3-115

圖 3-116

第三招：迎門三不顧

　　左腳向左上步，左拳屈肘收於腰側，拳心向上，右拳成掌向前平伸。目視右掌。（圖 3-115）

　　右腳向前踩擊，腳尖外翹，右臂外上架於面前拇指側向裏，左掌直臂向前推擊，高與肩平，掌心向前。目視左掌。（圖 3-116）

圖 3-117　　　　　　　　　　圖 3-118

八極拳運動全書

　　右腳下落成為弓步，左掌
內收於左腋前，右掌成拳向前
直臂平肩沖出，拳心向下。目
視右拳。（圖3-117）

　　動作不停，身體稍右轉，
右拳收於腰側，拳心向上，左
掌前上推，掌心向前。目視前
方。（圖3-118）

圖 3-119

　　動作不停，右腳前上半步
成為馬步，身體左轉 90°，同時
右拳向右，左掌成拳向左平肩撐出，高與肩平，兩臂成一
條直線，拳眼均朝上。（圖3-119）

　　【要領】：動作連貫、協調一致，快速有力，勁力順
達。

收　勢

　　左腳內收半步，左拳屈肘收抱於腰側，拳心向上，右

圖 3-120

圖 3-121

拳成掌向左擺，拇指側在上高與
肩平。目視右掌。（圖 3-120）

　　動作不停，左腳繼續內收成
併步，右掌成拳屈肘收抱於腰
側，拳心向上，左拳向左側平肩
直臂沖出，拳眼向上。目視左
拳。（圖 3-121）

　　【要領】：收腳沖拳協調一
致，沖拳有力，力達拳面。

圖 3-122

第四招：霸王硬折繮

　　左腳向左上步，同時變左拳成掌，臂略屈，以腕為軸
向上、向外挽一小圈。目視左掌。（圖 3-122）

　　右腳向前上步成為馬步，身體左轉 90°，同時左掌成
拳屈肘收抱於腰側，拳心向上，右臂屈肘向上、向前、向
下壓於右體側，拳面向上、拳眼向右。（圖 3-123）

圖 3-123　　　　　　　　　圖 3-124

八極拳運動全書

圖 3-125　　　　　　　　　圖 3-126

　　動作不停，右拳向右側平肩沖出，拳眼向上。目視右
拳。（圖 3-124）

　　左腳向右側上步身體向右轉 180°，右拳成掌屈肘上
托，掌心向上，左拳成掌向前托，掌心向上。目視右掌。
（圖 3-125）

　　左腳向左半步成為馬步，右掌向上架。左臂屈肘向左
頂擊，肘尖與肩平。目視左肘尖。（圖 3-126）

　　【要領】：動作連貫，協調一致，勁力和順暢達。

圖 3-127

圖 3-128

收　勢

　　右腳向左上步，身體左後轉成併步，右掌成拳收於腰側，拳心向上，左拳向左平肩直臂沖出，拳眼向上。（圖 3-127）

　　【要領】：轉身、沖拳協調一致。

第五招：迎封朝陽手

圖 3-129

　　右腳向左上步，同時左拳成掌，臂略屈，以腕為軸向上、向外挽一小圈。目視左掌。（圖 3-128）

　　右腳上前，身體左轉成為馬步，同時左掌成拳屈臂內收於腹前，拳眼向上，右臂肘向前在體右側下壓，拳心向裏，拳面向上，高與耳平。目視前方。（圖 3-129）

　　左腳經右腳後向右插步成為叉步，同時，右拳直臂向

圖 3-130　　　　　　　　　　　　圖 3-131

右下搋擊，左拳左上舉，兩臂成一條斜線。（圖 3-130）

　　動作不停，右腳右後上步身體右轉成右弓步，同時，右拳屈肘收抱於右腰側，拳心向上，左拳成掌向前直臂推出，掌心向前，高與肩平。目視左掌。（圖 3-131）

　　動作不停，身體左轉 90°，左掌向左擺與肩平，掌心向上，同時右拳成掌直臂向右平穿，掌心向上，兩臂成一條直線。目視右掌。（圖 3-132）

　　身體右轉成為右弓步，同時右掌成拳收於右腰側，拳心向上，左掌隨轉體向前直臂平穿，掌心向上，高與肩平。目視左掌。（圖 3-133）

　　【要領】：動作連貫、協調一致，勁力順達。

收　勢

　　身體左後轉成為左弓步，同時，左掌成拳收於腰側，拳心向上，右拳成掌隨轉體左前擺，拇指側在上。目視右掌。（圖 3-134）

　　動作不停，左腳內收於右腳內側成併步，同時右掌成

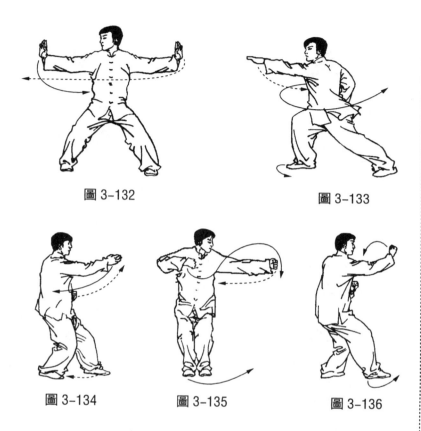

圖3-132

圖3-133

圖3-134

圖3-135

圖3-136

拳收於腰側,拳心向上,左拳向左側直臂平沖,拳眼向上。目視左拳。(圖3-135)

【要領】:收腳、沖拳協調一致。

第六招:左右硬開門

右腳向前上步成為右虛步,同時左拳屈肘收於腰側,拳心向上,左拳向前屈臂向左橫格。目視右拳。(圖3-136)

圖 3-137　　　　　　　　　　　圖 3-138

　　動作不停，右腳震腳踏實，同時右臂向左橫格，上體
稍左轉。目視右拳。（圖 3-137）

　　動作不停，左腳向右上腳，身體右後轉成為弓步，同
時左拳成掌向左向前屈臂橫攔，掌心向裏，拇指側在上，
右拳成掌向前推，掌心向左前，高與鼻平，兩掌同時相對
用力。目視右掌。（圖 3-138）

　　【要領】：動作連貫，協調一
致，勁力和順。

收　勢

　　右腳向左上步於左腳內側，身體
左後轉，成為併步，右掌成拳收於腰
側，拳心向上，左掌成拳，直臂平肩
向左側衝擊，拳眼向上。目視左拳。
（圖 3-139）

　　【要領】：轉身與沖拳要協調一

圖 3-139

圖 3-140

圖 3-141

致，沖拳勁力和順。

第七招：黃鶯雙抱爪

左腳向左上步成為左虛步，同時左臂屈肘左上挑架。目視左拳。（圖 3-140）

右腳向前上步成為右虛步，同時兩拳成掌向前、向上並捧，掌心均向上。目視雙掌。（圖 3-141）

圖 3-142

動作不停，右腳震腳，左腳向前上步成為左弓步，同時兩掌向裏、向下挽腕，成並立掌，同時向前並齊推出，掌心均朝前，高與肩平。目視兩掌。（圖 3-142）

【要領】：動作連貫、協調一致，推掌有力，力達雙掌。

圖 3-143

圖 3-144

八極拳運動全書

收　勢

身體左轉成為左虛步，同時左掌成拳收於腰側，拳心向上，右掌直臂隨轉體左擺。目視右掌。（圖 3-143）

動作不停，左腳內收於右腳內側成為併步，右掌成拳收於腰側，拳心向上，左拳直臂向左側平沖，拳眼向上。目視左拳。（圖 3-144）

圖 3-145

【要領】：收腳、沖拳要協調一致，沖拳力達拳面。

第八招：立地通天炮

左腳向左上步，同時左拳成掌，臂略屈，以腕為軸向上、向外挽一小圈。目視左掌。（圖 3-145）

圖 3-146

圖 3-147

右腳前跟半步，左掌成拳收於腰側，拳心向上，右拳成掌向後、向上、向前、向下掄蓋與肩平，掌心向上。目視右掌。（圖 3-146）

動作不停，右腳前上一步，身體左轉闖撞成馬步，同時右掌成拳向上、向裏屈臂與鼻平，用右肘尖向右側頂擊。目視右肘。（圖 3-147）

【要領】：動作要連貫，協調一致，勁力順達。

收　勢

左腳收攏於右腳內側成併步，同時右拳收於右腰側，拳心向上，左拳直臂平肩向左側沖出，拳眼向上。目視左拳。（圖 3-148）

兩腿挺膝直立，同時兩拳成掌，直臂放於腿兩側，目視前方結束。

圖 3-148

【要領】：收腳、沖拳一致，精神集中，呼吸均勻。

第三節　八極拳母架

八極拳母架，也稱八極拳基本架，是八極拳的基本拳架套路，此拳動如崩弓，發似炸雷，定勢成樁，有剛硬樸實、威猛穩健、勁整渾厚之特點，經常練習八極拳不僅能收到健身的效果，而且能提高技擊能力。現將其基本練法介紹如下：

一、八極拳母架歌訣（拳譜）

霸王舉鼎掌托天，二郎擔山劈雙拳；
懷中抱月雙拳併，懷抱嬰兒肘外翻；
朝陽拐子鐵拳打，金剛伏虎掌法連；
后羿強拉開弓式，海底探寶護襠前；
翻江倒海跳起打，迎面砸擊翻臂拳；
金絲纏腕接側打，急打兩拳步隨變；
挑打跪膝擊襠腹，金剛搗碓肘上翻；
十字架樑防劈砸，羅漢敞懷妙無邊；
採腕捋打擒帶打，開弓射虎擊肋間；
採腕捋打擒帶打，開弓射虎招法連；
勾手撩陰轉身打，風擺荷葉防掌扇；
撩簾推窗撞心掌，撢手托腮堂中站；
收勢還原併步立，拳罷氣沉歸丹田。

二、八極拳母架套路圖解

第一段

第一勢：霸王舉鼎

兩腳併攏，成為併步直立，兩臂自然下垂於體側，目視前方，然後兩掌向內，掌指相對，掌心均向上於腹前。（圖 3-149）

接著，兩掌經胸前上提於面前時，兩掌同時向外上翻，兩掌掌指相對，掌心均向上，然後上舉於頭上方。目視前方。（圖 3-150）

【要領】：體正身直，頭頸上頂，下頦微收，手、足心含空，兩足十趾抓地，動作連貫協調。提掌、舉掌速度要均勻，用暗勁提舉兩掌。

圖 3-149

圖 3-150

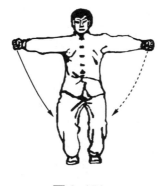

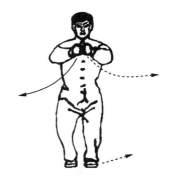

圖 3-151　　　　　　　　圖 3-152

第二勢：二郎擔山

　　兩腿屈膝半蹲成開蹲步，同時兩掌直臂外分與肩平齊，兩掌屈指抓握成拳，拳心均向前，拳眼向上。目視前方成為定勢。（圖 3-151）

　　【要領】：大腿接近水平，斂臀收腹，立腰展胸，頭頸上頂，下頦微收，兩臂與肩平。

第三勢：懷中抱月

　　兩拳向下、向裏於兩膝旁。動作不停，兩拳經兩膝上方向內、向上舉，兩拳拳面相對，拳心均向下於面前，成為定勢。（圖 3-152）

　　【要領】：兩拳同時用暗勁上舉，沉肩墜肘，臂向外撐。

圖 3-153

圖 3-154

第四勢：懷抱嬰兒

身體左轉，左腳前上半步成為虛步，同時左拳向前胸直臂沖出，右拳向後擺，兩臂成一條直線。目視左拳方向。（圖 3-153）

接著，左腳震步，右腳提起，同時右拳收於腰側不停，右腳前上一步，身體左轉成為馬步，同時左拳屈肘收於左腹前，拳心向下，右肘向左上抬頂，右拳成開口拳托於右腮旁，拳眼向下，拳心向前，鼻尖對準小指中節頂。目視右肘方向成為定勢。（圖 3-154）

【要領】：動作連貫，震腳、上步，抬肘要協調一致。馬步抬肘時，要沉肩墜肘。抬肘要迅猛。

第五勢：朝陽鐵拳

身體右轉，左腿蹬直成為右弓步，同時右肘向右後拉，左拳向左前上方沖出，拳眼向上。目視左拳方向成為

圖 3-155　　　　　　　　　　圖 3-156

定勢。（圖 3-155）

【要領】：沉肩墜肘，沖拳拉肘，上頂下沉，形成「十字」整勁。沖拳要迅猛。

第六勢：金剛伏虎

身體重心左移成馬步，同時左拳成掌向左側平攄。目視左掌。（圖 3-156）

圖 3-157

接著，右腳經左腳前方向左邁步，震腳；左腳向左上步成為馬步，同時左掌向下、向前、向上屈臂架於頭上方，右拳成掌向外、向上、向前下切掌於胸前掌心向前，掌指向上。目視右掌方向，成為定勢。（圖 3-157）

【要領】：邁步震腳與馬步形成，架掌與切擊掌要協調一致。右掌切掌立掌，力用左小指側掌根處。

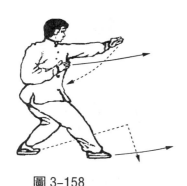

圖 3-158

圖 3-159

第七勢：后羿拉弓

身體重心移於左腿，身體右轉成虛步，同時右掌收於右腰側，左掌向下經左腰側向前推出。目視前方。（圖 3-158）

接著左腳向前一步下踏震地，右腳隨之向前，上體左轉成馬步，同時左掌屈肘於胸前，掌心向下，右掌向右側推擊，掌心向左，掌指向上。目視右掌，成為定勢。（圖 3-159）

【要領】：上步、側擊掌要協調一致，擊掌迅猛、沉肩墜肘，擊掌拉肘，上頂下沉，形成「十字」整勁。

第八勢：海底探寶

左掌向左側橫掌子摟；右掌屈肘收於腰側。（圖 3-160）

接著，右腳經左腳前向左側跨

圖 3-160

圖 3-161

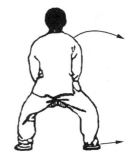

圖 3-162

步，下踏震地，隨之左腳左上一步成為馬步，同時左掌成開口拳向內、向前、向上屈肘收於胸前，拳眼向下，小指中節頂對準鼻尖，右掌成拳，向外、向上、向內經胸前向下直臂沖拳，拳面向下，拳眼向左。目視前方，成為定勢。（圖 3-161）

【要領】：上步下沖拳動作要一致，下沖拳迅猛有力。

第九勢：翻江攪海

左拳向下，兩拳拳眼相對，同時兩拳向前、向上、向內挽拳，兩腳原地跳起，雙腳震腳落地，兩拳與兩腳落地同時下沖兩拳於襠前，拳面均向下。目視前方。（圖 3-162）

【要領】：挽拳、原地跳、落步與雙拳下沖要協調一致，沖拳要迅猛。

第十勢：迎面砸拳

上體右轉，身體重心前移成右弓步，同時右拳以拳背

圖 3-163

圖 3-164

為力點，向前、向上、向下砸擊，拳高與鼻平，拳心向上，左拳成掌屈肘於右腋前。目視右拳方向。（圖 3-163）

【要領】：翻砸拳要迅猛、有力，力達拳背。

第十一勢：金絲纏腕

右腳回收半步，同時右手向前抓住左腕，接著，右腳震地，左腳提起，同時左手抓右

圖 3-165

腕向左後屈肘於右腰側，右拳心向上。目視前方。（圖 3-164）

動作不停，左腳前上一步成為馬步，同時左手成拳向左側沖出，拳眼向上。目視左拳。（圖 3-165）

【要領】：震腳、纏腕、上步側沖拳要協調一致，沖拳迅猛、有力。

圖 3-166

圖 3-167

第十二勢：急打兩拳

身體左轉成弓步，同時左拳屈肘收於左腰側，拳心向上；右拳直臂向前沖出，拳眼向上。目視右拳。（圖 3-166）

圖 3-168

接著，身體右轉成馬步，同時右拳屈肘收於腰側；左拳向左側沖出，拳眼向上。目視左拳成為定勢。（圖 3-167）

【要領】：轉身、沖拳要一致，沖拳迅猛、有力。

第十三勢：挑打跪膝

右腳向前上成弓步，同時左拳收抱於左腰側，右臂向前、向上架臂。（圖 3-168）

接著，左腳前上成弓步，同時右拳收於腰側，左臂向前、向上架臂。不停，右腳跟進半步成為跪步，同時右拳

直臂向前沖出，拳眼向上。目視右拳方向。（圖3-169）

【要領】：上步架臂要協調，跪膝、沖拳要一致，沖拳猛狠、有力。

第二段

第十四勢：金剛搗碓

右腳向左腳併攏成半蹲步，右拳成掌，左拳向下砸於右掌心內於左胯旁。目視左下方。（圖3-170）

【要領】：兩大腿接近水平，收臀立腰。

第十五勢：十字架樑

左腳經右腳前向右一步，落步同時左腳前上成為弓步，同時兩手十字交叉向前架於額前上方，左掌在裏，右掌在外。目視兩掌方向。（圖3-171）

圖 3-169

圖 3-170

圖 3-171

【要領】：上步、十字架掌要一致。

第十六勢：羅漢敞懷

身體左轉成為馬步，同時兩掌直臂向外分撐兩掌高與肩平，掌心向外，掌指向上。目視前方。（圖3-172）

圖 3-172

【要領】：身正頭領，兩臂外撐，沉肩墜肘。

第十七勢：採腕捋打（左）

上體右轉成弓步，同時左手抓住右腕，右掌成拳。（圖3-173）

接著，右腳經左腳前向左上步下踏震腳，左腳提起準備前上步，左手抓右腕向下、向左、向上捋臂於胸前。（圖3-174）

圖 3-173

圖 3-174

圖 3-175

圖 3-176

動作不停，左腳前上成弓步，同時右拳向前沖出，拳眼向上。目視右拳方向。（圖 3-175）

【要領】：上步、捋打要協調一致，擊打快速。

第十八勢：開弓射虎（左）

身體右轉成馬步，同時右拳屈肘收回於右腰側，左拳向左側擊打。目視左拳。（圖 3-176）

【要領】：轉身擊拳要一致，擊拳要快脆。

第十九勢：採腕捋打（右）

與第十七勢相同，唯左右相反。（圖 3-177、圖 3-178、圖 3-179）

圖 3-177

圖 3-178　　　　　　　　　　圖 3-179

第二十勢：開弓射虎（右）

與第十八勢相同，唯左右相反。（圖 3-180）

第二十一勢：拗步單鞭

右腳震腳，左腳前上一步成為弓步，同時右掌屈肘收於腰側，左拳成掌向前推掌。（圖 3-181）

接著，上體左轉，左掌成勾手向左後舉，右掌向前穿

圖 3-180　　　　　　　　　　圖 3-181

出，掌指向前，掌心向上。目視
右掌。（圖 3-182）

圖 3-182

【要領】：動作要連貫，勾
手、穿掌要協調一致。

第二十二勢：勾手撩陰

右腳向前一步，下踏震地，
左腳隨之向前上步，上體右轉成
馬步，同時左掌屈於胸前，掌心
向下，拇指側在裏，右手成勾向右上撩出，勾尖向右下。
目視右勾方向，成為定勢。（圖 3-183）

【要領】：上步撩勾要一致，撩勾快速、有力。

第二十三勢：風擺荷葉

身體重心移於左腿，上體右轉，成為右虛步，同時右
勾成拳屈肘收於右腰側，左掌向前推出。目視左掌。（圖
3-184）

圖 3-183

圖 3-184

圖 3-185

圖 3-186

接著，右腳向右一步，成為馬步，同時兩臂向右後擺於右胯旁。（圖 3-185）

【要領】：右退步與擺掌要協調一致。

第二十四勢：撩簾推窗

上體左轉成為弓步，同時左手成勾向左後側舉，勾尖向下，右掌向前推掌，掌心向前，掌指向上。目視右掌。（圖 3-186）

【要領】：動作要協調一致。

第二十五勢：撣手托腮

左腳收於右腳內側成半蹲步，右掌向左後擺於右胯旁，掌指向下，左勾手成掌前擺。（圖 3-187）

動作不停，左掌屈肘收於左腮旁，掌指向上，拇指側向內。目視左方。（圖 3-188）

【要領】：身體正直，頭頂上領，氣向下沉，沉肩墜肘。

八極拳運動全書

圖 3-187

圖 3-188

圖 3-189

圖 3-190

第二十六勢：收勢還原

身體直立，兩掌相合，掌心相對，掌指向上。（圖 3-189）

接著，兩掌向下、向外、向上、向內經面前成掌指相對，下按於腹前。動作不停，兩掌向下，成自然直立。（圖 3-190）

第四節　八極拳入門架

八極拳入門架是八極拳門的「母系套路」，又名「開門八極拳」。其內容含蓄且深奧，既是基本功訓練的好方法、入門的好途徑，又是表達八極拳陰陽變化在套路中體現的好形式。它包含打法、肘法、捆法、靠法、纏法等各種技擊動作，每個動作則又能舉一反三，變化無窮，所以它易學、好練，而且實用。現就將其套路介紹如下，供八極拳愛好者入門練習。

一、八極拳入門架歌訣（拳譜）

單練童子拜羅漢，懷抱嬰兒肘頂撞；
金龍合口鎖臂捶，絞臂鎖捶打拳忙；
飛虎展翼下山崗，閉襠反手朝陽掌；
懷抱嬰兒肘頂山，抱虎歸山襠下防；
仙人打坐山頭望，撥雲見日托槍掌；
童子抱心驚回首，上步跪膝架樑防；
鯤鵬展姻奧妙出，懷中抱月鎖喉嗓；
挎打搜肚緊跟上，順手牽羊站一旁；
跟打兩捶連擊忙，老虎出洞拗步掌；
猛虎回頭忙扇擋，猛虎出洞掏心上；
退步顧前亦顧後，撣手併步歸中堂。

二、八極拳入門架套路圖解

起勢（無極勢）

併步直立，兩臂自然垂放於兩腿側。目視前方。（圖
3-191）

【要領】：頭領身正，下頦內收，舌舐上顎，精神集
中。

第一段

1.單練童子拜羅漢（抱拳）

兩掌側平舉，繼續向裏屈肘於胸前，右掌成拳，拳眼
向下，拳心向前，左掌扶於右拳面側，掌指向上，拇指側
在裏。目視前方。（圖3-192）

動作不停，手勢不變，兩臂直臂前推。目視前方。
（圖3-193）

圖 3-191　　　圖 3-192　　　圖 3-193

圖 3-194

圖 3-195

接上動作，右拳成掌，兩掌並
齊成為立掌。（圖 3-194）

動作不停，兩掌屈指外旋腕抓
握成拳，拳心相對，拳眼均向上。
目視前方。（圖 3-195）

【要領】：動作要連貫，要頭
正身直，沉肩墜肘，旋腕抓握要有
力，握拳要緊。

圖 3-196

2.懷抱嬰兒肘頂撞（拉弓、兩儀勢）

接上動作，右腳後撤一步，右臂屈肘後拉右拳屈於胸
前，拳眼向上，拳心向裏，同時左拳成掌向左側推，掌指
向上，掌心向前。目視左掌方向。（圖 3-196）

動作不停，左腳提起，準備震腳，上體左轉，右肘隨
轉體向左下壓肘。目視右方。（圖 3-197）

圖 3-197

圖 3-198

緊接著，左腳下踏震地，右腳前上一步，身體左後轉，成為馬步，左臂屈肘抱於胸前，拳心向下，拳眼向裏，右肘向右側頂，右拳托於鼻前，成開口拳，小指節頂對準鼻尖。目視右肘方向。（圖 3-198）

【要領】：動作要連貫，震腳身體起伏不可過大，上步側頂肘要協調一致，頂肘以腰發勁。

圖 3-199

3.金龍合口鎖臂捶（抱球勢）

接上動作，身體重心右移，上體右轉成為右弓步；同時，右拳向外、向下、向裏屈於腹前，拳心向上，拳眼向前；左拳向外、向上、向裏翻拳於胸前，拳心向下，拳眼向後。目視前方。（圖 3-199）

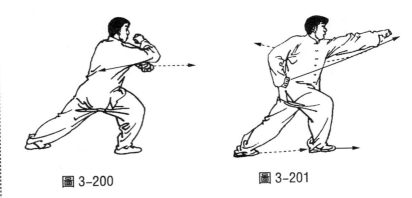

圖 3-200　　　　　圖 3-201

【要點】：兩拳上下翻要同時，翻旋拳與轉身要一致。

4.絞臂鎖捶打拳忙（開弓勢）

接上動作，右拳由下向外、向上、向裏翻於胸前，拳心向下，拳眼向後；左拳由上向外、向下、向裏翻於腹前，拳心向上，拳眼向前。目視前方。（圖 3-200）

動作不停，右拳屈肘向後抱於胸前側，拳心向下，拳面向左，左拳向外、向前、向右貫擊，拳心向下，拳面向右。目視左拳方向。（圖 3-201）

【要領】：動作要連貫，貫擊要快速、有力，以腰發勁。

5.飛虎展翼下山崗（穿袖）

接上動作，右腳前上半步，左腳跟進成併蹲步；左拳成掌下按，右拳成掌從左掌上前穿後成立掌直臂推出，掌指向上，掌心向右，同時，左掌成勾向下、向左舉，勾尖

圖 3-202

圖 3-203

向下。目視右掌。（圖 3-202）

【要領】：上步跟進要滑搓地面，舉勾、推掌要用力，發出「十字整勁」。

6.閉襠反手朝陽掌（閉地肘、合子手）

接上動作，左腳左跨一步成為馬步；同時，左勾成拳向上、向右、向下屈肘抱於胸前，拳面向下，拳心向後；右掌成拳向右、向下掛於襠前，拳面向下，拳心向右。目視右方。（圖 3-203）

動作不停，身體重心右移，上體右轉成為右弓步；同時兩拳成掌並掌直臂向前推出，兩掌指向上，掌心均向前。目視兩掌方向。（圖3-204）

圖 3-204

圖 3-205 圖 3-206

【要點】：撤成馬步與掛拳要同時，雙掌齊推要巧用腰勁，要順肩。

7.懷抱嬰兒肘頂山（兩儀式）

接上動作，右腳前上半步，左腳跟進，身體左轉成為馬步；同時左掌成拳屈肘右頂抱於胸前，拳心向下，拳眼向後；右掌成拳屈肘右頂托於腮前，拳心向前，小指節頂對準鼻尖。目視右肘方向。（圖 3-205）

【要領】：與第二勢相同。

8.抱虎歸山襠下防（揣襠）

接上動作，兩前臂同時外旋，屈肘後掛，兩拳收抱於腰側，拳心均向上。（圖 3-206）

動作不停，兩拳成掌由腰側向外、向上、向裏經胸前，兩掌尖相對，向下按於襠前。目視前方。（圖 3-207）

【要領】：兩掌同時弧行環繞於腳前，下按要同時、

圖 3-207

圖 3-208

有力，按掌時兩腳跟微微提起。

9.仙人打坐山頭望（挖眉）

接上動作，身體重心右移，上體右轉，成為右弓步；兩掌並齊同時直臂向前推出，掌心向前，掌指均向上。目視兩掌方向。（圖 3-208）

【要領】：插掌要有力，順看，高與肩平。

10.撥雲見日托槍掌（闖步硬開門）

接上動作，右腳尖外展震腳，左腳前上一步，身體右轉成為四六步；同時，左掌內旋翻向前微屈肘下按，至左膝前，掌心向下，掌指向前；右掌內旋翻，屈肘下按，至右肋前，掌心向下，掌指向前。目視左掌方向。（圖 3-209）

【要領】：四六步要使右腿

圖 3-209

圖 3-210　　　　　　　　圖 3-211

占 6 份力量，左腿占 4 份力量，兩掌下按要隨轉降身時進
行。

11.童子抱心驚回首（炮提勢）

接上動作，身體重心右移，左腿蹬直成為橫弓步；同
時兩掌外旋上托，左臂向左微伸，右肘向右微頂，左掌略
低於肩，右掌至右胸側，兩掌心均向上。目視左掌方向。
（圖 3-210）

動作不停，身體重心左移，左腿屈膝成為左弓步；上
體左轉的同時，左掌屈肘回拉於右腋下，掌心向外；右掌
經左前臂上方向前直臂推出，高與肩平，掌心向前。目視
右掌方向。（圖 3-211）

【要領】：重心前移成為弓步的同時收左掌推右掌，
推掌要順肩，快速有力。

12.上步跪膝架樑防（擔山、跪膝勢）

接上動作，右腿向前上一步，身體右轉成右弓步；同

圖 3-212

圖 3-213

時左掌從右腋下，順右臂向前直臂推掌，掌心向前；右臂向後屈肘，至胸前向後直臂平肩推出，掌心向後。目視左掌方向。（圖 3-212）

　　動作不停，左腳前上一步，身體左轉，右腳跟進，屈膝跪下成為跪步；同時，左掌變拳向上架於頭上方，臂微屈，拳心向上，拳眼向前；右掌成拳向前直臂衝出，高與肩平，拳面向前，拳心向下。（圖 3-213）

　　【要領】：連上兩步要連貫，手腳自然配合，上步時，身體不可高抬，兩膝微屈，步幅要大，架臂衝拳要一致，衝拳快速、有力。

第二段

13.鯤鵬展翅奧妙出（指上打下）

　　接上動作，身體向右後轉成右虛步；同時右拳經下直臂畫弧向前攢拳高與肩平，拳眼向上；左拳護於腹前肘尖下，拳眼對右肘尖。目視右拳方向。（圖 3-214）

圖 3-214   圖 3-215

【要領】：虛步要虛實分明，右臂微屈，攢拳要快速，右拳上照鼻尖，下照腳尖。

14.懷中抱月鎖喉嗓（擁肘式）

接上動作，右腳前上半步，成為右弓步；右肘向左橫屈，臂略低於肩，拳背向上；左掌托於右腕內側。目視前方。（圖 3-215）

【要點】：進步要低，搓地面，在弓步同時屈肘。

15.挎打搜肚緊跟上（搜肚拳）

接上動作，右腳前上半步，身體左轉成為馬步；同時用右拳向右側沖打，拳心向下（拳面向右）。目視右拳方向。（圖 3-216）

【要領】：沖拳要快速、有力。

圖 3-216

圖 3-217　　　　　　　　　　圖 3-218

16.順手牽羊站一旁（纏絲）

接上動作，左掌向右抓握住右
腕。（圖 3-217）

動作不停，右腳提起經左腳前向
左邁，同時兩臂向下、向左、向上。
（圖 3-218）

圖 3-219

接著，右腳下落震地，左腳向前
一步成橫弓步；同時兩臂經臉右側，
向後、向下於右肋前。目視左前方。（圖 3-219）

【要領】：要連貫，臂的環繞要用腰勁帶動，要在體
右側畫一立圓，目隨繞臂而視。

17.跟打兩捶連擊忙（連環捶）

接上動作，身體左轉成為左弓步；同時，左手鬆開成
拳，屈臂收於腰側，拳心向上；右拳向前直臂沖出，拳心
向下，高與肩平。目視右拳。（圖 3-220）

圖 3-220　　　　　　　　　　圖 3-221

圖 3-222　　　　　　　　　　圖 3-223

　　動作不停，身體右轉成馬步；右拳外旋屈臂收於腰側，拳心向上；左拳直臂向左側沖出，拳心向下，高與肩平。目視左拳。（圖 3-221）

　　【要領】：拳衝擊要連貫，快速有力。

18.腰手牽羊站一旁（纏絲）

　　【動作及要點】：與動作 16 相同，惟左右不同，方向相反。（圖 3-222、圖 3-223、圖 3-224）

圖 3-224

圖 3-225

圖 3-226

圖 3-227

19.跟打兩捶連擊忙（連環捶）

【動作及要點】：與動作 17 相同，惟左右不同，方向
相反。（圖 3-225、圖 3-226）

20.老虎出洞拗步掌（朝陽手）

接上動作，身體右轉成右弓步；同時左掌成勾直臂向
前，勾尖向下，高與肩平，右拳成掌微收，拇指側向裏，
附於左肘窩前。（圖 3-227）

圖 3-228　　　　　　　　圖 3-229

動作不停，左腳向前上步成左弓步，身體左轉；同時左勾向下、向後、向上平舉，勾尖向下；右掌向前推擊，掌心向前。目視左勾。（圖 3-228）

【要領】：上步、勾手、擊掌要輕快、協調，弓步要順肩轉胯，兩臂要伸直。

21.猛虎回頭忙扇襠（盼前回頭）

接上勢，身體右轉，腳掌碾地，腳尖右碾成為馬步；同時右掌成勾隨轉體向下、向右、向上撩、勾尖向下，高與肩平；左勾成掌在襠前下按，掌心向下。目視右勾。（圖 3-229）

【要領】：左掌下按與右勾頂擊要同時完成，動作要快速，短促有力。

22.猛虎出洞掏心上（通背式）

接上動作，身體微右轉成弓步；同時右勾成拳屈臂收於腰側，拳心向上；左掌向前直臂推擊，掌心向前，高與

圖 3-230

圖 3-231

肩平。目視前方。（圖 3-230）

【要點】：收勾推掌要一致，推掌要快速有力。

23.退步顧前亦顧後（翻身掛踏）

接上動作，右腳後撤步，腳尖擦地向後直膝撐地成左弓步；同時左掌變勾，經下畫弧直臂後撩至臂與肩平，勾尖向下；右掌向前直臂推掌，小指側向前。目視右掌。（圖 3-231）

【要領】：後撤步要輕快，勾手、推掌要同時快速、有力、兩臂伸直。

24.撣手併步歸中堂（單翼式）

接上動作，身體右轉成馬步；隨轉體，左勾變掌，經下畫弧向左前直臂掏打，掌心向上，至臂略高於肩；右掌變拳經下向右後直臂回擺，拳心向後。（圖 3-232）

動作不停，左腿向右腿併攏，雙膝半蹲成丁步；同時左臂內屈，肘下墜，前臂直立於體左前，掌至左肩上部，

圖 3-232

圖 3-233

立掌掌背向前；右臂下垂貼於體側，右
拳心向後。目視左前方。（圖 3-233）

【要點】：拔腰頂頭，臀部內收。

收勢（無極歸原）

接上動作，左臂下垂，右拳成掌，
兩腿直立，兩掌貼於兩腿側。目視前
方。（圖 3-234）

【要領】：與預備勢相同。

圖 3-234

第五節　六肘頭

　　六肘頭是一套既可單練又可對練的套路，其套路短小
精悍，發勁剛猛，手法古拙而隱狠，故有「學會六肘頭，
遇敵交手不用愁」之說。

八極拳運動全書

一、六肘頭歌訣（拳譜）

六肘之頭八極拳，六開八打是根源。
頂肘抱肘抱中提，提裏加頂無缺陷。
左耙右提單掌換，提中有挎挎中纏。
折繮朝陽分上下，八極本是大周天。

二、六肘頭套路圖解

1.預備勢

兩腳併步，兩腿直立，身體正直，兩臂自然下垂。目
視前方。（圖 3-235）

【要領】：全身放鬆，身體端正，精神集中。

2.抱拳禮

步型不變，兩掌直臂向前、向上直臂上舉與胸平，兩
掌心相對，掌指均向前。目視前方。（圖 3-236）

圖 3-235

圖 3-236

圖 3-237　　　　　　圖 3-238　　　　　　圖 3-239

　　步型不變，兩臂屈臂向上、向後
畫弧，兩掌屈於頸兩側，掌心均向
外，掌指均向後。（圖 3-237）

　　步型不變，兩掌同時向下、向
外、再向上畫弧，握拳屈於體兩側，
高與肩平，拳心斜向前，拳面均向
上。目視前方。（圖 3-238）

　　步型不變，兩拳繼續向裏屈於胸
前，拳面相對，拳心均向前。目視前
方。（圖 3-239）

圖 3-240

　　步型不變，兩拳直臂前推，左拳成掌，立掌附於右拳
背處，掌指向上；右拳拳眼向下，拳心斜向前。目視前
方。（圖 3-240）

　　【要領】：動作連貫，協調一致。

圖 3-241

圖 3-242

3.併步挽拳

步不動，仍成併步；兩手抓握成拳，向裏、向外旋腕挽拳，兩拳拳心相對，拳面均向前。目視前方。（圖 3-241）

【要領】：轉腕柔順圓活，兩手轉腕時抓握成拳。

4.虛步開弓

左腳向左上一步，右腿屈膝半蹲，左腳虛點地，成為左虛步；同時右拳收抱於右腰側，拳心向上，拳面向前；左拳向左直臂沖拳，拳心向下，拳面向前。目視左拳方向。（圖 3-242）

【要領】：上步與左沖拳要協調一致，沖拳力達拳面。

5.黑虎掏心

左腳左上一步，右腳跟進一步，兩腿屈膝半蹲，成為

圖 3-243　　　　　　　　圖 3-244

馬步；同時，上體右轉，左拳成掌屈肘屈於胸前，成為立掌，掌指向上，掌心向右；右拳向左側平肩直臂沖拳，拳心向下，拳面向右。目視右拳。（圖 3-243）

【要領】：上步、轉體、右沖拳要協調一致，沖拳力達拳面。

6.窩心頂肘

右腳右上一步，左腳跟進一步，仍成為馬步；同時，右臂屈肘向前頂，肘尖向前。目視右肘方向。（圖 3-244）

【要領】：進步與頂肘要協調一致，力達肘尖。

7.翻砸挎臂

右腳右上一步，左腳跟進一步，仍成為馬步；同時，右拳向右前下方翻臂砸拳，拳心向上，拳面斜向前。目視右拳方向。（圖 3-245）

圖 3-245

圖 3-246   圖 3-247

【要領】：進步與翻砸拳要協調一致，砸拳臂要微
屈，力達拳背。

8.左拳貫耳

身體重心後移，成為右虛步；同時，右拳屈臂收於小
腹前；左掌成拳經左腰側，向前、向左上貫拳，拳眼向
下，拳面向右。目視左拳方向。（圖 3-246）

【要領】：後移身體重心與收右拳、貫左拳要一致，
貫拳力達拳面。

9.右擊肋炮

左腳外碾腳，成為馬步；同時，左拳屈肘收抱於左腰
側，拳心向上，拳面向前；右拳向右前側沖拳，拳眼向
上，拳面向前。目視右拳。（圖 3-247）

【要領】：碾腳與右沖拳要協調一致，沖拳力達右拳
面。

圖 3-248

圖 3-249

10. 下沖閉肘

左腳左後撤步，右腳跟進一步，仍成為馬步；同時，右拳向裏，經胸前向下沖拳於襠前，拳面向下，拳眼向裏；左拳成掌向外、向上、向裏屈於右腋前成為立掌，掌指向上，掌心向右。目視右方。（圖 3-248）

【要領】：後撤步與下沖拳閉肘要協調一致，下衝力達拳面。

11. 掛耳頂肘

右腳帶動左腳向前搓步，成為馬步；同時右拳成掌屈肘上托於右耳旁，掌心向前，掌指向後，右肘向右前側頂出，肘尖向右前方；左掌向下按於左腹前，掌心向下，掌指向右。目視右肘方向。（圖 3-249）

【要領】：搓腳與右頂肘要一致，頂肘要力達肘尖。

148
八極拳運動全書

圖 3-250

圖 3-251

12. 橫拐截肘

　　右腳向裏碾腳，成為馬步；同時右肘向前橫向拐肘，右拳於右胸前，拳心向下，拳眼向裏，肘尖斜向前。目視右肘方向。（圖 3-250）

　　【要領】：碾腳與拐肘要一致，拐肘橫向用力，力達右肘尖前端。

13. 馬步側推

　　上體左轉，仍成為馬步；同時，右拳屈肘收抱於右腰側，拳心向上，拳面向前；左掌向左側直臂平肩立掌推出，掌心向左，掌指向上。目視左掌方向。（圖 3-251）

　　【要領】：轉身、推掌要一致，推掌力達左掌小指側。

圖 2-252　　　　　　　　　　　圖 2-253

14. 弓步沖拳

上體右轉，右腳右上半步，屈膝半蹲，左腿挺膝蹬直成為右弓步；同時，左掌成拳經左腰側向前直臂平肩沖拳，拳心向下，拳面向前。目視左拳方向。（圖 3-252）

【要領】：轉身、上步、沖左拳要協調一致，沖拳力達拳面。

15. 掛肘擊襠

上體左轉，兩腿屈膝半蹲成為馬步；右拳經胸前向下沖於襠前，拳面向下，拳心向裏；左拳成掌屈臂收按右前臂內側，掌心向下，掌指向右前。目視前下方。（圖 3-253）

【要領】：轉身、按掌與下沖拳要協調一致，沖拳力達拳面。

16. 左拳貫耳

上體稍右轉，身體重心移於左腿，右腳虛著地面成為

圖 3-254

3-255

右虛步；同時右拳屈肘收抱於右腰側，肘向外翻，肘尖向右前方；左掌成拳，經左腰側向左前上方貫拳，拳眼向下，拳面向右。目視右前方。（圖 3-254）

【要領】：重心後移與翻右肘貫左拳要協調一致，貫拳力達拳面。

17.四六步砸拳

右腳右側上步，上體左轉，成為四六步；同時，右拳成掌向外、向上、向裏屈肘按掌於胸前掌心向下，掌指向左；左拳向左下砸拳，拳面斜向下，拳心向前。目視左拳方向。（圖 3-255）

【要領】：上步、轉身與砸拳要一致，砸拳力達拳輪。

18.四六步探掌

步型不變，右掌向右、向下、向裏畫弧屈於胸前，掌心向下，掌指向左；左拳成掌向上、向裏、向下、向左探

圖 3-256

圖 3-257

掌，掌心向左，掌指向上。目視左掌方向。（圖 3-256）

【要領】：兩臂畫弧要協調一致，要圓活。

19. 馬步側沖

左腳帶動右腳向左搓步，成為馬步；同時，左掌屈肘收抱於胸前，成為立掌，掌心向右，掌指向上；右掌成拳經右腰側，向右直臂平肩沖拳，拳心向下，拳面向右。目視右拳方向。（圖 3-257）

圖 3-258

【要領】：搓步、沖拳要一致，沖拳力達右拳拳面。

20. 收勢還原

左腳裏收於右腳內側，成為併步直立；兩手成掌，自然下垂於身體兩側，掌指均向下。目視前方。（圖 3-258）

【要領】：身體正直，全身放鬆，呼吸平穩。

第六節　八極連環拳

此拳是以八極拳基本動作和基本技擊方法為主，並結合實戰腿法編製而成的。分為兩段 21 個動作，可將首尾連接起來，反覆進行練習故名為八極連環拳。其動作簡單實用，攻防兼備，氣勢雄健。其套路具有編排新穎，內容精純，動作樸實，勁力剛猛，技法實用之特點。久練此拳能強筋健骨，增長氣力，增強防衛和格鬥能力。

在練習時要求動作連貫，勁力充實，招熟勢真，攻防嚴密，步法靈活，手法快速，身法敏捷，並在實戰中加以運用。

一、八極連環拳歌訣（拳譜）

真傳八極連環拳，首尾相應貫穿連；
虛步探拳守門戶，弓步架打奔胸前；
下斬護肋接翻砸，馬步雙撐妙無邊；
踩腿攪拳上下攻，摟按消打推掌連；
併步半蹲側拳打，架臂擄腕上大纏；
小纏切腕側打上，跪步架防擊襠間；
架臂防上側踹腿，馬步側打順子拳；
擄臂勾掛踢腳踝，側身踹腿緊相連；
丁步斬臂向下磕，懷抱嬰兒肘外翻；
跪步連環掌擊打，踩腿扣腳襠裏扇；
蹬腿斜靠肩背撞，跪步勾打擊襠前；

虛步探拳守門式，收勢還原庭中站。

二、八極連環拳套路圖解

1.起 勢

預備勢（併步直立）：兩腳併步站立；兩手五指併攏直臂貼靠兩腿外側，收腹稍挺胸，頭部正直。目視前方。（圖 3-259）

虛步探拳：左腳向左一步，屈膝半蹲成左虛步；同時，右掌成拳向前、向左回收於胸前，拳心向裏，拳眼向上；左掌成拳從右拳上方向前探出拳眼向上，拳面向前。目視左前方。（圖 3-260）

【**要領**】：動作要連貫，上下要協調，兩拳要同時動作。探拳之臂要順肩微屈，步子要左虛右實。

圖 3-259

第一段

2.弓步架打

右腳前上一步成為右弓步；左拳上架於頭右上前方，拳眼向下；右拳向前直臂沖出，高與肩平、拳眼向上，拳面向前。目視前方。（圖 3-261）

圖 3-260

圖 3-261

圖 3-262

【要領】：弓步要前弓後蹬，前膝與腳尖垂直，後腿挺膝蹬直。架臂要屈，與沖拳要同時，沖拳要快速，乾脆。上步，架臂，沖拳要協調一致。

3.下斬翻砸

左腿屈膝半蹲，右腿挺膝蹬直成為左橫弓步；同時左拳屈臂收於左腰側，拳心向上；右拳直向前、向下、向後斬，拳眼向下，拳心向後。目視右拳。（圖 3-262）

動作不停，右腿屈膝半蹲，左腿挺膝蹬直成為右弓步；同時，左拳成掌隨身體的右轉，向前、向下按於胸前，掌心向下，拇指側在內；右拳屈臂向裏、向上、向前、向下翻砸，拳心向上。目視右拳。（圖 3-263）

圖 3-263

【要領】：斬拳與橫弓步的形成要一致。斬拳臂斜向下，用力於前臂，按掌，翻砸，變步要協調。翻砸拳要快速，臂微屈，用力於右拳臂。

4.馬步撐捶

左腳向前上一步，身體右轉成馬步；同時右拳向右；左拳向左，平肩撐出，成一條直線，拳眼均向上。目視左拳。（圖3-264）

圖 3-264

【要領】：馬步兩腳尖稍內扣，膝與腳尖垂直，上步與撐拳要協調一致，撐掌兩臂要同時。

5.踩踢攢拳

圖 3-265

左腿支撐體重，右腳尖回勾外展向前踩踢；這時左拳屈肘收於腹側；右拳向下、向前、向上攢擊，拳心向裏，拳面向上。目視右拳。（圖3-265）

【要領】：踩踢，攢拳要同時完成，支撐腿要穩。發力要清脆，踩打要有力，動作要協調，快速。

6.摟按推掌

上動不停，右腳下落，左腳提起準備前邁；同時，右

八極拳運動全書

圖 3-266

圖 3-267

拳屈臂收於右腰側，拳心向上；左
拳成掌向前。（圖 3-266）

　　動作不停，左腳向前一步成為
左弓步；同時左掌向下摟，按於腹
前，掌心向下拇指側在裏；右掌向
前直臂推出，高與肩平，掌心向
前。目視右掌。（圖 3-267）

　　【要領】：動作要連貫，上
步、摟按、推掌要協調一致，推掌
要快速有力。

圖 3-268

7.蹲步側打

　　左腳內收於右腳內側成並蹲步；同時右掌成拳向上、
向後、向下環繞於腰側，拳心向上；左掌成拳向右側平肩
打出，拳眼向上。目視左拳。（圖 3-268）

　　【要領】：收步，繞拳於腰間與左側沖拳；要協調一
致。側沖拳要快速有力。

圖 3-269　　　　　　　　　　圖 3-270

8.大纏架打

　　左腳向左半步，身體左後轉的同時，右腳向前上一步成為馬步；同時，左拳成掌向前、向上、向後繞抓成拳收於胸前，拳心向下；右拳屈臂向前下壓肘。目視右方。（圖 3-269）

圖 3-271

　　動作不停，左拳成掌向上架舉，掌心向上，拇指側向前；右拳向右側平肩直臂沖出，拳心向下。（圖 3-270）

　　【要領】：上架、繞抓、壓肘要協調一致，壓肘之前臂與地面垂直，拳心向後，拳面向上。架打要快速有力。

9.小纏側打

　　身體重心移向左腿，右腳提起；同時左掌向右、向下抓握住右腕。（圖 3-271）

圖 3-272

圖 3-273

動作不停，右腳下踏震地，左腳提起準備向前上步；同時兩臂向上、向右做小纏動作。（圖3-272）

動作不停，身體繼續右轉，左腳向前上步成為馬步；同時，右拳屈臂收於腰側，拳心向上；左拳向左側沖拳，拳心向下。目視左拳。（圖3-273）

圖 3-274

【要領】：動作要連貫，上步、小纏要協調一致。側沖拳要快速有力。

10.跪步架打

身體重心前移；左臂屈臂收於腰側，拳心向上；右臂屈臂向上抬架。（圖3-274）

動作不停，右腳前上一步成為跪步；同時右臂上架；

圖 3-275　　　　　　　　　　圖 3-276

左拳由下向上勾拳。目視左勾拳。（圖 3-275）

【要領】：上步要輕快靈活，架臂上抬過頭，肘部向上。上步，架臂，勾拳要協調一致，勾拳要猛狠。

第二段

11.架臂側踹

右腿支撐體重，左腿挺起向左側踹擊；同時，右臂屈臂收回於右腰側，拳心向上；左拳向左上橫架。目視左側。（圖 3-276）

【要領】：架臂，踹腿要同時，踹腿要快速，力達左腿跟。支撐腿要穩，上體右傾。

12.馬步側打

左腳下落成為馬步；同時左拳向左側打，拳心向下。目視左拳。（圖 3-277）

圖 3-277

圖 3-278

【要領】：落步、打拳要
協調一致，側沖拳要與肩平，
快速有力。

13. 擄臂勾踢

身體重心前移，左腿支撐
體重，身體左轉，提起右腿腳
尖勾回，向左前上勾踢；同時
兩拳成掌向前、向右後擺。目
視右前方。（圖 3-278）

圖 3-279

【要領】：勾踢，擺掌擄臂要同時，勾踢要快速有
力，不要過高。

14. 側身踹腿

上動不停，上體向左側傾斜，右腿向右上方踹擊。目
視右腿。（圖 3-279）

圖 3-280

圖 3-281

【要領】：側踹要快猛，力達腳外側。

15. 丁步下斬

右腳向下落地成為右弓步；同時，右臂屈肘收於胸前；左掌向前推擊。（圖3-280）

圖 3-282

不停，右腳向後退一步，坐實，左腳跟上提成丁步；左掌成拳，向右、向下、向左斬擊。目視左方。（圖 3-281）

【要點】：動作要連貫，落步推掌要同時。退步斬拳要一致。斬拳之拳心向後，拳面向下，用力要快猛。

16. 懷抱嬰兒

左腳前上一步成為左弓步；同時，左臂屈肘於胸前；右拳直臂向前沖出拳眼向上。（圖3-282）

圖 3-283

圖 3-284

不停，右腳前上成為馬步；同時，右臂屈肘向右頂擊，成抱嬰兒狀。目視右肘。（圖 3-283）

【要領】：上步沖拳要同時，沖拳要有力。馬步的形成與頂右肘要同時，頂肘要充分利用轉腰，頂肘要猛。

17.跪步撩打

圖 3-285

身體右轉，重心前移成右弓步；同時，左拳成掌向前推擊，掌心向前。（圖 3-284）

上動不停，左腳向前半步成為跪步；右拳成掌向右上架，掌心向上，拇指側向前；左掌向下、向前、向上撩與腹平，掌心向上，掌尖向前。目視前方。（圖 3-285）

【要領】：動作要連貫，轉體推掌要一致。推掌之臂

微屈，高與鼻平。推掌要有力。跪步，架掌，撩掌要協調一致。撩掌要快猛。

18. 踩腿扇掌

右腿支撐體重，提起左腳，腳尖勾回外展向前踩擊；同時，左掌成拳屈臂收回，拳心向上；右掌向前向橫扇，指側向上，掌心向左。目視前方。（圖3-286）

圖3-286

上動不停，左腳下落，成為半馬步；右掌向上架掌，掌心向上；左拳成掌向左側橫擊，掌心向下，小指側向外。目視左掌。（圖3-287）

【要領】：踩腿、扇掌要協調一致。落步、架掌、橫擊要同時。橫擊要有力。

圖3-287

19. 蹬腿斜靠

身體左轉，重心前移；左掌成拳直臂稍向下；右掌成拳屈臂向前、向左，拳面向上，拳心向裏，前臂與地面垂直。（圖3-288）

左腿支撐體重，提右腿向前蹬擊。（圖3-289）

上動不停，右腳下落成為右弓步；同時，左拳後擺；

圖 3-288

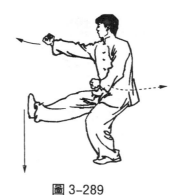

圖 3-289

圖 3-290

圖 3-291

右拳向前成為斜靠。目視前方。（圖 3-290）

　【要 領】：轉身格臂要一致，蹬腿要猛，支撐腿要
穩。斜靠與弓步的形成要一致，斜靠勁要整。

20.跪步勾打

　身體左轉，右步向裏半步成為跪步；同時左拳屈臂收
於胸前；右拳向下、向上勾打，高與眼平，拳心向下。目
視右拳。（圖 3-291）

圖 3-292　　　　　　　　　　圖 3-293

【要領】：轉身，跪步，勾打要協調一致。勾擊要快猛。

21.收勢還原

虛步探拳：身體右轉，重心後移成為左虛步；同時，拳向下、向後收於胸前，拳心向裏，拳眼向上；左拳經右臂上方向前探出，拳眼向上，拳面向前。目視左前方。（圖 3-292）

【注】：八極連環拳只有往返兩段。如果覺得運動量不夠，則可以在練至「虛步探拳」時不做還原式，立即按做第二勢「弓步架打」，連續再做第二遍練習。

併步直立：左腳收於右腳內側成併步，身體直立；兩拳成掌直臂下垂，轉正。目視前方。（圖 3-293）

第 4 章

八極拳中級套路

第一節　八極貼身靠拳

　　貼身靠，又稱為鐵山靠或貼山靠，是八極拳系中的一套著名套路。它以簡樸剛烈，節短勢險、猛起硬落、硬開硬打、挨崩擠靠、貼身靠摔、兇猛異常的風格和技擊性強之特點著稱於世。在八極拳門中世代秘傳。現將秘而不傳的八極門貼身靠拳介紹如下：

一、八極貼身靠拳歌訣（拳譜）

八極秘傳貼身靠，挨崩擠靠摔技全；
開門上步雙拳對，懷抱嬰兒肘外翻；
欲打頂肘十字勁，脫靴蓋面掌當先；
猿猴獻桃翻拳砸，朝陽之掌妙無邊；
懷抱嬰兒兩儀式，探馬撐掌似扁擔；
擄臂上步撞雙掌，懷抱嬰兒肘穿山；
轉身如電扇腮掌，擔山之肘撞兩邊；

掛踏扶虎摔法妙，劈面神掌向外翻；
大纏壓肘斷手臂，神龍戲爪領臂斬；
跨虎滾手防中打，二郎擔山一條鞭；
谿打頂肘胸膛奔，炮打撞牆賽閃電；
白馬揚蹄踩膝脛，馬步操打順步趕；
谿打頂肘胸膛擊，猛撞雙掌敵後翻；
美女照鏡連穿喉，邁步撐掌敗中戰；
迎封擺肘橫向擊，泰山壓頂敵敗慘；
抱笏上朝向上捧，斜飛靠肘頂心間；
探心掌法胸膛推，吊手擊肘敵膽寒；
敞懷分掌法奧妙，猛虎擋道被掀翻；
拳罷按掌調氣息，併步直立堂中站。

二、八極貼身靠拳套路圖解

1. 預備勢

兩腿併立，身體自然站直；兩臂自然下垂於兩腿外側，掌尖向下。目視前方。（圖4-1）

【要點】：頭頸正直，下頦內收，身體自然直立。精神集中。

2. 開門式

右腳向前一步；同時，兩掌屈肘上提經腰側同時直臂向前插掌，高與胸平，兩掌相疊，掌心均向上，掌指向

圖4-1

圖 4-2

圖 4-3

前。目視前方。（圖 4-2）

　　左腳跟進一步，兩腿屈膝半蹲，成為併步；同時兩掌向下、向外、向上分掌，兩臂自然彎曲，成一條線，與肩平，掌心均向上，掌指均向外。目視左掌方向。（圖 4-3）

圖 4-4

　　兩掌不停，同時向上、向裏經面前向下、成拳在胸前相對，向下至腹前，拳面相對，拳心均向下。目視前方。（圖 4-4）

　　【要點】：動作要連貫，跟步與分掌，併步對拳要協調一致；並蹲步，身體正直，沉肩墜肘，沉氣領頭。精神集中。

3.懷抱嬰兒

　　左臂向上、向裏、向下、向外畫弧一周後，屈肘向左頂肘，與肩平，左拳成開口拳，屈於左肩前，拳眼向下，

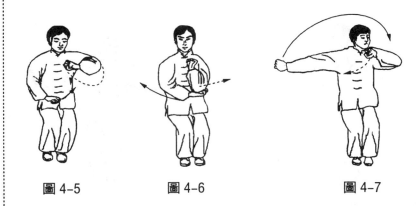

圖 4-5　　　　　　　　圖 4-6　　　　　　　　圖 4-7

拳心向前，小指節頂尖對準鼻尖；同時，右拳右小腹前向下、向外、向上、向裏繞一周，拳心向下，拳面向左。目視左前方。（圖 4-5）

【要點】：兩臂同時動作，繞臂成圓，繞臂要柔和協調。頂肘剛猛，突然。

4.欲打頂肘

左肘向下、向裏，前臂豎立於左胸前，肘尖向下，左拳拳面向上，小指側向前；右拳向左於左肘下方，拳心向上，拳眼向前。目視左拳方向。（圖 4-6）

接上動作，右拳向下、向右直臂側擺舉，高與肩平，拳眼向下，拳面向右；左肘向左側頂，高與肩平，左拳成開口拳屈於左肩前，拳心向前，小指側在上，小指節頂對準鼻尖。目視左肘方向。（圖 4-7）

【要點】：收肘、頂肘動作，要協調一致，頂肘要快猛，頂肘時，頂肘、拉臂、沉氣、領頭，形成「十字整勁」。

圖 4-8　　　　　　　　　　　　　圖 4-9

5.脫靴蓋面

身體起立，左腿支撐體重，右腿屈膝上提；同時左拳向右下擺於右肋下，拳心向下，拳面向右；右拳成掌，屈肘向上、向左擺舉於左耳前上方，掌心向後，拇指側在上。目視前下方。（圖 4-8）

接上動作，右腳下落震步，左腳向左一步，屈膝半蹲成為馬步；同時，左拳屈肘收抱於左腰側，拳心向上；右掌直臂向右平肩立掌推出，高與肩平，掌心向右，掌指向上。目視右掌方向。（圖 4-9）

【要點】：震腳要全腳掌著地，左腳左跨步與震腳要協調一致。右推掌要有力。身體正直，沉肩墜肘，氣向下沉，頭向上領，形成整勁。

6.猿猴獻桃

左腿挺膝蹬直成為右弓步；同時，左拳向左方側沖拳後，上體稍向右轉，拳眼向上，拳面向後。目視右掌。

圖 4-10   圖 4-11

（圖 4-10）

接上動作，右臂外旋，使右掌轉成掌心向上，掌指向前；同時，左拳向前、向下以拳背為力點砸於胸前右掌心內，拳眼向外。目視前方。（圖 4-11）

【要點】：動作要連貫，沖拳有力，沖拳與轉體要協調一致。砸拳與右翻掌要協調，砸拳準確。

7. 朝陽掌

上體稍左轉，左腿屈膝半蹲，右腿挺膝蹬直，成為橫弓步；同時，左拳成掌屈肘向左頂拉稍高於肩，肘尖向左，左掌屈於左肩前方掌心向下，小指側向前；右臂內旋，掌向右推，成為掌心向前下方，掌指向右側方。目視右掌方向。（圖 4-12）

接上動作，身體重心右

圖 4-12

圖 4-13　　　　　　　　圖 4-14

移，右腿屈膝半蹲，左腿挺膝蹬直，成為右弓步；同時，
右掌屈肘收於右腰側，掌心向前上方；左掌直臂向前立掌
推出，高與肩平，掌心向前，掌指向上。目視左掌方向。
（圖 4-13）

接上動作，左腳前跟一步於右腳內側，成為併立步；
同時左掌成拳，屈肘收抱於左腰側，拳心向上；右掌向前
上直臂立掌推擊，高與眉平，掌心向前，掌指向上。目視
右掌方向。（圖 4-14）

【要點】：拉肘、推掌、跟步、推掌動作要連貫協
調，推掌有力，力達掌根。

8.懷抱嬰兒

身體左轉，右腳前滑闖上一步，兩腿屈膝半蹲成為馬
步；同時，左拳屈於右肋前，拳心向下，拳面向右；右臂
屈肘向右頂擊，肘尖向右，右掌成為開口拳於右肩前，如
托腮狀。目視右前方。（圖 4-15）

圖 4-15　　　　　　　　　　　　圖 4-16

【要點】：上步滑闖要平穩，馬步形成與頂右肘要同時，協調一致，頂肘迅猛，有力，力達肘尖。

9. 探馬撐

身體左轉，右腿挺膝蹬直，成為左弓步；同時左臂屈肘，向左側拉頂，高與肩平，掌心向下，掌指向右上方；右拳成掌，經右腰側向右側方推擊，高與肩平，掌心向右，指側向上。目視右掌方。（圖 4-16）

【要點】：弓步要扎實，左拉肘與右推掌要一致，推掌有力，力達掌根，要氣向下沉，頭向上領，左肘左拉，右掌右側推掌，形成「十字整勁」。

10. 雙撞掌

右腳前上一步成為右虛步；同時，左掌向前翻臂扇掌，高與肩平，掌心向外，拇指側向下；右掌屈臂於面前，掌心向左，食指尖向上。目視前方。（圖 4-17）

左腿支撐身體，右腿屈膝上提，腳尖外展；左掌裏旋

圖 4-17　　　　　圖 4-18　　　　　圖 4-19

屈臂上托掌，成為掌心向後，拇指
側向左；右掌外旋稍前按，掌心向
前，掌指向上。目視左掌方。（圖
4-18）

　　動作不停，右腳下踏震地，右
腳扎實；左腳前上一步成為虛步，
同時，兩掌屈肘收於腰側，並掌直
臂向前方推擊，高與胸平，掌心均
向前，掌指向上。目視前方。（圖
4-19）

圖 5-20

　　【要點】：動作要連貫，上步扇掌，與震腳上步、雙
掌前撞要協調一致，撞掌迅猛有力，力達兩掌掌根。

11. 懷抱嬰兒

　　左腳尖外碾，身體重心稍向前移，上體稍向左轉；兩
掌同時，稍向左平畫。目視兩掌前方。（圖 4-20）

圖 4-21　　　　　　　　　　　圖 4-22

八極拳運動全書

　　身體左轉，右腳右上一步，兩腿屈膝半蹲成為馬步，並向右滑闖步；同時左掌成拳屈臂於胸前，拳心向下，拳輪向前；右掌成開口拳，屈肘向上、向裏、向下纏繞後向右側頂擊，右肘稍低於肩，右拳拳心向前，小指節頂向上，如托腮狀。目視右前方。（圖 4-21）

　　【要點】：碾腳、轉身、上步、闖步要連貫、協調一致，闖步要猛穩，頂肘要迅猛、有力，力達右肘肘尖。

12.扇腮掌

　　上體左轉，身體重心移向右腿，成為左虛步；同時，左拳成掌收於左腰側，掌心向下，掌指向前；右掌隨轉體向左側橫掌搧擊，掌心向左，拇指側向上。目視右掌方向。（圖 4-22）

　　【要點】：轉身、搧掌要一致，搧掌快速、有力，力達右掌。

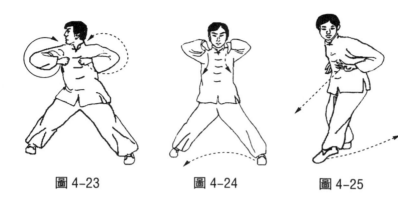

圖 4-23　　　　　圖 4-24　　　　　圖 4-25

13.擔山肘

身體左轉，右腳前上一步，兩腿屈膝半蹲成為馬步，並向前滑闖；同時兩掌成拳肘向兩側外頂，兩肘高與肩平，肘尖向外，兩拳屈於胸前，拳面相對，拳心均向下。目視右肘方向。（圖 4-23）

【要點】：上步要滑闖，闖步要平穩，兩肘同時外頂，向外互相掙力，頂肘猛狠有力，力達肘尖，做到氣向下沉，頭向上領，兩肘外掙，形成「十字」整勁。

14.掛踏扶虎

兩拳成掌，同時向下、向外、向上分掌，並上屈於頸部左右兩側，掌心均向裏，小指側均向上。目視前方。（圖 4-24）

接上動作，上體稍向右轉，重心移向右腿，左腿向前上步，成為左虛步；同時，兩掌屈臂收抱於兩腰側，掌心均向上。目視左前方。（圖 4-25）

圖 4-26　　　　　　　　　　圖 4-27

右肘右拉撐，右掌掌心向下；掌指向前；左掌直臂向左前下方按掌，掌心向下，掌指向前；同時，左腳向左後趨掛，成為右弓步。目視左掌前方。（圖 4-26）

【要點】：後趨掛腳與按掌動作要協調一致，後掛腿要輕貼地面，不可過於著實，也不可離開地面，後掛腿要快速、有力，按掌要向左前下方用力，按掌迅猛，力達掌根。

15. 劈面掌

身體重心左移，左腿屈膝半蹲，右腿挺膝蹬直成為左弓步；左掌成拳屈肘收抱於左腰側，拳心向上；上體左轉，右拳隨轉體，向下反臂下栽於襠前，拳面向下，拳心向右後。目視右前下方。（圖 4-27）

身體重心移於左腿，右腳向右後繞步，腳前掌著地，成為右虛步；同時，左拳屈於右肋前，拳心向下；右拳成掌，向右後直臂劈掌，高與眼平，小指側向前，掌心向左。目視右掌。（圖 4-28）

圖 4-28

圖 4-29

【要點】：弓步、栽拳與虛步
劈掌動作要連貫，虛步劈掌要做到
腳尖、掌尖、鼻尖，三尖相照，劈
掌快猛、有力，力達右掌外緣。

16.大纏壓肘

左腿支撐身體，右腿屈膝上
提；同時左拳成掌向左前側舉，右
掌成拳向前、向上舉，拳心向前，
拳面向上。目視右方。（圖 4-29）

圖 4-30

接上動作，右腳下踏震腳，左腳外跨一步成為馬步；
同時左掌握拳向上、向右、向下繞於右肋旁，拳心向下；
右拳向前、向下、向後、向上、向前下纏繞並壓肘，肘尖
向下，右拳屈於右肩前，拳心向前，拳眼向裏。目視右前
方。（圖 4-30）

【要點】：動作要連貫，震腳、纏臂、壓肘動作要協

圖4-31

圖4-32

調一致，纏臂要柔和，壓肘有
力，力達肘尖。

17.神龍戲爪

　　身體重心稍向前移，成為四
六步；左拳外旋翻，成拳心向
上，拳眼向外；右拳成掌內旋橫
掌於腮前，掌心向前，拇指側向
下。目視前方。（圖4-31）

圖4-33

　　身體重心前移，左腿挺膝蹬
直成為右弓步；上體稍向右轉，左拳向前直臂沖出，拳面
向前，拳眼向上。目視前方。（圖4-32）

　　接上動作，上體左移，身體重心左移，左腿屈膝半
蹲，右腿挺膝蹬直，成為左橫弓步；同時，左拳成掌屈肘
於左肩前肘尖向左，左掌掌心向後，拇指側向上；右掌向
右側橫掌推出，掌心向下，指尖向右。目視右掌。（圖4-
33）

圖 4-34　　　　　　　　　　圖 4-35

【要點】：動作要連貫，沖拳推掌與步子變換要協調
一致，沖拳有力，推掌迅猛，快速有力，力達外掌緣。

18.跨虎滾手

身體重心移向右腿，左腳向裏、向前上步，前腳掌著
地，成為左虛步；同時右掌向前、向上、向後繞旋於右側
方，高與頭平，掌心向右前方，掌指斜向上；左掌向下、
向左、旋擺，高與胯平，掌心向前，掌指斜向下。目視左
掌方向。（圖 4-34）

身體左轉，重心移向左腿，右腿向前上一步，前腳掌
著地，成為右虛步；同時，左掌向前、向上、向外亮掌，
高於頭，掌心向前，掌指稍向上；右掌向下、向前托掌，
掌心向上，掌指向前。目視前方。（圖 4-35）

【要點】：步子要虛實分明，動作要連貫，步子與旋
臂擺掌要協調一致。

圖 4-36   圖 4-37

19.二郎擔山

身體重心移向右腿，右腿屈膝半蹲，左腿挺膝蹬直，成為右弓步；同時兩手向下於右膝兩旁抓握成拳。目視前方。（圖 4-36）

上動不停，兩掌成拳屈臂收抱於兩腰側，向外平肩直臂沖出，拳心均向前，拳眼均向上。目視左拳方向。（圖4-37）

【要點】：動作連貫，抓握拳有力，撐拳沖打快速、有力，力達拳面，氣向下沉，頭向上領，兩拳外掙，形成「十字整勁」。

20.豁打頂肘

左腳向左側上步，並向左滑闖成為馬步；同時，左臂屈肘，向左側頂出，肘尖向左，高與肩平；左拳屈於左腋前，拳心向下，拳面向右。目視左肘尖。（圖 4-38）

【要點】：上步滑闖與頂肘要協調一致，頂肘快猛、

圖 4-38

圖 4-39

有力，力達肘尖。

21.炮打撞牆

身體重心前移，左腿挺膝
蹬直，成為左弓步；同時，左
拳成掌向左後擺舉高與耳平，
掌心向後，掌指向上；右拳屈
抱於右腰側，拳心向上。目視
右拳。（圖4-39）

圖 4-40

動作不停，右拳直臂向前平肩沖出，拳心向下，拳面
向前。目視右拳方向。（圖4-40）

【要點】：動作要連貫，轉身沖拳要協調一致，沖拳
快速、有力，力達拳面。

22.白馬揚蹄

左腿支撐身體，左拳成掌直臂側後擺舉，高與肩平，
掌心向前，拇指側向上；左拳屈臂於腹前，拳心向裏，拳

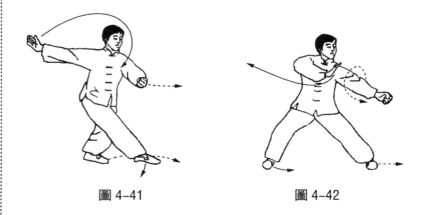

圖 4-41　　　　　　　　圖 4-42

眼向上；同時提右腿向前彈踢，腳尖繃平。目視前方。
（圖4-41）

【要點】：支撐腿要穩，擺掌、彈踢動作要協調一致。彈踢快速、準狠。力達腳尖，腳高不過膝。

23.馬步操打

右腳下踏震地，左腳前上一步，滑闖成馬步；同時，右掌向前，經面前向下按掌於左肩前，掌心向左，掌指斜向上；左拳直臂向左側沖拳，拳眼斜向上，拳面斜向左下方。目視左前方。（圖4-42）

【要點】：震腳、上步、滑闖要協調、滑闖步要平穩，按掌、側沖拳要一致，沖拳快速、有力，力達拳面。

24.豁打頂肘

左腳帶動右腳向左滑闖，仍成為馬步；同時，右掌成

圖 4-43 圖 4-44

拳向右側直臂平肩擺舉，拳面向右，拳眼向下；左臂屈肘向左側頂擊，高與肩平，肘尖向左，拳心向前，小指節頂對準鼻尖。目視左側方。（圖 4-43）

【要點】：滑闖步與左頂肘要協調一致，頂肘快速、有力，力達左肘尖。

25.撞雙掌

身體右轉，左腿挺膝蹬直成為右弓步；同時，兩拳收於兩腰側，再成掌，雙掌向前直臂推擊，掌心均向前，掌指向上。目視雙掌。（圖 4-44）

【要點】：弓步的形成與兩掌前推要協調一致，推掌快速有力，力達兩掌根。

26.美女照鏡

身體稍向左轉，左腿向前、繞上步成為左虛步；同時，左掌屈臂下按，掌心向下，掌指向右；右掌外旋在掌心向上，從左掌背上方向前穿出，掌心向上，掌指向前。

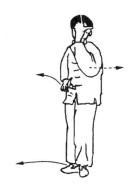

圖 4-45　　　　　　圖 4-46　　　　　　圖 4-47

目視右掌。（圖 4-45）

　　上動不停，左掌屈臂收回於左腰側，掌心向上，掌指向前；右掌內旋坐腕，立掌向前推出，掌心向前，掌指向上。目視右前方。（圖 4-46）

　　上動不停，左腳收成為頂步；同時，右掌屈臂回收於右胯旁，掌心向下，掌指向前；左掌向前上穿掌於面前，掌心向後，掌指向上。目視前方。（圖 4-47）

　　【要點】：動作要連貫，穿推掌要柔和，用腰帶動，發力順暢，力達手掌。

27.邁步撐掌

　　左腿屈膝半蹲，右腿向右側一步，成為左橫弓步；同時，左掌屈臂下按於左腰間掌心向下，掌指向右；右掌直臂向右側立掌推擊，掌心向右，掌指斜向上。目視右掌。（圖 4-48）

　　接上動作，右腿經左腿前向左邁進一步，屈膝下蹲成

圖 4-48

圖 4-49

為歇步；同時，左掌成拳以
肘為軸向上、向外繞於左肩
前，拳面向上，拳心向裏；
右掌向上、向裏、向前、向
下按掌於胯旁。目視右前
方。（圖 4-49）

圖 4-50

　　身體起立，成為交叉
步；同時，右拳成掌，兩掌
由兩腰側直臂向左右兩側撐
掌，掌心均向外，掌指均向上。目視右掌。（圖 4-50）

　　【要點】：動作要連貫，邁步與上肢動作要協調一
致，叉步撐掌要有力，力達兩掌。

28.迎封擺肘

　　左腳從右腳後向左撤步，左腿挺膝蹬直，成為右弓
步；上體右轉，同時右臂屈臂於左腋下，掌心向後，拇指
向上；左掌從右臂上方向前直臂插掌，掌指向前，拇指側

圖 4-51

圖 4-52

向上。目視前下方。（圖
4-51）

上體左轉，重心移於
兩腿之間，成為馬步；同
時，左掌成拳屈肘向左頂
拉，左拳收於左腰側，拳
心向後，拳眼向上；右掌
直臂向右側推擊，高與肩

圖 4-53

平，掌心向前，指尖向
右。目視右掌。（圖 4-52）

接上動作，重心前移，左腿挺膝蹬直，上體右轉，成
為右弓步；同時，左肘向左、向前橫擺，右掌屈臂向裏護
住左肘。目視前方。（圖 4-53）

【要點】：動作要連貫，弓步插掌、馬步側推掌與弓
步擺肘要協調一致，插掌有力，力達指尖。側推掌快猛，
力量順達，力達右掌。擺肘要迅猛，力達肘尖。以腰帶動
肘的擺動。

圖 4-54

圖 4-55

29.泰山壓頂

　　身體左後轉，左腿屈膝半蹲，右腿挺膝蹬直成為左弓步；同時，右掌後擺，掌心向後，掌指斜向上；左拳屈肘收抱於左腰側，拳心向上。目視左前方。（圖 4-54）

圖 4-56

　　上動不停，左拳成掌向前平肩直臂插出，掌指向前，拇指向上。目視左掌方向。（圖 4-55）

　　接上動作，右臂屈肘向前、向下砸肘，於左掌心內，肘尖向前下方，右拳於右耳處，拳面向上，拳眼向外；左掌外旋成掌心向上，接護右肘。目視前下方。（圖 4-56）

　　【要點】：動作要連貫，插掌、砸肘要協調一致，砸肘快猛有力，力達肘尖。

圖 4-57 　　　　　　　　　　　圖 4-58

30.抱笏上朝

右拳成掌，屈臂收抱於右腰側，掌心向上，掌指向前；左掌直臂立掌，向前平肩推出，掌心向前，指尖向上。目視左掌。（圖4-57）

身體重心移向右腿，左腳向前繞上一步，前腳掌著地，成為虛步；同時，兩掌屈臂內收經兩腰側向前上穿掌，掌心均向上，掌指均向前上方。目視兩掌。（圖4-58）

【要點】：步子的形成與兩掌前上穿要協調一致，穿掌兩掌同時向前穿出，穿掌有力，力達兩掌尖。

31.斜飛靠肘

左腳帶動右腳，向右側滑闖步成為馬步；同時左掌成拳屈臂收抱於胸前，拳眼向上，拳面向右，隨闖步向左靠左肘；右掌向右上方擺架於頭右側上方，掌心向上，掌指向左。目視左方。（圖4-59）

圖 4-59　　　　　圖 4-60　　　　　圖 4-61

【要點】：滑闖步與左靠肘要協調一致，靠肘要突然有力，力達左肘臂。

32.探心掌

身體重心左移，右腿挺膝蹬直，上體左轉，成為左弓步；同時右掌經右腰側向前立掌推擊，掌心向前，掌指向上。目視右掌。（圖 4-60）

【要點】：轉身推掌要協調一致，推掌快速、有力，力達右掌。

33.吊手肘

身體重心後移，左腿後退一步，成為右弓步；同時，右掌向右下擺，於右胯旁，掌指向下，掌心向後；左肘向左下方頂擊，肘尖向左下方，左拳屈於左肋旁，拳面向上，拳輪向前。目視前方。（圖 4-61）

圖 4-62　　　　　　　　　　　圖 4-63

【要點】：退步與擺掌、頂肘要協調一致，頂肘有
力，力達肘尖。

34.敞懷分掌

　　右腿支撐身體，左腿屈膝上提；右掌成拳向左擺，屈
於左肘下方，拳眼向上；左肘向下，前臂豎直，左拳拳面
向上，拳心向後。目視前方。（圖 4-62）

　　左腳下踏，震地，右腳向右跨上一步，兩腿屈膝成為
馬步；同時，兩拳屈臂收於兩腰側成掌，直臂向左右兩側
分撐，掌心斜向外下方，掌指斜向外。目視右掌方向。
（圖 4-63）

　　【要點】：震腳要穩，馬步形成與分撐兩掌要協調一
致，分撐掌有力，力達兩掌。

35.猛虎擋道

　　重心稍向左移成為左橫弓步；兩掌成拳同時屈臂向

圖 4-64

圖 4-65

裏、向上收抱於胸前,拳心均向後。
目視右前方。(圖 4-64)

接上動作,左腳稍向後撤步成為
右虛步;同時兩拳成掌,向上、向外
直臂平肩分掌,掌心均向前,拇指均
向上。目視右掌方向。(圖 4-65)

上動不停,右腳向後撤一步,成
為左虛步;同時,兩掌屈臂裏收經兩
腰側向前直臂並掌推出,掌心均向
前,掌指均向上。目視右前方。(圖
4-66)

圖 4-66

【要點】:撤步分掌,與撤步雙推掌動作要連貫協調
一致,雙推掌要快速有力,力達雙掌掌根。

36. 收 勢

左腳收於右腳內側,成為併立步;兩掌同時向下、向

外分掌，掌心均向前，拇指
向上。目視左前方。（圖
4-67）

　　兩掌同時向上、向裏、
經面前成拳，拳面相對向
下，經胸按於腹前，拳心均
向下。目視前方。（圖4-
68）

　　兩拳向下按，成掌於襠
前，掌指相對，掌心均向
下。目視前方。（圖4-69）

圖4-67

　　兩掌自然下放於兩腿外側，掌指均向下。目視前方。
（圖4-70）

　　【要點】：動作連貫，身體自然正直，精神集中。

八極拳運動全書

圖4-68

圖4-69

圖4-70

第二節 八極拳小架

八極拳小架是八極拳系中的一套主要套路，它短小精悍、剛勁有力、暴烈突然、技擊實用，深受拳家之喜愛。今將師傳的八極拳小架套路整理成文，獻給讀者。

一、八極拳小架歌訣（拳譜）

八極小架屬真傳，此技上身敵難犯；
抱拳請示禮當先，馬步側打順步趕；
懷抱嬰兒兩儀式，金龍合口兩拳剪；
朝陽金拳猛力打，虛步探掌橫向砍；
馬步栽拳襠前護，轉身翻砸試金拳；
馬步側打搓腳上，懷抱嬰兒肘外翻；
霸王托天掌向上，雙龍出洞撞胸前；
雙虎擋道襠前護，弓步沖拳似閃電；
虛步上勾擊下巴，馬步側推三掌連；
跪步推掌探爪式，弓步勾拳托打拳；
馬步撐掌一條鞭，跪步架打擊襠前；
金絲大纏索臂上，馬步切掌擊肋間；
撩掌小纏切折腕，弓步沖拳似閃電；
馬步側推力達掌，金絲大纏臂繞翻；
弓步沖拳轉身打，馬步側推妙無邊；
摟手推掌防打摔，掛踏推掌立跌翻；
馬步頂肘胸膛擊，收勢還原庭中站。

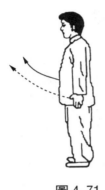

圖 4-71 圖 4-72 圖 4-73

二、八極拳小架套路圖解

1. 起 勢

(1) 預備勢

兩腳併攏，腳尖均向前，兩腿併立，身體正直，兩臂自然下垂於體兩側，掌指均向下。目視前方。（圖4-71）

(2) 併步平舉

接上式，兩手握拳，兩臂伸直向前、向上直臂平舉，拳面向前，拳心相對，兩拳間距與肩同寬。目視前方。（圖4-72）

(3) 雙臂上舉

接上式，動作不停兩臂伸直繼續向上舉於頭上方，拳面向上，拳心相對。目視前方。（圖4-73）

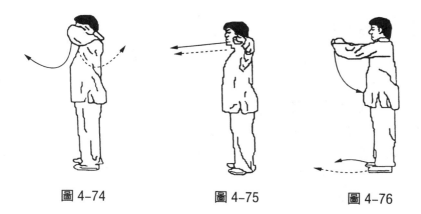

圖 4-74　　　　　　圖 4-75　　　　　　圖 4-76

（4）兩臂後屈

接上式，動作不停，兩臂繼續向後、向下屈臂，兩拳成掌，搭於兩後肩上，拇指側向上，掌心均向外，掌指均向後。目視前方。（圖 4-74）

（5）兩臂外分

接上式，動作不停，兩掌向前抽於兩腋前時，兩掌外分成側平舉狀，兩掌成掌指均向外，掌心均向後。目視前方。（圖 4-75）

（6）抱拳之禮

接上式，動作不停，右掌成拳，兩臂同時屈臂裏收於胸前，再由胸前向前直臂推出，右拳拳眼向下，拳面向左；左掌立掌撫於右拳面上，成抱拳禮狀。目視前方。（圖 4-76）

【要領】：動作要協調、連貫、圓活。

第一段

2. 馬步側打

（1）上步收拳

左腳前上一步，右腳跟進於左腳內側，前腳掌著地，同時右拳屈臂收抱於右腰側，拳心向上，拳眼向外。目視前方。（圖4-77）

圖 4-77

（2）馬步側沖

右腳前上一步，上體左轉，成為馬步；同時左手成拳屈肘收抱於左腰側，拳心向上，拳眼向外；右拳從腰間向右側直臂沖出，拳眼向上，拳面向右，高與肩平。目視右拳方向。（圖4-78）

【要領】：上步與側沖拳要協調一致，沖拳有力，力達拳面。

圖 4-78

3. 懷抱嬰兒

右腳帶動左腳向右滑步，仍成為馬步，右臂屈肘，右拳收於右肩前上方，拳眼向下，拳心向前，小指節節頂對準鼻尖，成為托腮狀；左拳隨之向裏下擰翻，成為拳眼向下，拳心向前，抱嬰兒狀。目視右肘方向。（圖4-79）

【要領】：闖步、搖身、晃肘要協調一致，撞肘短快，勁力順達。

圖 4-79

圖 4-80

4.金龍合口

兩腳不動，上體右轉，左腿挺膝蹬直，成為右弓步，右前臂向下壓與胸平；右拳拳心向下，拳面向左；左拳向右伸於腹前，拳心向上，拳面向右，兩拳上下相對。目視前方。（圖 4-80）

圖 4-81

【要領】：兩拳裹裹絞擊，拳心相對，勁達兩拳拳面。

5.朝陽金拳

接上式，步不動，右拳屈臂收於右腰側，拳心向上，拳眼向外；左拳向左前上方直臂沖出，拳心向下，拳面向前。目視左拳方向。（圖 4-81）

【要領】：沖拳快速有力，力達拳面。

圖 4-82

圖 4-83

6.虛步探掌

左腿屈膝半蹲，右腿屈膝裏收，腳尖虛點地成為虛步；左拳成掌，外旋臂稍屈於面前，掌心向上，掌指向前。目視前方。（圖4-82）

【要領】：後坐與砍掌要協調一致，砍掌橫向用力，力達掌沿。

7.馬步栽拳

（1）丁步擺掌

身體重心移於右腿，左腳裏收，前腳掌著地，成為丁步；同時右掌向右前伸擺，掌指向上，掌心向右側前；左掌屈臂收於胸前，成立掌，掌指向上，掌心向右側方，上體稍向左轉。目視右掌方向。（圖4-83）

（2）丁步推掌

身體重心移於左腿，右腳跟上提成為右虛步；左掌收抱於左胸前仍成為立掌；右掌立掌向前屈臂推出，掌心向

圖 4-84

圖 4-85

前，掌指向上。目視右掌方向。（圖 4-84）

（3）震步撐掌

右腳下踏震步，身體重心移於右腿，左腿屈膝提起，身體稍向右轉，準備邁出；同時右掌成拳，直臂向左右兩側撐出，高與肩平。目視右拳方向。（圖 4-85）

4. 馬步下沖

左腳向左側落步，兩腿屈膝半蹲成為馬步；同時右拳向下沖於襠前，拳面向下拳輪向前；左掌立掌收屈於右肩前方，掌指向上，小指側向前。目視右前方。（圖 4-86）

【要領】：擺掌、推掌、撐掌動作要連貫，上步與下沖拳要協調一致，下沖拳有力，力達拳面。

圖 4-86

圖 4-87

圖 4-88

8.轉身翻砸

（1）金龍張口

兩腳不動，上體左轉，右腿挺膝蹬直成為左弓步；右拳仍下沖於襠前，拳面向下，拳眼向裏；左掌屈臂於右胸前，仍成立掌，掌指向上，拇指側向裏。（圖 4-87）

（2）翻身掄劈

身體右後轉，左腿屈膝半蹲，右腿裏收虛點地成為右虛步；同時，左掌向上、向後下探掌於面前，掌心向上，掌指向前；右拳隨轉身向上、向後、向下翻砸於左掌心內，拳心向上，拳面向前。目視左掌右拳方向。（圖 4-88）

【要領】：翻身與砸拳要協調一致，砸拳快速有力，力達拳背。

9.馬步側打

（1）虛步收拳

接上動作，步型不變，右拳屈臂收抱於右腰側，拳心

圖 4-89

圖 4-90

向上，拳面向前；左掌成拳，拳面向前，拳眼向上。目視左拳方向。（圖 4-89）

（2）馬步側沖

右腳向前一步，身體左轉成為馬步；同時，左拳屈肘收抱於左腰側，拳心向上，拳眼向外；右拳直臂平肩向右側方向沖出，拳眼向上，拳面向右。目視右拳方向。（圖 4-90）

【要領】：虛步收拳與馬步側沖拳要協調一致，沖拳快速有力，力達拳面。

10.懷抱嬰兒

右腳帶動左腳向右滑步，仍成為馬步；右臂屈肘，右拳收於右肩前上方，拳眼向下，拳心向前，小指節節頂對準鼻尖，成為托腮狀；左拳隨之向裏下擰翻，成為拳眼向下，拳心向前，抱嬰兒狀。目視右肘方向。（圖 4-91）

圖 4-91

【要領】：闖步、晃肘要協調，頂肘短快、有力，力達肘尖。

11. 霸王托天

步型不變，兩拳成掌，直臂向上托掌於頭上方，兩掌掌指相對，掌心均向上。目視兩掌方向。（圖4-92）

【要領】：兩掌上托，勁達兩掌。

圖4-92

12. 雙龍出洞

兩步型不變，兩掌握拳屈肘收抱於兩腰側後，不停向前直臂同時沖出，外旋成拳面向前，拳心均向上。目視兩拳方向。（圖4-93）

【要領】：兩拳同時沖出，力達兩拳拳面。

圖4-93

13. 雙虎擋道

（1）馬步抱拳

接上動作，步型不變，兩拳屈肘收抱於兩腰側，拳心均向上，拳面均向前。目視前方。（圖4-94）

（2）屈臂提拳

接上動作，步型不變，兩拳屈臂

圖4-94

圖 4-95   圖 4-96

向前、向上屈於胸前,拳面均向上,拳背均向前。目視前
方。(圖 4-95)

(3)雙拳下沖

接上動作,步型不變,兩拳直臂同時下沖於襠前,拳
眼相對,拳面均向下。目視右前方。(圖 4-96)

【要領】:動作要連貫,雙拳快速下沖,沖拳有力,
力達兩拳拳面。

14.弓步沖拳

上體稍向右轉,左腿挺膝蹬
直成為右弓步;同時右拳屈臂收
於右腰側,拳心向上,拳面向
前;左拳直臂平肩前沖,拳面向
前,拳心向下。目視左拳方向。
(圖 4-97)

【要領】:沖拳要順肩,快
速有力,力達拳面。

圖 4-97

圖 4-98   圖 4-99

15.虛步上勾

（1）弓步翻砸

接上動作，步型不變，左拳成掌屈臂橫掌下按右肋前；右拳向前下翻砸，高與鼻平，拳心向上，拳面向前。目視右拳方向。（圖4-98）

（2）虛步勾拳

身體重心後移，左腿屈膝半蹲，右腿裏收半步，前腳掌虛點地，成為右虛步；同時右拳屈臂向裏，成勾拳，拳面斜向上，拳心斜向裏。目視右拳方向。（圖4-99）

【要領】：砸拳、上勾拳要協調一致，短快有力，力達右拳。

16.馬步側推

（1）虛步探掌

接上動作，步型不變，右拳屈肘收於右腰側，拳心向上，拳面向前；左掌直臂向前探出，掌心向下，掌指向

圖 4-100

圖 4-101

前。目視左掌方向。（圖
4-100）

（2）踩腳沖拳

左腿支撐身體，右腳腳
尖上勾，右腿上提做前踩腳
動作；同時左掌屈肘收於胸
前，左掌成為橫掌，掌心向
下，掌指向右；右拳從左掌

圖 4-102

上方向前直臂沖出，拳心向上，拳面向前。目視右拳。
（圖 4-101）

（3）震步側推

右腳下落震步，左腳向左上步，成為馬步；同時右拳
屈肘收於右腰側，拳心向上面向前；左掌立掌直臂向左側
推，掌指向上，掌心向右。目視左掌。（圖 4-102）

【要領】：探掌、沖拳和側推要協調一致，動作連
貫。

17.跪步推掌

左腳帶動右腳向左側滑步，
左腿半蹲，右腿跪地成為跪步；
同時左掌屈臂橫掌收於右肋部，
掌心向下，掌指向右；右拳成掌
直臂從左掌上方向前推出，掌心
向前，掌指向上。目視右掌方
向。（圖4-103）

圖4-103

【要領】：闖步下跪與推掌
要協調一致，推掌快速有力，力
達右掌。

18.弓步勾拳

身體右後轉成為右弓步，同
時右掌成拳隨轉體屈收於右腰
側，拳心向上，拳眼向外；左掌
成拳隨轉體向前上勾拳，高與鼻

圖4-104

平，拳面向上，拳心向裏。目視左拳。（圖4-104）

【要領】：轉身與弓步沖拳要協調一致，勾拳短快，
力達拳面。

19.馬步撐掌

(1)提膝掄砸

左腿支撐身體，右腿屈膝提起；左拳成為立掌屈於胸
前，掌指向上，掌心向右；右拳隨轉身向前下掄砸與肩

圖 4-105

圖 4-106

平，拳眼向上，拳面向前。目視右拳方向。（圖 4-105）

（2）馬步雙撐

右腳下踏震地，左腳前上步，身體右轉，成為馬步；同時兩拳向兩側、向下劈拳與肩平，拳心均向上，拳面均向外。目視右拳。（圖 4-106）

【要領】：掄拳與撐掌要協調一致，動作連貫，撐掌有力，力達兩掌。

20.跪步架打

（1）跪步上勾

接上動作，左腿稍向裏收，成為跪步；同時右拳屈肘收抱於腰側，拳面向前，拳心向上；左拳向前下翻臂砸拳，拳面向上，拳心向裏。目視左拳。（圖 4-107）

圖 4-107

（2）跪步挑打

上體左後轉，左腿屈膝半蹲，右腿跪地；左臂向上橫架於頭上方，左拳拳眼向下，拳心向前；右拳直臂向前沖出，拳眼向上，拳面向前。目視右拳。（圖4-108）

【要領】：跪步與勾拳要一致，勾拳向上用力，力達拳面。轉身架打要協調，沖拳力達拳面。

圖4-108

第二段

21.金絲大纏

（1）提膝挽壓

身體起立，左腿支撐體重，右腿屈膝提起；左拳屈臂向前下屈壓；右拳挽拳收於腹前，兩拳拳心相對。目視右前方。（圖4-109）

圖4-109

（2）弓步纏腕

右腳前下落步，成為弓步；同時左手握住右腕，掌心向下，虎口向裏；右拳拳心向下，拳面向前撐出。目視前方。（圖4-110）

（3）馬步壓肘

右腳裏收半步，成為馬步；左

圖4-110

掌抓握成拳屈於腹前；右掌成拳屈肘向外、向下、向上、向裏做纏臂壓肘動作。目視右拳方向。（圖4-111）

【要領】：提膝挽壓、弓步纏腕與馬步壓肘要連貫、協調一致。

22. 馬步切掌

步型不變，左肘向左上提拉，右拳成掌向裏、向下、向外橫掌下切，掌心斜向下，掌指向前。目視右掌方向。（圖4-112）

【要領】：切掌弧形向下、向外用力，力達掌外沿。

23. 撩掌小纏

（1）弓步勾手

身體重心左移，上體左轉，左腿挺膝蹬直，成為左弓步；同時左拳成掌直臂向前伸掌指向前，掌心向下；右手成勾向後下擺，勾尖向上。目視前方。（圖4-113）

圖4-111

圖4-112

圖4-113

圖 4-114　　　　　　　圖 4-115

（2）虛步撩掌

右腳前上步，前腳掌著地，成為右虛步；同時，右勾成掌向前上撩掌，掌心向下，掌指向前；左掌握住右腕。目視前方。（圖 4-114）

（3）弓步纏腕

右腳下踏震步，左腳前上步，身體右後轉，成為左弓步；同時左手抓住右腕，做向右下的纏切動作。目視左方。（圖 4-115）

【要領】：撩掌纏腕動作要連貫、柔和，撤步、切腕一致，切腕力達掌外沿。

24. 弓步沖拳

身體左後轉，左腿屈膝半蹲，右腿挺膝蹬直，成為左弓步；同時左手成拳，屈肘收抱於左腰側；右拳直臂平肩向前直臂沖拳，拳眼向上，拳面向前。目視右拳。（圖 4-116）

【要領】：沖拳要順肩，快速有力，力達拳面。

圖 4-116　　　　　　　　圖 4-117

25. 馬步側推

上體右轉，兩腿屈膝半蹲成為馬步；同時右拳屈臂收抱於右腰側，拳心向上，拳面向前；左拳成掌向右側直臂平肩立掌推出，掌指向上，小指側向右。目視左掌。（圖4-117）

【要領】：轉身推掌要協調一致，推掌快速有力，力達掌外沿。

26. 金絲大纏

（1）弓步纏腕

上體左轉，身體重心左移，右腿挺膝蹬直成為左弓步；左掌成拳，拳心向下，拳面向前；右手向左握住左腕，手心向下，虎口向裏。目視前方。（圖4-118）

圖 4-118

圖 4-119　　　　　　　　圖 4-120

（2）插步敞懷

左腳從右腿後向右插步，成為叉步同時兩臂向後展撐開；兩拳拳心均向下，拳面向左右兩側。目視右拳。（圖4-119）

（3）虛步壓肘

右腳向右撤步，左腿屈膝半蹲，右腳前掌著地，成為右虛步；同時，左手成勾裏旋下擺，勾尖向上；右拳向裏、向下壓肘後，直臂前伸，掌心向下，掌指向前。目視前方。（圖4-120）

（4）弓步撩掌

左腳前上步，前腳掌著地，成為左虛步；同時，左勾成掌向前上撩掌，掌心向下，掌指向前，左掌握住右腕。目視前方。（圖4-121）

圖 4-121

（5）弓步纏腕

左腳下踏震步，右腳前上步，身體左後轉，成為左弓步；同時右手抓住左腕，做向左下的纏切動作。目視右方。（圖4-122）

【要領】：弓步纏腕、插步敞懷、虛步壓肘、弓步撩掌與弓步纏腕要連貫、協調一致。

圖4-122

27.弓步沖拳

身體右後轉，右腿屈膝半蹲，左腿挺膝蹬直，成為右弓步；同時右手成拳，屈肘收抱於右腰側；左拳直臂平肩向前直臂沖拳，拳眼向上，拳面向前。目視左拳。（圖4-123）

圖4-123

【要領】：弓步沖拳要順肩，快速有力，力達拳面。

28.馬步側推

上體左轉，右腳帶動左腳，向右滑步，兩腿屈膝半蹲成為馬步；同時左拳屈臂收抱於左腰側，拳心向上，拳面向前；右拳向左側上方勾拳，拳面向上，拳心向左。目視右拳。（圖4-124）

圖4-124

【要領】：馬步側推與轉身要協調一致，推掌快速有力，力達掌外沿。

29. 摟手推掌

(1) 提膝托掌

左腿支撐身體，右腿屈膝上提右腳腳尖自然向下；右掌外旋上托，掌心向上，掌指向右。目視左方。（圖4-125）

圖4-125

(2) 提膝上穿

右腳下落震步，支撐身體，左腿屈膝上提，左腳腳尖自然向下；右掌成拳屈肘收抱於右腰側，拳心向上，拳面向前；左拳成掌直臂上穿，掌心向右，掌指向上。目視右方。（圖4-126）

(3) 仆步摟手

右腿屈膝全蹲，左腿向左直腿鋪平，腳尖向前，成為仆步；同時，右手經面前、胸前於襠前經左

圖4-126

腿前上方向右後摟手，掌心向右，掌指向上。目視左方。（圖4-127）

(4) 勾手推掌

身體重心前移，右腿蹬直成為左弓步；同時左手向前、向右成勾，向後擺於身體左後側，勾尖向下；右拳成

圖 4-127

圖 4-128

掌向前直臂立掌推出，掌指向上，小指側向前。目視左後方。（圖4-128）

【要領】：提膝托掌、提膝穿拳、仆步摟手與勾手推掌要連貫，動作要協調一致。

30. 掛踏推掌

（1）弓步推掌

身體右後轉，右腿屈膝半蹲，左腿挺膝蹬直成為右弓步；同時右掌成拳，屈臂收於右腰側，拳心向上，拳面向前；左勾成掌，隨轉身向前直臂立掌推出，掌心向前，掌指向上。目視前方。（圖4-129）

圖 4-129

圖 4-130

圖 4-131

（2）虛步托掌

身體重心後移，左腿屈膝半蹲，右腳裏收半步，前腳掌著地，成為右虛步；同時左掌外旋，掌指向前，掌心向上。目視前方。（圖4-130）

（3）後掛推掌

右腳後退一步掛腳，左腿屈膝半蹲，右腿挺膝蹬直，成為左弓步；同時，左掌成拳屈肘收抱於腰間，拳心向上，拳面向前；右拳成掌向前直臂推掌，掌心向前，掌指向上。目視右掌。（圖4-131）

【要領】：推掌、托掌與後掛推掌動作要連貫協調一致，掛腿推掌有力。

31.馬步頂肘

右腳向裏、向後外成為馬步；同時左臂屈肘向右側頂肘，左拳屈於左腮旁，小指節頂對準鼻尖；右掌成拳直臂向右側擺，拳眼向下，拳面向右。目視左方。（圖4-132）

圖 4-132

圖 4-133

圖 4-134

【要領】：馬步形成與頂肘要協調一致，頂肘有力，力達肘尖。

32.收勢還原

(1)併步栽拳

左腳裏收於右腳內側，成為併蹲步；右拳成立掌屈臂收於胸前，小指側向前，掌指向上；左拳向下直臂下沖於襠前，拳眼向後，拳面向下。目視左側方。（圖4-133、圖4-134）

(2)上步舉掌

身體右轉，左腳向前上步；左拳成掌，兩臂向外、向上舉於頭上方，掌心相對，掌指均向上。目視前方。（圖4-135）

圖 4-136

圖 4-137

（3）併步對拳

右腳向前上步於左腳內側成為併蹲步；同時，兩掌成拳向前、向下對拳於腹前，拳面相對，拳心均向下。目視前方。（圖4-136）

（4）併步直立

兩腿挺膝站直，成為併步；兩拳成掌，自然下垂於體兩側，掌指均向下。目視前方。（圖4-137）

圖 4-137

【要領】：動作連貫，柔順協調，併步直立時，全身放鬆，呼吸均勻。

第 **5** 章

八極拳高級套路

第一節　八極四郎寬拳

　　所謂四郎寬拳有「兩儀」之橫向變化之意。四郎寬拳屬於八極拳門的一套綜合套路，內容豐富，技法全面，吸收了劈掛拳、少林拳、六合拳等拳法的優點，增加了腿法的內容，使其實用性更強，拳諺曰：「學好四郎寬，打遍半邊天」，可見四郎寬拳在八極拳門中作用非同一般。

一、八極四郎寬拳歌訣（拳譜）

　　四郎寬拳不輕傳，得其秘譜需有緣；
　　只是有緣還不夠，功夫上身須苦練；
　　無極起勢雙羊頂，抱拳請示禮當先；
　　搖膀晃胯盤打式，上步送手左右翻；
　　回身撩打掛耳手，拳落定楔鎖下盤；
　　點襠躍步三點手，亮翅前後兼顧盼；
　　提膝推掌頂肘式，提膝炮式戳陽連；
　　跪步架打抹眉掌，翻砸撐拳左右按；

下沖頂肘迭手推，晃膀摇捶掛踏拳；
頂肘側踹雙撐掌，刁手雲捶式子連；
金龍合口雙臂索，懷抱嬰兒肘外翻；
頂肘掛踏橫向斬，勾手推掌接小纏；
雲捶掛踏頂肘式，撩陰摘盔架打拳；
踹腿翻砸側擊打，歇步推掌劈掌連；
轉身劈拳急頂肘，收勢還原庭中站。

二、八極四郎寬拳套路圖解

1.預備勢

兩腳併步，兩腿直立；身體正直，兩臂自然下垂。目
視前方。（圖5-1）

2.抱拳大禮

步型不變，兩掌直臂向前、向上舉與胸平，兩掌心相
對，掌指均向前。目視前方。（圖5-2）

圖 5-1

圖 5-2

步型不變，兩臂屈臂向上、向後畫弧，兩掌屈於頸兩側，掌心均向外，掌指均向後。目視前方。（圖5-3）

　　步型不變，兩掌同時向下、向外、再向上畫弧，握拳分撐於體兩側，高與肩平，拳心向下，拳面均向外。目視前方。（圖5-4）

　　步型不變，兩拳繼續向裏屈於胸前，兩拳直臂向前推出，左拳成掌，立掌附於右拳背處，掌指向上，右拳拳眼向下，拳心斜向前。目視前方。（圖5-5）

圖 5-3

圖 5-4

圖 5-5

第一段

3.併步挽拳

兩腿屈膝半蹲成併蹲步，兩手抓握成拳，向裏、向外旋腕挽拳，兩拳拳心相對，拳面均向前。目視前方。（圖5-6）

圖 5-6

4.搖膀晃捶

步型不變，右拳屈臂收於右腰側，拳心向上，拳面向前；左拳屈臂向裏、向上、向外畫弧，拳心向裏，拳面斜向上。目視左拳。（圖5-7）

步型不變，左拳屈肘收於左腰側，拳心向上，拳面向前；右拳向前、向裏、向上、向外畫弧，拳心向裏，拳面斜向上。目視右拳方向。（圖5-8）

步型不動，右拳屈臂收於右腰側，拳心向上，拳面向

圖 5-7

圖 5-8

圖 5-9

圖 5-10

前；左拳向前、向裏、向上、向外畫弧，拳心向裏，拳面
斜向上。目視左拳。（圖 5-9）

接著左腳向前一步，成為左虛步；同時，左拳屈臂收
於左腰側，拳心向上，拳面向前；右拳向前、向裏、向
上、向外畫弧，拳心向裏，拳面斜向上。目視右拳方向。
（圖 5-10）

【要領】：動作要連貫、柔和順暢，協調一致。

5.馬步下沖

左腿支撐身體，右腿屈膝提
起；兩拳屈肘收抱於兩腰側，拳心
均向上，拳面均向前。目視前方。
（圖 5-11）

左腿屈膝半蹲，右腳前下落
步，前腳掌虛著地，成為右虛步；
同時，右拳屈臂提拉於右耳側，拳
眼向下，拳面向前；左拳成掌外翻

圖 5-11

圖 5-12   圖 5-13

向前上托掌，成為掌心向上，掌指向前。目視左掌方向。
（圖 5-12）

　　右腳向前搓碾腳成為馬步，同時，左掌屈肘於右腋
前，成為掌指向上、掌心向右；右拳立即前下沖拳於襠
前。目視右方。（圖 5-13）

　　【要領】：動作要連貫，上步碾腳與下沖拳要協調一
致，沖拳有力，力達右拳拳面。

6. 迭手側打

　　身體重心移於左腿成右虛步；
左掌成拳向左後側直擺，拳眼向
裏，拳面斜向上；右拳屈於胸前，
拳心向裏，拳眼向上。目視右方。
（圖 5-14）

　　動作不停，步型不變；右拳向
右、向下翻砸，成為拳背斜向下，
拳面斜向上，左拳成掌向前、向下

圖 5-14

圖 5-15

圖 5-16

屈肘按於右腋前下方。目視右拳方向。（圖 5-15）

　　接著，左腳前上一步成為四六步；右拳成掌稍向下，成掌心向上，掌指向前；左臂屈肘於右臂上方，左掌掌心向下，掌指向右後。目視左前方。（圖 5-16）

　　動作不停，左腳帶動右腳向左側闖步，成為併蹲步；同時，右掌成拳屈肘回拉於胸前，拳心向下，拳面向左；左掌成拳向左側平肩直臂沖拳，拳眼向上，拳面向左。目視左拳方向。（圖 5-17）

　　【要領】：動作要連貫，上步、闖步與臂砸和側打要協調一致，砸拳短快有力；側沖迅猛，力達拳面。

7. 撩打側推

　　身體稍向右轉，右腳向右側上半步成為右虛步，同時，左拳成掌，掌心反向上，掌指

圖 5-17

圖 5-18

圖 5-19

向後，右拳成掌向右擺，掌心向上，掌指向前。目視右掌方向。（圖 5-18）

接著，左腳前上一步，成為四六步；同時，右掌屈於胸前，成掌心向前，掌指向上；左掌向前上撩，成為掌心向上，掌指向前。目視左掌方向。（圖 5-19）

圖 5-20

動作不停，身體左轉，左腳前上步，右腳跟進繞上成為並蹲步；同時，左掌屈肘收於胸前掌心向下，掌指向右；右掌向右側直臂平肩立掌推出，掌心向右，掌指斜向上。目視右掌方向。（圖 5-20）

【要領】：動作要連貫，上步與撩掌和繞上步側推掌要協調一致，側推快速有力，力達小指側。

圖 5-21

圖 5-22

8.盤肘沖拳

右腳右撤一步，身體左轉成為四六步；同時，右掌成拳屈肘於面右側，拳心向裏，拳面向上；左掌直臂向左前立掌推出，掌指向上，掌心向前。目視左掌方向。（圖 5-21）

圖 5-23

身體重心後移於右腿，支撐體重，左腿屈膝上提；左掌屈肘盤於胸前，掌心向下，掌指向右；右拳向下經腰側向後擺於身後，拳眼向下，拳面向後。目視左肘方向。（圖 5-22）

左腿下落屈膝半蹲，右腿挺膝蹬直，成為左弓步；同時，左掌成拳屈肘收於左腰側，拳心向上，拳面向前；右拳經右腰側向前直臂平肩沖出，拳心向下，拳面向前。目視右拳方向。（圖 5-23）

圖 5-24

圖 5-25

【要領】：動作要連貫，提膝盤肘與落步沖拳要協調一致，沖拳快速有力，力達拳面。

9.雲鎖雙推

左腳帶動右腳向前闖步仍成弓步；同時，兩拳成掌，向前、向外翻掌上托，兩掌併齊，掌心均向上，掌指均向前。目視雙掌方向。（圖 5-24）

圖 5-26

左腿支撐身體，右腿屈膝提起，成為獨立步；兩掌外分、向下屈肘收於兩腰側，掌心均向上，掌指均向前。目視前方。（圖 5-25）

右腳前下落步，右腿屈膝半蹲，左腿挺膝蹬直成為右弓步；同時，兩掌向前直臂推出，掌心均向前，掌指均向上。目視兩掌方向。（圖 5-26）

圖 5-27

圖 5-28

【要領】：動作要連貫，提膝外分抱掌與弓步雙推掌要協調一致，雙推掌要快速有力，力達兩掌掌心。

10.劈挑頂肘

身體左轉，兩腳左碾成為馬步；同時左掌屈肘收於胸前，掌心向右，掌指向上；右

圖 5-29

掌成拳經胸前，直臂向下沖於襠前，拳面向下，拳心向裏。目視右方。（圖 5-27）

上體右轉，成為交叉步；右拳向上、向右後下劈拳，拳輪向下，拳面向右；左掌成拳向左側沖出，拳眼向上，拳面向左。目視右拳方向。（圖 5-28）

接著，左腳左上一步，成為馬步；左拳屈於胸前，拳眼向上，拳心向後。目視左方。（圖 5-29）

圖 5-30　　　　　　　　　　圖 5-31

　　動作不停，左腳帶動右腳向左闖步，仍成馬步；同時，左肘向左側頂肘，肘尖向左，左拳成開口拳於左腮旁，拳眼向下，拳心向前。目視左肘方向。（圖 5-30）

　　【要領】：動作要連貫，轉身劈拳、闖步頂肘要協調一致，頂肘短快，勁力順達，力達肘尖。

11.肘捶搈打

　　左腳左闖半步，身體左轉，右腳前上一步屈膝半蹲，左腿挺膝蹬直成為右弓步；同時，左拳屈肘收於左腰側，拳心向上，拳面向前；右拳經右腰側向前直臂平肩沖拳，拳眼向上，拳面向前。目視右拳。（圖 5-31）

　　身體左轉，兩腿屈膝半蹲，成為馬步；同時，右拳屈肘收於右腮旁，拳眼向下，拳心向前。目視右肘方向。（圖 5-32）

圖 5-32

圖 5-33

圖 5-34

　　右腳帶動左腳向右闖步，仍成為馬步；同時，左拳屈肘上挑於左肩前，拳眼斜向上，拳心向後；右拳經胸前向下、向右側下方沖拳，拳眼斜向上，拳面斜向右下。目視右拳方向。（圖 5-33）

　　【要領】：動作要連貫，上步沖拳與闖步側打要協調一致，沖拳有力，側打猛狠，勁力順達，力達拳面。

12.仆步穿掌

　　身體右轉，右腿支撐身體，左腳提起準備前邁，兩拳交叉於胸前，左拳在裏，右拳在外，拳心均向裏，拳面均斜向上。目視左前方。（圖 5-34）

　　右腿全蹲，左腿向左鋪腿成為仆步，右拳屈肘收於右腰側，拳心向上，拳面向前，左拳成掌沿左腿向左穿掌於左腳前。目視左掌方向。（圖 5-35）

圖 5-35

圖 5-36　　　　　　　　　圖 5-37

右腿裏收半步，成為左虛步；同
時，右拳成掌裏旋外翻，拇指側向
下，掌指向左；左掌外下翻轉成掌心向
上，向上托掌，掌指向左。目視左方。
（圖 5-36）

圖 5-38

身體左轉，左腿屈膝全蹲，右腿向
前上一步向右側鋪腿成為仆步；左掌成
拳屈肘收於左腰側，拳心向上，拳面向
前；右拳成掌沿右腿向右穿掌於右腳
前。目視右掌方向。（圖 5-37）

【要領】：動作要連貫，仆步與穿掌要協調一致。

13.天地沖炮

左腳裏碾，左腿支撐身體，右腿屈膝上提成為獨立
步；同時，左拳成掌向下按掌於襠前，掌心向下，掌指向
右；右掌成拳直臂上沖於頭頂上方，拳面向上，拳心向
後。目視前方。（圖 5-38）

圖 5-39　　　　　　圖 5-40　　　　　　圖 5-41

　　左腳裏碾腳，右腳向右側落步成為馬步；同時，左掌向左側上方架於頭上方，掌心向上，拇指側向前；右拳經胸前向下沖於右襠前。目視右方。（圖 5-39）

　　兩腳裏收，成併步直立；左掌成拳屈肘收於左腰側，拳心向上，拳面向下；右拳向上直臂沖舉於頭上方，拳面向上，拳輪向前。目視前上方。（圖 5-40）

　　【要領】：動作要連貫，提膝上沖與馬步下沖和併步上沖拳要協調一致，沖拳有力，力達拳面。

第二段

14. 馬步上沖

　　兩腳左右分開成為馬步；同時，右拳屈肘收於右腰側，拳心向上，拳面向前；左拳向上沖拳，拳面向上，拳心向右。目視左拳。（圖 5-41）

圖 5-42

圖 5-43

【要領】：馬步與上沖拳要協調一致，沖拳有力，力達左拳拳面。

15.提膝推掌

上體左轉，左腿屈膝半蹲，右腿挺膝蹬直，成為左弓步；同時，左拳成掌屈臂下按於腹前，掌心向下，掌指向右；右拳成掌直臂向前穿掌，

圖 5-44

掌心向上，掌指向前。目視右掌。（圖 5-42）

步型不變，左掌成勾，從右掌心上方向前伸出，勾尖向下；右掌向下屈肘收於右腰，掌心向上，掌指向前。目視勾頂方向。（圖 5-43）

身體右後轉，左腿支撐身體，右腿屈上提，成為獨立步；右掌向右前推掌，掌心向右前，掌指向上。目視右掌方向。（圖 5-44）

圖 5-45

圖 5-46

【要領】：動作要連貫，轉身、提膝、推掌要協調一致，推掌快速有力，力達左掌。

16.馬步頂肘

上體稍向左轉，右腳右下落步，成為馬步；同時右掌成拳屈肘向右側頂肘，肘尖向右。目視右肘方向。（圖5-45）

【要領】：落步與頂肘要協調一致，頂肘快速有力，力達肘尖。

17.提膝炮式

右腳右闖步，右腿支撐身體；左腿屈膝上提，成為獨立步；同時右拳向下收於小腹前，拳心向下，拳面向前；左拳經左腰側向前上勾拳，拳面向上，拳心向裏。目視左拳。（圖5-46）

【要領】：上步提膝與左上勾拳要協調一致，勾拳有

圖 5-47

圖 5-48

力，力達拳面。

18.戳陽起手

　　左腳下落成為左弓步；同時，左拳屈肘收於左腰側，拳心向上，拳面向前；右拳成掌直臂向前立掌推出，掌心向前，掌指向上。目視右掌。（圖 5-47）

　　右腳前上一步，屈膝半蹲，左腳前上半步，前腳掌虛著地面，成為左虛步；同時，左拳成掌向前上托掌，掌心向上，掌指向前；右掌屈臂下按於胸前，掌心向下，掌指向左。目視左掌方向。（圖 5-48）

　　【要領】：動作要連貫，落步推掌與虛步托掌要協調一致，左掌上托與右掌下按反向用力，力達兩掌。

19.提炮撐掌

　　右腿支撐身體，左腿裏收成丁步；同時，右掌收抱於右腰側，掌心向下，掌指向前；左掌成拳屈肘向裏格肘於面前，拳面向上，拳心向裏。目視左方。（圖 5-49）

圖 5-49

圖 5-50

　　左腳左上一步，支撐身體，右腿屈膝上提，成為獨立步；同時，左拳屈臂收於左腰側，拳心向上，拳面向前；右掌成拳向拳直臂沖拳，拳心向下，拳面向前。目視右拳。（圖 5-50）

　　右腳下落震腳，身體右後轉，左腳前上一步，成為馬步；同時，兩拳向左右直臂平肩撐出，拳心均向前，拳面均向外。目視左拳方向。（圖 5-51）

　　【要領】：動作要連貫，上步提膝沖拳與馬步雙撐拳要協調一致，沖拳與撐拳有力，力達拳面。

20.跪步架打

　　右腿支撐身體，左腿屈膝提起，成為獨立步；右拳屈肘收於右腰側，拳心向上，

圖 5-51

圖 5-52

圖 5-53

拳面向前；左拳成掌屈於右肩前，掌心向右，掌指向上。
目視左方。（圖 5-52）

　　左腳左側上步右腿跟進成為跪步；同時，左掌屈臂上
架於頭上方，掌心向前上方，拇指側向下；右拳直臂向前
平肩沖拳，拳眼向上，拳面向前。目視右拳方向。（圖 5-
53）

　　【要領】：動作要連貫，跪步與沖拳要協調一致，沖
拳有力，力達右拳拳面。

第三段

21.翻身抹眉

　　身體右後轉，左腿屈膝半蹲，右腳虛點著地面為右虛
步；同時右拳屈臂收抱於右腰側，拳心向上，拳面向前；
左掌經左腰側向前直臂平肩推出，掌心向前，掌指向上。
目視左掌方向。（圖 5-54）

圖 5-54

圖 5-55

【要領】：轉身、虛步的形成與推左掌要協調一致，推掌快速有力，力達左掌小指側。

22.翻砸撐拳

身體左後轉，右腿支撐身體，左腳提起扣於右膝窩處，成為扣步；左掌屈於左胸前，

圖 5-56

掌心向下，掌指向右；右拳向右側沖拳，拳眼向下，拳面向右。目視右拳方向。（圖 5-55）

左腳落步，成為右弓步；同時，右拳以拳背為力點向下、向裏經胸前向前下翻拳砸擊，拳背向下，拳面斜向前上；左掌經胸前向下按掌於右肘前下方，掌心向下，掌指向前。目視右拳方向。（圖 5-56）

圖 5-57

圖 5-58

接著，右腳後撤一步，身體右後轉
成為馬步；同時左掌成拳，兩拳經兩
腰側向左右兩側撐出，拳心均向前，
拳眼均向上。目視右拳。（圖 5-57）

【要領】：動作要連貫，轉身、扣
步與沖拳要協調；弓步砸拳與馬步撐
拳要一致，砸拳與撐拳有力。

圖 5-59

23.左右按行

右腳前闖半步，左腳經右腳內側向前上一步，成為虛
步；同時，兩拳成掌屈臂下按於胸前，右掌在前，左掌在
後於右肘內側，兩掌掌心均向下，掌指均向前。目視兩掌
方向。（圖 5-58）

左腳前闖半步，右腳前上一步，成為右虛步；兩掌姿
勢不變，向前平按，兩掌掌心均向下，掌指均向前。目視
兩掌方向。（圖 5-59）

圖 5-60

圖 5-61

　　左腳前上一步，身體右轉成為右
弓步；同時，右掌下按於右胯旁，掌
心向下，掌指向前；左掌向右前平向
橫斬，掌心向上，小指側向右。目視
左掌方向。（圖5-60）

　　左腳向左半步，屈膝半蹲，右腿
挺膝蹬直成為左弓步；同時，左掌成
拳屈肘收於左腰側，拳心向上，拳面
向前；右掌成拳向前直臂平肩沖拳，
拳面向前，拳心向下。目視右拳。

圖 5-62

（圖5-61）

　　左腳裏碾腳，左腿支撐身體，右腿屈膝提起成為獨立
步，身體向右後轉體；兩拳成掌，向前按掌，左掌在前；
右掌在後於左肘內側處，兩掌掌心均向下，掌指均向前。
目視兩掌方向。（圖5-62）

　　右腳下落，左腿屈膝半蹲，右腳虛著地面，成為右虛

步；兩掌姿勢不變，向前下平按，
兩掌掌心均向下，掌指均向前。目
視兩掌方向。（圖5-63）

【要領】：動作要連貫，協調
一致，勁力柔和順暢。

第四段

24.併步下沖

圖5-63

右腳外碾，右腿支撐身體，左腿屈膝提起，成為獨立
步，身體右轉；同時，兩掌成拳，右拳向右側平肩沖拳，
拳面向右，拳眼向上；左拳屈於右肘內側，拳面向右，拳
眼斜向上。目視右拳方向。（圖5-64）

左腳下落，右腳前上一步，成為交叉步；同時，左掌
向左側舉，掌心向上，掌指向左；右拳成掌向下，掌心向
上，掌指向右。目視右掌方向。（圖5-65）

圖5-64

圖5-65

圖 5-66

圖 5-67

右腳前闖步，左腳跟進成併蹲步；同時，左掌屈於胸前，成掌心向右，掌指向上；右拳經胸前向下沖於襠前，拳面向下，拳眼向裏。目視右側方向。（圖 5-66）

【要領】：動作要連貫，提膝側沖與併步下沖，要協調一致，沖拳有力，力達拳面。

25.馬步頂肘

右腳右側上一步，成為馬步；同時，左拳向左側拉，拳眼向下，拳面向左；右臂屈肘向右頂肘，肘尖向右，右拳托於右腮旁，拳眼向下，拳心向前。目視右肘方向。（圖 5-67）

【要領】：上步與頂肘要協調一致，頂肘快速有力，力達右肘肘尖。

26.迭手側推

右腳帶動左腳向前闖步成為右虛步；兩拳成掌，向前

圖 5-68

圖 5-69

下按掌，左掌於右肘內側，兩掌掌心均向下，掌指均向前。目視兩掌方向。（圖 5-68）

右腳前上半步，身體右轉，同時，左腳前上成為併步直立；右掌外翻成掌心向上；左掌從右掌上方向左側推掌，掌心向左，掌指斜向上；右掌屈於左腋前，成掌心向左，掌指向上。目視左掌方向。（圖 5-69）

【要領】：動作要連貫，闖步按掌與併步側推要協調一致，推掌有力，力達左掌。

27.晃膀操捶

右腳後撤成為左虛步；左掌成拳屈肘收於左腰側，拳心向上，拳面向前；右掌成拳向前、向外撥，拳心向上，拳面向前。目視右拳。（圖 5-70）

左腳後撤一步成為右虛步；同時，右拳屈肘收抱於右腰側，拳心向上，拳面向前；左拳向前、向外撥，拳心向裏，拳面向上。目視左拳方向。（圖 5-71）

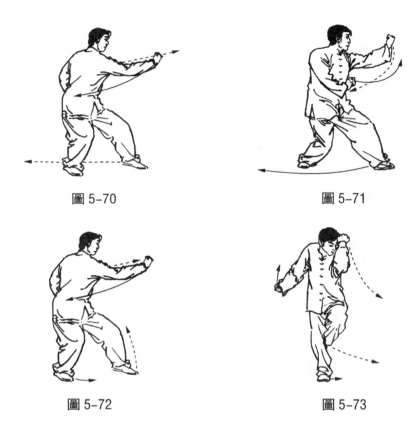

圖 5-70

圖 5-71

圖 5-72

圖 5-73

　　右腳後撤一步成為左虛步；同時，左拳屈肘收於左腰側，拳心向上，拳面向前；右拳向前、向外撥，拳心向裏，拳面向前。目視右拳方向。（圖5-72）

　　右腳前上半步，左腿屈膝上提扣於右腿膝窩處，成為扣步；同時，右拳向右後下擺，拳眼斜向上，拳心向前；左臂屈肘於左胸前，拳面向上，拳心向後。目視左方。（圖5-73）

圖 5-74

圖 5-75

左腳左側上一步成為馬步；同時，右拳屈肘於右肩前，拳面向上，拳心向後；左拳向左側下方直臂沖拳，拳面斜向下，拳眼斜向上。目視左拳方向。（圖5-74）

【要領】：動作要連貫，撤步與撥拳，上步與側打要協調一致，撥拳柔和，圓順；側沖拳有力，力達拳面。

28.掛踏沖拳

左腳帶動右腳向前闖步成為弓步；同時，左拳屈肘收抱於左腰側，拳心向上，拳面向前；右拳向下經右腰側向前直臂平肩沖拳，拳心向下，拳面向前。目視右拳。（圖5-75）

身體右後轉，右腳後撤一步成為左虛步；同時，右掌成拳向前下翻砸，拳背向下，拳面斜向前上方，左拳成掌屈臂按於右腋前，掌心向下，掌指向前。目視前方。（圖5-76）

左腳外碾，右腳前上一步，成為右虛步；右拳屈肘收

圖 5-76

圖 5-77

於右腰側，拳心向上，拳面
向前；左掌向前穿出，掌心
向上，掌指向前。目視左
掌。（圖 5-77）

　　右腳向右後側掛趟步成
為左弓步；同時，左掌成拳
屈肘收抱於左腰側，拳心向
上，拳面向前；右拳向前平
肩直臂沖拳，拳面向前，拳
心向下。目視右拳方向。（圖 5-78）

圖 5-78

　　【要領】：動作要連貫，轉身砸拳、上步穿掌與掛腿
沖拳要協調一致，後掛腿要快速，沖拳有力，力達拳面。

29.馬步頂肘

　　右腳前上一步，身體左轉，成為馬步；同時，右拳屈
肘，向右側頂肘，肘尖向右，右拳托於右腮旁，拳眼向

下，拳心向前。目視右肘方
向。（圖 5-79）

【要領】：上步與右頂
肘要協調一致，頂肘快速有
力，力達肘尖。

30.側踹撐拳

左腿支撐身體，右腿屈
膝後踢；左掌成拳，兩拳向

圖 5-79

兩側撐拳，拳眼均向上，拳
心均向前。目視左拳方向。（圖 5-80）

右腳在左腳內側下震腳成併蹲步；同時兩肘屈於胸
前，拳面相對，拳眼斜向上。目視左方。（圖 5-81）

右腿支撐身體，左腳向左側上方踹腿，腳尖向前，腳
掌斜向左上側；兩拳向左右兩側撐拳，兩拳拳眼均向上，
拳心均向前。目視左腳方向。（圖 5-82）

八極拳運動全書

圖 5-80

圖 5-81

圖 5-82

圖 5-83

【要領】：動作要連貫，後踢撐拳與側踹撐拳要協調一致，踹腿快速有力，力達左腳。

31. 馬步撐掌

左腳下落，右腳前上下，兩腿屈膝半蹲，成為馬步，同時，兩拳成掌上舉於

圖 5-84

頭上方兩側，兩掌心相對，掌指均向上。目視左方。（圖 5-83）

步型不變，兩掌向下，經胸前向左右兩側平肩直臂撐推，掌心均向外，掌指均向上。目視左掌方向。（圖 5-84）

【要領】：動作要連貫，撐掌兩掌同時向外用力，推掌快速，力達兩掌。

圖 5-85　　　　　　　　　　　　　圖 5-86

第五段

32.虛步刁手

步型不變，兩拳屈肘收抱於
兩腰側，拳心均向上，拳面均
向前。目視左方。（圖5-85）

身體重心移於右腿，左腿稍
裏收半步，身體稍向左轉，成
為左虛步；同時，左拳成勾手
向前上伸出，勾尖向下。目視左勾勾頂。（圖5-86）

圖 5-87

左腿屈膝半蹲，右腳前上一步，前腳掌虛點地面，成
為右虛步；同時，左勾成拳屈肘收於左腰側，拳心向上，
拳面向前；右勾向前上伸出，勾尖向下。目視右勾方向。
（圖5-87）

【要領】：動作要連貫，柔和圓順。

圖 5-88

圖 5-89

33. 上步雲捶

右腳帶動左腳向前闖步，仍成右虛步；同時，右勾手成捶向裏橫格，拳心向裏，拳面向上。目視右拳。（圖 5-88）

圖 5-90

右腳前闖，左腳前上一步，成為左虛步；同時，右拳屈肘收於右腰側，拳心向上，拳面向前；左拳向前、向裏橫格，拳心向裏，拳面向上。目視左拳。（圖 5-89）

【要領】：動作要連貫，上步與格肘要協調一致。

34. 金龍合口

步型不變，左拳成掌向裏、向下擺掌，掌心向前，掌指向下；右拳成掌屈臂上架於頭右前上方，掌心斜向前上方，掌指向左。目視左前方。（圖 5-90）

圖 5-91   圖 5-92

【要領】：左擺掌與右架掌要協調一致，動作要圓順。

35.懷抱嬰兒

左腳裏收成為併步；同時，右掌成拳屈肘向下收抱於小腹前，拳眼向裏，拳心向下，右肘右頂，肘尖向右；左掌成拳，屈肘向上托於左腮側，拳眼向下，小指頂尖對準鼻尖，左肘向左頂，肘尖向左。目視左肘方向。（圖 5-91）

【要領】：收腳與頂肘要協調一致，頂肘快速、有力，力達肘尖。

36.馬步頂肘

身體右後轉，仍成併蹲步，右拳屈肘於右肩前，拳心向裏，拳面向上，右肘向下，左拳屈於右肘下，拳心向裏，拳眼對準右肘尖。目視右方。（圖 5-92）

左腳向左側上步，兩腿屈膝半蹲成為馬步；同時，右拳向左拉，拳眼向下，拳面向右；左肘向左側頂，左拳於左腮旁，拳眼向下，小指頂尖對準鼻尖，左肘尖向左。目視左肘方向。（圖5-93）

圖5-93

【要領】：動作要連貫，上步與頂肘要協調一致，頂肘有力，力達左肘肘尖。

37.掛踏推掌

左腿支撐身體，右腳向前踩擊，腳掌斜向前，腳尖斜向上；右拳成掌屈肘收於右腰側，掌心向下，掌指向前；左拳成掌向前下橫掌推擊，掌心向下，掌指斜向右。目視左掌。（圖5-94）

圖5-94

圖 5-95　　　　　　　　　　　　圖 5-96

接著，右腳向右後搓地後掛，成為左弓步；同時，左掌成拳屈肘收於左腰側，拳心向上，拳面向前；右掌向前下推掌，掌心向前，掌指斜向上。目視右掌方向。（圖 5-95）

【要領】：動作要連貫，踩腳橫推掌與後掛腿右前下推掌要協調一致，後掛腿要快速，前下推掌要有力。

38.轉身橫斬

身體右後轉，成為右虛步；同時，右掌成拳屈肘收抱於右腰側，拳心向上，拳面向前；左拳成掌向左橫斬，掌心向上，掌指向前。目視左掌。（圖 5-96）

【要領】：轉身與橫斬掌要協調一致，斬掌快速有力，力達左掌小指側。

39.馬步頂勾

右腳前滑並裏碾腳，成為馬步；同時，左掌屈肘收抱

圖 5-97

圖 5-98

於左腰側，掌心向下，掌指向前；右拳成勾，以勾尖為力點，向右側上方頂擊，勾尖向下。目視右勾方向。（圖5-97）

【要領】：馬步與頂勾要同時進行，頂勾短快，力達勾頂。

40.勾手推掌

身體重心左移，左腿屈膝半蹲，右腿挺膝蹬直，成為左弓步；同時，左掌經胸前向前直臂平肩推出，掌心向前，掌指斜向上。目視左掌。（圖5-98）

【要領】：弓步的形成與推掌要協調一致，推掌快速有力，力達左掌。

41.小纏燥捶

右腳前上一步成為右虛步；同時，左掌屈肘下按於左腰側，掌心向下，掌指向前；右勾成掌經右腰側向前、向

圖 5-99　　　　　　　　　圖 5-100

左橫斬，掌心向上，掌指向前。目視
右掌。（圖 5-99）

　接著，左掌向前下抓握右腕，掌
心向下，虎口向裏；右掌向上翹掌，
掌心向前，掌指向上。目視右掌方
向。（圖 5-100）

　左腿支撐身體，右腿屈膝上提；
左手握住右腕，右掌以掌外沿做外下
切掌動作，收於右腰側；右掌掌心向
下，虎口向前。目視前方。（圖 5-
101）

圖 5-101

　右腳下踏震地，左腿屈膝提起，準備前邁。目視左
方。（圖 5-102）

　左腳向左側上步，成為馬步，左拳向左側揉捶，拳心
向下，拳面向左。（圖 5-103）

　【要領】：動作要連貫，抓腕、切掌與震腳上步側衝
動作要協調一致，側沖拳快速有力，力達左拳面。

圖 5-102

圖 5-103

圖 5-104

圖 5-105

42.雲捶掛踏

　　身體重心右移，成為左虛步；同時，左拳屈肘收於左
腰側，拳心向上，拳面向前；右拳向前，向裏格，拳心向
裏，拳面向上。目視右拳方向。（圖5-104）

　　左腳後撤一步成為右虛步，同時，右拳屈肘收於右腰
側，拳眼向上，拳面向前，左拳向前向裏橫格，拳心向
裏，拳面向上。目視左拳。（圖5-105）

圖 5-106

圖 5-107

接著，右腳向右後搓地後掛，成為左弓步，左拳成掌屈肘收於左腰側，拳心向上，拳面向前，右拳成掌向前下推掌，掌心向前下，掌指斜向上。目視右掌方向。（圖5-106）

【要領】：動作要連貫，撤步格拳與掛腿推掌要協調一致。

43.弓步頂肘

身體右後轉，右腳右後撤步，成為右弓步，同時左拳向左後拉，拳眼向下，拳面向左後，右肘向右頂肘，右拳托於右腮前，拳眼向下，小指尖頂對準鼻尖，右肘向右前。目視右肘方向。（圖5-107）

【要領】：轉身、撤步與頂肘要協調一致，頂肘快速有力，力達肘尖。

圖 5-108

圖 5-109

第六段

44. 推掌撩陰

　　身體左轉，左腿屈膝半蹲，右腿挺膝蹬進成為左弓步，左拳屈臂收於左腰側，拳心向上，拳面向前，右拳成掌，直臂向前推掌，掌心向前，掌指向上。目視右掌。（圖 5-108）

　　左腿支撐身體，右腳腳尖繃直向前上彈踢，腳尖向前，腳心向下，同時，右拳成勾向側後擺舉，勾尖向下，左拳成掌向前下撩掌，成掌指向下，掌心向前。目視左掌方向。（圖 5-109）

　　【要領】：動作要連貫，轉身推掌要協調，彈踢撩掌要一致，彈踢有力，力達腳尖。

圖 5-110   圖 5-111

45. 反身摘盔

右腳下踏震地，左腳提起準備前邁，右勾成拳下擺，拳眼斜向上，拳心向前，左掌屈肘於左胸前，掌指向上，掌心向後。目視左方。（圖5-110）

左腳左側落步，身體右轉成為右虛步，同時，右拳成掌向裏經胸前向前畫弧探掌，掌心向前，掌指向上，左掌屈肘於胸右腋前，掌指向前，掌心向下。目視前方。（圖5-111）

【要領】：動作要連貫，落步、轉身、探掌要協調，柔和圓順。

46. 馬步架打

右腳前闖，左腳前上一步，身體右轉成為馬步，同時，右掌屈臂上架於頭上方，掌心向前上，掌指向左，左掌成拳向左側直臂沖拳，拳眼向上，拳面向左。目視左拳

圖 5-112

圖 5-113

方向。（圖 5-112）

【要領】：闖上步與架沖
拳要協調一致，沖拳有力，力
達拳面。

47.踹腿翻砸

身體左後轉，右腳繞上一
步於左腳內側成為併步，同
時，左拳成掌屈臂上架於頭上
方，掌心向上，掌指向右，右
掌成拳直臂向下沖拳於小腹

圖 5-114

前，拳面向下，拳眼向裏。目視右方。（圖 5-113）

左腿支撐身體，右腿向右側方踹腿，腳掌心向右，同
時，左掌成拳向下與右臂交叉於腹前，左拳在外，拳面均
向下，拳心均向裏。目視右方。（圖 5-114）

圖 5-115

圖 5-116

接著，右腳下落，成為右弓步，右拳向上、向右前下翻砸，拳面向前，拳心斜向上，左拳成掌屈臂按於腹前，掌心向下，掌指向前。目視右拳方向。（圖 5-115）

【要領】：轉身併步要協調，側踹有力，力達右腳掌，翻砸以拳背為力點，砸擊快速。

圖 5-117

48.馬步側擊

步型不變，右拳屈肘收於右腰側，拳心向上，拳面向前，左拳向前平肩直臂沖拳，拳心向下，拳面向前。目視左拳方向。（圖 5-116）

右腿支撐身體，身體左轉，左腿屈膝提起，右拳直臂後擺，拳面向後，拳眼向下，左拳成掌下按於左膝外側，掌心向下，掌指向前。目視左前方。（圖 5-117）

接著，左腳下落震腳，右腳提起準備上步，右拳成掌

圖 5-118

圖 5-119

屈於右腰側，掌心向前，掌指向
下。目視右方。（圖5-118）

　　動作不停，右腳右側上步，
成為馬步，同時右掌向右側方平
肩直臂推掌，掌心向左，掌指向
上。（圖5-119）

圖 5-120

　　【要領】：動作要連貫，轉
身、震腳、上步與側推動作要協
調一致，推掌快速有力，力達右掌。

49.歇步推掌

　　上體右後轉成為歇步，右掌成拳，屈肘收抱於右腰
側，拳心向上，拳面向前，左拳成掌向左側平肩直臂推
掌，掌心向左，掌指向上。目視左掌方向。（圖5-120）

　　【要領】：轉身與側推掌要協調一致，推掌有力，力
達左掌。

圖 5-121　　　　　　　圖 5-122

50.撤步劈掌

　　左腳左撤一步，成為右弓步，同時左掌向上、向前下劈掌，掌指向前，小指側向下。目視左掌。（圖 5-121）

　　【要領】：劈掌力達掌外沿。

圖 5-123

51.轉身劈拳

　　步型不變，左掌屈肘收於左腰側，掌心向下，掌指向前，右拳向前上攢拳，拳面向前上，拳心向裏。目視右拳方向。（圖 5-122）

　　接著，身體左後轉，成為左弓步，同時右拳向前下劈砸，拳輪向下，拳面向前。目視右拳。（圖 5-123）

　　【要領】：動作要連貫，攢拳與劈拳要快速、有力。

圖 5-124

圖 5-125

52.馬步頂肘

　　左腿支撐身體，右腳向前蹬
腳，腳尖向上，腳掌向前，同時，
右拳成掌屈肘收按於右腰側，掌心
向下，掌指向前，左掌向前直臂推
掌，掌心向下，掌指向前。目視左
掌方向。（圖 5-124）

圖 5-126

　　接著，後落步，身體左轉成為
右弓步，同時，左掌成拳屈肘於面前，拳面向上，拳心向
後。目視左側方向。（圖 5-125）

　　動作不停，上體左轉，成為馬步，同時，右拳向右
拉，拳面向右，拳眼向下，左肘向左側頂，肘尖向左，左
拳托於左腮旁，拳眼向下，小指頂尖對準鼻尖。目視左肘
方向。（圖 5-126）

　　【要領】：動作要連貫，頂肘要快速、有力，力達肘

圖 5-127　　　　　圖 5-128　　　　　圖 5-129

尖。

53.收勢還原

　　左腳裏收於右腳內側，成為併步，同時，左拳向下沖於小腹前，拳面向下，拳眼向裏，右掌屈肘收於左腋前，掌指向上，掌心向左。目視左方。（圖 5-127）

圖 5-130

　　兩腿直立，右掌成拳，兩拳外分，屈肘上舉於體兩側，拳面均向上，拳心均向裏。目視前方。（圖 5-128）

　　兩拳經胸前前推，右拳拳眼向下，拳心向外，左拳成掌，立附於右拳面側，掌指向上，小指側向前。目視前方。（圖 5-129）

　　接著，右拳成掌，兩掌向下直臂自然下垂於體兩側，掌指均向下。目視前方。（圖 5-130）

　　【要領】：動作要連貫，柔和圓順，身體放鬆，呼吸

均勻。

第二節　八極對接拳單拆

八極對接拳單拆也稱八極拳單摘或八極拳單練，是從第六章第三節八極對接拳中拆出的單個式子，按照對練動作順序串起來進行單練的一種拳法套路，是八極拳門的一套高級正拳，全套四十八大架子，它爆發力強，剛柔相兼、有開有合、內練一口氣、外練筋骨皮。它可以單練也可對練（對拆）。現將其單練套路介紹如下：

一、八極對接拳單拆歌訣（拳譜）

八極單拆癩僧創，技法奧妙譜裏藏；
抱拳請示行大禮，挽捶側打操拳忙；
五虎問路頭一請，豁打頂肘奔胸腔；
轉風拐子朝太陽，臥牛橫炮打撞牆；
轉還回身猛擊襠，擟手下砸忙踢襠；
翻臂砸拳迎面放，猛虎撐掌搓鼻梁；
轉還馬步兩分掌，震腳掐肚用雙撞；
轉身上步使披掌，刁擟手接大纏上；
刁擟接按大纏上，金絲纏腕用腰上；
挎打搜肚反擊忙，上步使掌奔胸腔；
掛踏反擊搜肚腸，挑打跪膝把拳藏；
裏面封架不用忙，轉還馬步兩分掌；
倒步回身兩擠襠，裏面封架不用忙；

轉還馬步兩分掌，馬步擊掌緊跟上；
退步搓掌解脫忙，退步搓掌解脫忙；
掛踏反擊搜肚腸，邁步走前用肩撞；
金絲纏腕用腰上，挎打搜肚反擊忙；
掄臂外格忙踢襠，落步拐子朝太陽；
轉還回身猛擊襠，擄手下砸忙踢襠；
翻臂砸拳迎面放，猛虎探掌搓鼻梁；
轉身馬步兩分掌，踩打擄捶連擊忙；
踩打擄捶連擊忙，斜插拗步呈剛強；
轉身上步反背掌，猛虎出洞掏心上；
退步封架手牽羊，彈手併步歸中堂；
收勢併步掌合十，氣沉丹田按雙掌。

二、八極對接拳單拆套路圖解

1.抱拳請示行大禮

兩腳併步，兩腿直立，身體正直，兩臂自然下垂。目視前方。（圖 5-131）

步型不變，兩掌直臂向前、向上直臂上舉與胸平，兩掌心相對，掌指均向前。目視前方。（圖 5-132）

步型不變，兩臂屈臂向上、向後畫弧，兩掌屈於頸兩側，掌心均向外，掌指均向後。（圖 5-133）

步型不變，兩掌同時向下、向外、再向上畫弧，握拳屈於體兩側，高與肩

圖 5-131

圖 5-132　　　　　圖 5-133　　　　　圖 5-134

圖 5-135　　　　　圖 5-136

平，拳心斜向前，拳面均向上。目視前方。（圖5-134）

　　步型不變，兩拳繼續向裏屈於胸前，拳面相對，拳心均向前。目視前方。（圖5-135）

　　步型不變，兩拳直臂前推，左拳成掌，立掌附於右拳背處，掌指向上，右拳拳眼向下，拳心斜向前。目視前方。（圖5-136）

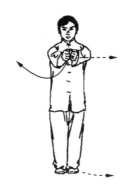

圖 5-137

圖 5-138

【要領】：動作柔順，
連貫圓活。

2.挽捶側打操拳忙

腳步不動，仍成併步，
兩手抓握成拳，向裏、向外
旋腕挽拳，兩拳拳心相對，
拳面均向前。目視前方。
（圖 5-137）

圖 5-139

左腳向左上半步，兩腿屈膝半蹲，成為左虛步，同
時，兩拳向前後平肩直臂撐打，拳眼均向上，拳面均向
外。目視左拳方向。（圖 5-138）

左腳裏碾步成為馬步，右拳屈肘經面前向前下屈於右
胸前，拳面向上，拳心向裏，左拳直臂下擺，拳面斜向前
下，拳眼向上。目視左拳方向。（圖 5-139）

左腿支撐身體，右腳裏收提起，在左腳內側準備下踏

圖 5-140

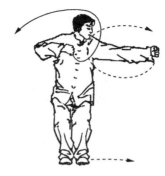

圖 5-141

震地，同時，右掌直臂經體前向左平擺，掌心向左，左手
握拳收抱於左腰側，拳心向上。目視右掌方向。（圖 5-
140）

　　右腳在左腳內側下踏震地，成為併蹲步，同時，右掌
變拳回抱至右腰側，拳心朝上，左拳向左側沖拳，拳眼朝
上。目視左拳。（圖 5-141）

　　【要領】：動作要連貫，轉腕與抓握要一致，旋腕要
柔順圓活。上步探掌、震腳沖拳要協調一致，沖拳快速有
力，力達拳面。

第一段

3.五虎問路頭一請

　　身體重心稍左轉，同時左腳上前一步成為四六步，左
拳向下、向裏、向上、經胸前向前撐打，拳面向前，拳心
向下，右拳由胸前向上、向後擺至體後斜下方，拳眼向

圖 5-142　　　　　　　　圖 5-143

下，拳面朝後。目視左拳方向。（圖 5-142）

　　動作不停，身體重心前移至左腿屈膝半蹲支撐身體，右腳由後向前踩擊，腳尖斜向上，腳掌心向前，右拳由後向前上微屈臂內旋攢拳，拳與顎平，拳心向內，同時左拳稍向下於右肘下，拳眼向上，拳心向裏。目視右拳方向。（圖 5-143）

　　【要領】：動作要連貫，支撐腿要穩，踩腳與攢拳要協調一致。

4.豁打頂肘奔胸膛

　　右腳屈膝收至左膝前，腳尖外展，準備下踏震腳時，身體略右轉。右拳屈肘於右肩上。目視左方。（圖5-144）

圖 5-144

圖 5-145

圖 5-145

圖 5-146

上動不停，右腳下震，屈膝半蹲，左腿離地上提，同時左臂由胸前向上挑伸直與胸平，拳眼朝上，右拳由肩上向右下後伸與腰平，拳眼向下，左臂不動。（圖 5-145）

上動不停，左腳向左側出步成為馬步，同時左臂屈肘猛力前頂肘，拳成開口拳，小拇指節尖對準鼻尖，拳眼向下。目視左方。（圖 5-146）

【要領】：震腳猛烈，身體忌起伏，勁貫肘尖，左腳上步成馬步時可做闖步。

5.轉風拐子朝太陽

身體重心後移至右腿，左腿屈膝提起，準備下震，同時，左臂橫掌下斬於左膝外側，右臂微向下。目視左方。（圖 5-147）

上動不停，左腳前下震落成左弓步，同時，右臂微向下。

圖 5-147

圖 5-148

圖 5-149

（圖 5-148）

　　接著，身體繼續左轉，右腳由後向右側出一步成為馬步，同時，左掌成拳屈肘收抱於左腰側，拳心朝上，右拳由後經下向左前貫拳，拳眼朝下。目視右拳。（圖 5-149）

　　【要領】：提膝斬掌要同時，成馬步時貫拳；貫拳要短促，快速有力。

6.臥牛橫炮打撞牆

　　身體向左轉，右臂略向外上挑，同時右腳跟提起。（圖 5-150）

　　接著，上體再向右轉90°，左腿挺膝蹬直，右腳落地成為右弓步。同時右拳旋轉，屈肘收於右腰側，左拳成

圖 5-150

圖 5-151

圖 5-152

掌由腰間向左斜上方推出。目視左
掌。（圖 5-151）

【要領】：左掌斜推，馬步變弓
步時，右腳跟用力外搓地。左掌發出
時氣要下沉，以鼻短促氣。

7.轉還回身猛擊襠

以右腳尖為軸，腳跟外扭，向左
轉體變成斜方向，重心後坐，右腿屈
膝半蹲，左腳屈膝上提，成為獨立

圖 5-153

步，同時左掌隨轉身向下摟按於左胯至前方，臂微屈，掌
心向下，掌指向前，右拳不動。目視左方。（圖 5-152）

接著，左腳前下落步，支撐身體，右腳屈膝提起，左
掌向前上挑，掌心向前，掌指向上，右拳稍向上提。目視
左掌方向。（圖 5-153）

右腳向前震腳成併步，屈膝半蹲。右拳由右肩上向前

下猛擊，拳眼向下；左掌隨即收回附於右上臂內側，指尖朝上。目視右下方。（圖5-154）

【要領】：動作連貫，轉身提膝按掌、震腳併步前下沖拳要協調一致，下沖有力，力達拳面。

8.摟手下砸忙踢襠

左掌由右向上畫弧屈架於頭左上方，掌心斜向外，掌指斜向前，右拳向裏護於襠前，同時，右腳繃直腳面上提。目視右前方。（圖5-155）

圖5-154

上動不停，左掌繼續向後、向下屈於左腰側，掌心向下，掌指向前，左腿支撐體重，右腿向前彈踢，腳面繃平。目視右腳尖方向。（圖5-156）

【要領】：左摟手右踢腿要協調一致，踢腿時力達腳尖。

圖5-155

圖5-156

圖 5-157

圖 5-158

9.翻臂砸拳迎面放

右腳前下落，左腿屈膝半蹲，右腳虛點地面，成為右虛步，同時，左拳向前、向下按於襠前，掌心向下，右拳由下向左、向上、向右成弧形掄臂砸於肩平，臂微屈，拳心向上。目視右拳。（圖 5-157）

【要領】：左掌下按要配合右拳猛烈反砸，砸拳與落步要同時，掄臂以肩為軸，動作要快，力達拳背。

10.猛虎撐掌搓鼻梁

身體重心前移，右腿屈膝半蹲，左腿踏直成為右弓步，同時，上體右轉 90°，右拳屈收抱於右腰側，左掌向左斜上方推出，小指側斜向前上。目視左掌。（圖 5-158）

【要領】：推掌、轉體要協調一致。

圖 5-159　　　　　　　　　圖 5-160

11.轉還馬步兩分掌

身體重心後移，向左轉體 90°，兩腳左撐屈膝半蹲成為馬步，同時右掌由腰間向右側擊出，左掌隨著右擊掌由前經下向左打開，兩掌小指側均朝外，掌尖朝上。目視右掌方向。（圖 5-159）

【要領】：兩腳撐腰轉時要猛烈搓地，轉成馬步，同時，兩掌同時左右分開。

12.震腳掐肚用雙撞

身體右轉 90°，重心後移至左腿屈膝半蹲，右腳稍內收，腳尖點地成右虛步，同時右掌稍向下。目視右掌。（圖 5-160）

上動不停，右腳做震腳，左腳同時上提貼右踝處，兩掌同時內收於小腹前，掌心向上。目視前方。（圖 5-161）

圖 5-161

圖 5-162

上動不停，左腳上前一步成左弓步，同時兩掌經腰側向前推出，立掌與肩平，兩掌之間有一掌之距，兩小指側均朝前。目視兩掌。（圖5-162）

【要領】：震腳身體不要跳起，要屈膝震地，以鼻短促沉呼，以氣催力。轉身、抱掌、震腳、雙推掌。要協調一致，要快速有力。

第二段

13.轉身上步使捯掌

左腳收回半步成為虛步，同時，左掌不動，右掌成拳屈肘收於右腰側，拳心朝上。目視左掌方向。（圖5-163）

身體左後轉，右腿支撐身體，左腿屈膝上提，左掌屈於胸前，掌

圖 5-163

圖 5-164　　　　　圖 5-165　　　　　圖 5-166

八極拳運動全書

指向上，小指側朝外，右拳後擺，拳眼向上。目視右方。（圖 5-164）

　右腳向右側繞上步，左掌前推，立掌，掌心向前，掌指向上。目視左掌方向。（圖 5-165）

　接著，身體重心移向左腿，支撐身體，右腳提起，身體左轉。目視右方。（圖 5-166）

圖 5-167

　上動不停，右腳右側上步，成為馬步，同時，左掌屈臂上架於頭上方，掌心向上，掌指向右，右掌向右側平肩直臂推掌，掌心向右，掌指向上。目視右掌方向。（圖 5-167）

　【要領】：動作要連貫，轉身繞上步與側推掌要協調一致，推掌有力，力達右掌。

圖 5-168

圖 5-169

14. 刁攦手接大纏上

右手以肘為軸向外弧形繞轉
刁攦，左臂隨之向後下，掌心向
下，同時，身體重心移至左腿，
右腿稍收成右虛步。目視右前
方。（圖 5-168）

承前勢，上體右轉 90°，右
手繼續刁攦於腰間，掌心向上，
同時，左臂由後經上向前內旋彎
臂壓肘至胸前，掌尖向上，同時

圖 5-170

身體重心後坐，右腳提起準備震腳。（圖 5-169）

右腳外展下踏震地，支撐身體，身體右轉 90°，左腳
上提，同時，右掌屈臂上架於頭上方，掌心向上，掌指向
左。目視左方。（圖 5-170）

左腳向左側上步，成為馬步，左掌由左腰側向左側平

圖 5-171　　　　　　　　　　圖 5-172

肩直臂推掌，掌心向左，掌指向
上。目視左方。（圖 5-171）

【要領】：右臂繞轉不可過
大，指腕要靈，臂要放鬆，刁擄
壓肘、震腳要協調一致。

15. 刁擄接按大纏上

左手以肘為軸向外弧形繞轉
刁擄，右臂隨之向後下，掌心向
下，同時，身體重心移至右腿，

圖 5-173

左腿稍收成左虛步。目視右前方。（圖 5-172）

承前勢，上體左轉 90°，左手繼續刁擄於腰間，掌心
向上，同時，右臂由後經上向前內旋彎臂壓肘至胸前，掌
尖向上，同時身體重心後坐，左腳提起準備震腳。（圖 5-
173）

左腳外展下踏震地，支撐身體，身體左轉 90°，右腳

八極拳運動全書

圖 5-174　　　　　　　　圖 5-175

上提，同時，左掌屈臂上架於頭上
方，掌心向上，掌指向右。目視右
方。（圖 5-174）

　　右腳向右側上步，成為馬步，
右掌由右腰側向右側平肩直臂推
掌，掌心向右，掌指向上。目視右
方。（圖 5-175）

　　【要領】：左臂繞轉不可過
大，指腕要靈，臂要放鬆，刁擰
壓肘、震腳要協調一致。

圖 5-176

16.金絲纏腕用腰上

　　左腳跟為軸，腳尖內擺，身體右轉 90°，重心移至右
腿，右腳稍內收成右虛步，同時，左手下落抓扣於右腕
上。目視右方。（圖 5-176）

圖 5-177

圖 5-178

上動不停，右掌以腕為軸向外繞環做切掌動作收於腰間，右腳提起準備震腳。目視前方。（圖5-177）

承前勢，右腳下震，身體右轉90°，左腳隨之上提貼於右小腿後，兩手仍在腰間。目視左方。（圖5-178）

【要領】：小纏時，左手扣緊，右腕要外翻。

圖 5-179

17.挎打搜肚反擊忙

承前勢，左腳向左上一步成為馬步，同時，左拳向左下側衝擊，拳心向下，右拳收抱於右腰側，拳心向上。目視左拳。（圖5-179）

【要領】：上步與沖拳要協調一致，快速有力，力達

圖 5-180

圖 5-181

左拳。

18.上步使掌奔胸膛

以左腳為軸外擰腳掌，身體左轉，右腳向前上步成右
弓步，同時，左拳變掌，向前平肩立掌推出，小指側在
前，左掌收抱於腰側。目視右掌。（圖 5-180）

【要領】：弓步形成與推掌要同時，擊掌時力達掌
根。

19.掛踏反擊搜肚腸

身體重心移至左腿，右腿稍內收成右虛步，同時，左
拳成掌向前推出，立掌，掌心向前，右掌收於腰間，掌心
向上。目視左掌。（圖 5-181）

上動不停，身體再回轉 90°，右腳向右後，掛踏一步
成左弓步，上體前傾，同時，右掌向前下推擊，掌與左膝
相齊，掌心朝下，掌指向前，左掌成拳屈肘收於左腰側，

圖 5-182

圖 5-183

拳心向上。目視右掌。（圖5-182）

接著，右腳左前上步，成為右虛
步，同時，右掌成拳屈肘收於右腰
側，拳心向上，左拳成掌，向前上穿
掌，掌心朝上，掌指向前。目視左掌
方向。（圖5-183）

圖 5-184

動作不停，右腳右側上步，身體
左轉成為馬步，左掌成拳屈肘收於左
腰側，拳心向上，右拳向右側沖拳，
與肩平，拳心向下，拳面向右。目視右拳。（圖5-184）

【要領】：掛踏時，右腳掛踏，右掌前下推按要協
調；馬步與側沖拳要一致，沖拳有力，力達拳面。

20.挑打跪膝把拳藏

身體右轉90°，兩腳右擰成右弓步，同時，右拳向
上、向外撥架於頭上方。目視前方。（圖5-185）

圖 5-185

圖 5-186

接著，左腳向前上一步
成左弓步，同時，右臂向
外、向下收抱於右腰側，拳
心向上，左拳臂向前、向
上、向外架於頭上方。目視
前方。（圖 5-186）

圖 5-187

動作不停，右腳前移在
左腿旁跪膝，左拳仍架於頭
上方；右拳抽前直臂沖擊，
拳眼朝上。目視右拳。（圖 5-187）

【要領】：兩臂挑架結合上步要連貫協調；跪步沖拳
要快速有力。

21. 裏面封架不用忙

起身，右轉 90°，右腿向右側出一步，成為馬步，同
時兩拳成掌，兩掌向左、向下屈臂按於襠前，掌心均朝

圖 5-188

圖 5-189

下，兩掌掌尖相對。目
視左方。（圖 5-188）

接著，上體左轉成
為左弓步，兩掌隨轉體
屈臂向左上方捧架，左
掌在上，高與耳平，右
掌在下高與腮平，兩掌
心均朝左上方，目視左
掌。（圖 5-189）

圖 5-190

上動不停，上體右
轉成為右弓步，兩掌隨轉體屈臂向右上捧架，右掌在上高
與耳平，左掌在下高與腮平，兩掌心均朝右上方。目視右
掌。（圖 5-190）

【要領】：馬步形成與按掌要一致，捧架兩臂放鬆、
圓活、連貫，與轉體要協調。

圖 5-191

圖 5-192

22.轉還馬步兩分掌

承上勢，步不動，上體向左擰轉，同時，右掌裏收再向右側立掌打出，左掌隨轉體向左立掌打開，兩掌小指側均朝外，掌尖朝上。目視右掌。（圖 5-191）

【要領】：兩掌外撐推要有力，力達兩掌。

圖 5-193

23.倒步回身兩擠襠

以右腳跟為軸，右腳尖裏扣，重心移至右腿，左腿屈膝提踢，上體後轉，右水中撈月成拳收於右腰側，左掌後擺，準備上架。目視左後方。（圖 5-192）

上動不停，左腳後邁成左弓步，左臂向上。目視左掌方向。（圖 5-193）

右腳前跟於左腳內側下震成併
步，兩腿屈膝，同時，左掌上架於
頭上方，掌尖向前，掌心向上，右
拳成掌向前立掌推出，小指側在
前。目視右掌。（圖5-194）

【要領】：左掌上架、右掌擊
出與震腳併步，屈膝半蹲要同時，
沉氣聚勁，擊掌，力達掌根。

圖5-194

24. 裏面封架不用忙

右腳前上一步，身體左後轉成為左弓步，同時兩掌屈
臂左上架，左掌在上與耳齊平，右掌在下高與腮平，兩掌
心均朝外。目視左掌。（圖5-195）

承上勢，兩腳不動，上體右轉180°，同時兩掌屈臂右
上架，右掌在上高與耳齊平，左掌在下高與腮平，兩掌心
均朝外。目視右掌方向。（圖5-196）

八極拳運動全書

圖5-195

圖5-196

圖 5-197

圖 5-198

【要領】：捧架與轉體要協調，腳跟用力搓地姿勢要低。

25.轉還馬步兩分掌

承上勢，步不動，上體向左擰轉，同時，右掌裏收再向右側立掌打出，左掌隨轉體向左立掌打開，兩掌小指側均朝外，掌尖朝上。目視右掌。（圖 5-197）

【要領】：兩掌外撐推要有力，力達兩掌。

26.馬步擊掌緊跟上

以右腳跟為軸，腳尖裏扣，身體左轉 90°，重心移至右腿，左腿屈膝上提，做震腳準備，同時右掌成拳收於右腰側，拳心向上，左掌外沿下斬於左膝外側，掌心向下，掌指向前。目視左方。（圖 5-198）

上動不停，左腳下震，身體再左轉 45°，右腳提起貼於左小腿內側，同時左掌成拳收於腰側，拳心向上。目視

圖 5-199   圖 5-200

右前方。（圖 5-199）

　　動作不停，右腳右側上一步身體左轉 45°，兩腿屈膝半蹲成馬步，同時，右立掌平肩向右側推出，掌心向外，指尖朝上。目視右掌。（圖 5-200）

　　【要領】：右腳上步與右擊掌要同時，右腳搓地，配合發力。

第三段

27.退步搓掌解脫忙

　　承上勢，向右後轉體 180°時，以左腳尖為軸，右腳後撤一步成馬步，同時，左拳變掌沿著右臂上沿，向左側擊出，臂與肩平，立掌，掌心向前，右掌隨著出掌，握拳收抱腰間，拳心向上。目視左掌。（圖 5-201）

　　【要領】：向後撤步時身體含胸，後坐，並在右腳用力搓地時，再快速挺胸，以助掌發力，發力要短促。

圖 5-201

圖 5-202

28.退步搓掌解脫忙

承上勢，向左後轉體180°時，以右腳尖為軸，左腳後撒一步成馬步，同時，右拳變掌沿著左臂上沿，向右側擊出，臂與肩平，立掌，掌心向前，左掌隨著出掌，握拳收抱腰間，拳心向上。目視右掌。（圖5-202）

【要領】：向後撒步時身體含胸，後坐，並在左腳用力搓地時，再快速挺胸，以助掌發力，發力要短促。

29.掛踏反擊搜肚腸

向右轉90°，身體重心移至左腿，屈膝半蹲，右腳收回半步，腳尖點地成虛步，同時，左拳變掌向前推穿掌，掌心向上，右掌收貼腰間，掌心朝上。目視左掌。（圖5-203）

圖 5-203

圖 5-204　　　　　　　　　　　　圖 5-205

　　上動不停，身體再回轉 90°，右腳向右後，掛踏一步成左弓步，上體前傾，同時，右掌向前下推擊，掌與左膝相齊，掌心朝下，掌指向前，左掌成拳屈肘收於左腰側，拳心向上。目視右掌。（圖 5-204）

　　接著，左腳支撐身體，右腿屈膝上提，同時，右掌屈肘收於右腰側，掌心向上。目視右掌方向。（圖 5-205）

　　不停，右腳右側上步，身體左轉成為馬步，同時右拳向右側沖拳，與肩平，拳眼向上，拳面向右。目視右拳。（圖 5-206）

　　【要領】：掛踏時，右腳掛踏，右掌前下推按要協調；馬步與側沖拳要一致，沖拳有力，力達拳面。

圖 5-206

圖 5-207

圖 5-208

30.邁步走前用肩撞

左腿挺膝蹬直成右弓步，同時，右拳屈臂裏收於小腹前，身體右俯，用肩向右撞擊。目視右前方。（圖5-207）

身體重心移至左腿，稍左轉體，同時提右腳經左腿

圖 5-209

前向左側邁出，下踏震腳，左腳隨之上提貼於右腿內側。目視左前方。（圖5-208）

左腳向左邁出一步成為馬步，同時，兩掌直臂平肩立掌撐出，掌心向外，掌尖朝上。目視右掌。（圖5-209）

【要領】：撞肩要與蹬左腿、碾右腳協調配合，撞肩要快速有力，邁步震腳要注意重心下沉，不要起伏，馬步與撐掌要同時。

圖 5-210

圖 5-211

31.金絲纏腕用腰上

　　左腳跟為軸，腳尖內擺，身體右
轉 90°，重心移至右腿，右腳稍內收
成右虛步，同時，左手下落抓扣於右
腕上。目視右方。（圖 5-210）

　　上動不停，右掌以腕為軸向外繞
環做切掌動作收於腰間，右腳提起準
備震腳。目視前方。（圖 5-211）

圖 5-212

　　承前勢，右腳下震，身體右轉
90°，左腳隨之上提貼於右小腿後，兩手仍在腰間。目視左
方。（圖 5-212）

　　【要領】：小纏時，左手扣緊，右腕要外翻。

32.挎打搜肚反擊忙

　　承前勢，左腳向左上一步成為馬步，同時，左拳向左

圖 5-213

圖 5-214

下側衝擊，拳心向下，右拳
收抱於右腰側，拳心向上。
目視左拳。（圖 5-213）

【要領】：上步與沖拳
要協調一致，快速有力，力
達左拳。

33.掄臂外格忙踢襠

身體重心移至左腿，這
時，左拳收至小腹前，同時

圖 5-215

右拳向前、向下外掄格於襠前，拳面均向下，右腳腳面繃
直向前彈踢。目視右腳前方。（圖 5-214）

右腳不落，上體不變，左腿在空中向前彈踢。目視左
腳前方。（圖 5-215）

【要領】：掄砸外格，力在前臂，彈踢力達腳尖。

圖 5-216　　　　　　　　圖 5-217

34.落步拐子朝太陽

上動不停，右、左兩腳依次落地，身體右轉 90°，兩腿屈膝下落成馬步，同時右拳成掌下按於襠前，掌心向下，拇指側朝裏，左拳向前、抽右貫拳，拳高與眼平，拳眼向下，拳心向外。目視左拳。（圖 5-216）

【要領】：馬步形成與貫拳要同時，貫拳時氣沉丹田，氣勢猛烈。

35.轉還回身猛擊襠

以右腳為軸，腳跟外扭，向左轉體，重心後坐於右腿，左腿屈膝上提，同時左拳成掌向下、向後，右掌成拳繼續上舉於頭右側上方。（圖 5-217）

上動不停，身體繼續後轉，左腳左後落，支撐身體，右腳提扣於左小腿後側，同時，左掌前上挑，掌心向前。

圖 5-218

圖 5-219

目視左掌方向。（圖 5-218）

　　右腳在左腳內側震地成併步，兩腿屈膝半蹲，同時，右拳由右肩上向前下猛擊，拳眼向下，左掌隨即收回附右上臂內側，指尖朝上。目視右前方。（圖 5-219）

圖 5-220

　　【要領】：轉身上步與震腳下沖拳要協調一致，下沖有力，力達右拳。

36.擄手下砸忙踢襠

　　左掌由右向上畫弧屈架於頭左上方，掌心斜向外，掌指斜向前，右拳向裏護於襠前，同時，右腳繃直腳面上提。目視右前方。（圖 5-220）

圖 5-221

圖 5-222

上動不停，左掌繼續向後、向下屈於左腰側，掌心向下，掌指向前，左腿支撐體重，右腿向前彈踢，腳面繃平。目視右腳尖方向。（圖5-221）

【要領】：左摟手右踢腿要協調一致，踢腿時力達腳尖。

37.翻臂砸拳迎面放

右腳前下落，左腿屈膝半蹲，右腳虛點地面，成為右虛步，同時，左掌向前、向下按於襠前，掌心向下，右拳由下向左、向上、向右成弧形掄臂砸與肩平，臂微屈，拳心向上。目視右拳。（圖5-222）

【要領】：左掌下按要配合右拳猛烈反砸，砸拳與落步要同時，掄臂以肩為軸，動作要快，力達拳背。

38.猛虎探掌搓鼻梁

身體重心前移，右腿屈膝半蹲，左腿踏直成為右弓

圖 5-223 　　　　　　　　圖 5-224

步，同時，上體右轉 90°，右拳屈收抱於右腰側，左掌向左斜上方推出，小指側斜向前上。目視左掌。（圖 5-223）

【要領】：推掌、轉體要協調一致。

39. 轉還馬步兩分掌

身體重心後移，向左轉體 90°，兩腳左擰屈膝半蹲成為馬步，同時右掌由腰間向右側擊出，左掌隨著右擊掌由前經下向左打開，兩掌小指側均朝外，掌尖朝上。目視右掌方向。（圖 5-224）

【要領】：兩腳擰腰轉時要猛烈搓地，轉成馬步，同時，兩掌同時左右分開。

圖 5-225

圖 5-226

第四段

40.踩打擄捶連擊忙

身體右轉，左腿挺膝蹬直成
為右弓步，同時，左掌由後向
上、向右抓握右拳腕。目視左掌
方向。（圖5-225）

承上勢，右腳上提經左腿前

圖 5-227

向左邁，同時，上體左轉，兩臂
（左掌仍握右腕）向下、向左。目視左前方。（圖5-
226）

動作不停，右腳下震，左腳上提於右小腿內側，同
時，兩臂（左掌仍握右腕）繼續向上、向後、向下、向前
於腰側。目視左前方。（圖5-227）

動作不停，左腳前上，屈膝半蹲，右腿挺膝蹬直成為
左弓步，同時，左掌鬆開成拳收抱於腰側，拳心朝上，右

圖 5-228

圖 5-229

拳直臂向前沖出，拳面朝前，拳心朝下。目視右拳。（圖
5-228）

接著，身體右轉成馬步，同時，右拳屈肘收抱於右腰
側，拳心向上，左拳直臂向左側平肩沖出，拳心向上。目
視左拳。（圖 5-229）

【要領】：邁步震腳上步，兩臂環繞要協調一致，環
繞臂要在身體前側畫立圓，用腰勁帶動雙臂，弓步沖拳、
馬步側打要擰成一勁。

41. 踩打攄捶連擊忙

身體向左轉，右腿挺膝
蹬直成為左弓步，同時，右
掌由後向上、向左抓握左拳
腕。目視右掌方向。（圖
5-230）

承上勢，左腳上提經右
腿前向右邁，同時，上體右

圖 5-230

圖 5-231

圖 5-232

轉，兩臂（右掌仍握左腕）向下、向右。目視右前方。（圖 5-231）

　　動作不停，左腳下震，右腳上提於左小腿內側，同時，兩臂（右掌仍握左腕）繼續向上、向後、向下、向前於腰側。目視右前方。（圖 5-232）

　　動作不停，右腳前上，屈膝半蹲，左腿挺膝蹬直成為右弓步，同時，右掌鬆開成拳收抱於腰側，拳心朝上，左拳直臂向前沖出，拳面朝前，拳心朝下。目視左拳。（圖 5-233）

　　接著，身體左轉成馬步，同時，左拳屈肘收抱於左腰側，拳心向上，右拳直臂向右側平肩沖出，拳心向上。目視右拳。（圖 5-234）

　　【要領】：邁步震腳上步，兩臂環繞要協調一致，環繞臂要在身體前側畫立圓，用腰勁帶動雙臂、弓步沖拳、馬步側打要擰成一勁。

八極拳運動全書

圖 5-233

圖 5-234

圖 5-235

圖 5-236

x

42.斜插拗步呈剛強

　　左腳向前上一步成為左虛步，身體右後轉，同時，右拳屈臂收於右腰側，拳眼向上，左掌屈臂向前於面前方，掌心向上。目視左掌方向。（圖 5-235）

　　承上勢，身體重心前移成左弓步，右拳成掌，掌心向上經左掌心向前穿掌。目視雙掌方向。（圖 5-236）

x

x

動作不停，身體左轉 90°，同時，右掌繼續穿掌，掌心朝上，稍高於肩，左掌成勾，向下、向左後平擺於體後，勾尖朝下。目視勾手。（圖 5-237）

【要領】：擰腰、穿掌、後勾手要協調一致。

圖 5-237

43.轉身上步反背掌

左腳尖內扣，同時，身體右轉 180°，右腳回收半步，腳尖點地成右虛步，同時，右臂下落，右掌於腹前變勾，勾尖朝下，左勾手變掌，左臂上架於頭左上方。目視左前方。（圖 5-238）

右腳提起，向前落步震腳成馬步，同時，右勾手向前直臂崩出，勾尖朝下，左掌下按收於左襠前。目視右勾手。（圖 5-239）

【要領】：沉腰坐胯，氣沉丹田，力點在於勾頂。

圖 5-238

圖 5-239

圖 5-240

圖 5-241

44.猛虎出洞掏心上

重心後坐於左腿上，身體右轉 90°，右腳裏收，右腳尖點地成為右虛步，同時，右勾成掌屈肘收於右腰側，拳心向上，左拳成掌立掌直臂向前推出，小指側朝前。目視左掌。（圖 5-240）

【要領】：虛步的形成與推掌要協調，推掌要順肩。

45.退步封架手牽羊

右腳向右撤一步，右腿屈膝半蹲，左腿挺膝蹬直成為右弓步，上體右轉，兩掌由下向右、向後上封架於頭右側，右掌在上，與耳齊高，掌心向外，左掌在下，與腮齊平，掌心向外，兩拇指相對。（圖 5-241）

身體左轉 180°，左腿屈膝半蹲，右腿挺膝蹬直，成左弓步，同時，左掌成拳收抱於左腰側，拳心向上，右掌立掌直臂向前推出，小指側朝前，掌尖朝上。目視右掌。

（圖5-242）

【要領】：撤步封架要
協調一致，腳跟用力搓地，
轉身推掌要順肩。

46.彈手併步歸中堂

右腿稍向裏收，同時，
右臂向下、向後於體前撣
手，手背撣右大腿，向體後
側下擺，高與腰平，左掌向
體左前方穿出，手心朝上，高與鼻尖平。目視左掌。（圖
5-243）

動作不停，隨即左腳收回向右腳併攏，左掌變拳屈肘
收回，拳心朝後，前臂垂直，右掌變拳置於左肘下。目視
左前方。（圖5-244）

下肢不動，右拳向右拉開後擺，高與腰平，拳眼朝

圖 5-242

圖 5-243

圖 5-244

圖 5-245

圖 5-246

下，左臂屈肘向左側平頂出，拳成
開口拳，小指節頂對準鼻尖，拳眼
朝下。目視左肘尖。（圖 5-245）

【要領】：要拔腰頂頭，臀部
內收。

47.收勢併步掌合十

兩腿伸直，成為併步直立，兩
拳成掌屈臂合掌於胸前，掌心相
對，掌尖向上。目視前方。（圖
5-246）

圖 5-247

【要領】：體態自然，精神飽滿。

48.氣沉丹田按雙掌

下肢不動，兩掌向下、向外、向上、向裏於肩兩側，
掌心相對，掌指均向上。目視前方。（圖 5-247）

圖 5–248   圖 5–249

　　動作不停，兩掌繼續向裏，經胸前向下按於小腹前，掌指相對，掌心均向下。目視前方。（圖 5–248）

　　兩臂自然下垂於體兩側，掌指均向下。目視前方。（圖 5–249）

　　【要領】：動作連貫，柔和圓順，體態端正、自然，精神飽滿。

第 **6** 章

八極拳對練套路

第一節　精功八極對接拳

精功八極對接拳是八極拳對練的基礎套路。此拳具有簡單、連續、攻防有序、節短勢險、暴烈突然、挨崩擠靠、技法實用之特點。

經常練習此拳，可熟悉攻防技法，培養距離感，提高技擊意識。練習時要求攻防合理，方法準確，節奏一致，距離適當，配合協調，現將練法介紹如下：

一、精功八極對接拳動作順序（拳譜）

1. 起　勢
（1）甲、乙：預備勢
（2）甲、乙：虛步抱拳禮
（3）甲、乙：馬步頂肘
第一段
2. 甲：翻拳砸擊；乙：弓步上架

3. 甲：弓步不變；乙：弓步撥防

4. 甲：馬步側頂肘；乙：虛步橫拍攔

5. 甲：弓步貫拳；乙：弓步捧封

6. 甲、乙：馬步撐掌

7. 甲：大纏摳肋（左）；乙：撤步搓掌

8. 甲：大纏摳肋（右）；乙：撤步搓掌

9. 甲：翻拳砸擊；乙：橫臂架防

10. 甲：弓步沖拳；乙：撤步拍防

第二段

11. 甲、乙：馬步頂肘

12. 乙：翻拳砸擊；甲：弓步上架

13. 乙：弓步沖拳；甲：弓步外撥

14. 乙：弓步側頂肘；甲：虛步橫拍攔

15. 乙：弓步貫拳；甲：弓步捧封

16. 甲、乙：馬步撐掌

17. 乙：大纏摳肋（左）；甲：撤步搓掌

18. 乙：大纏摳肋（右）；甲：撤步搓掌

19. 乙：翻拳砸擊；甲：橫臂架防

20. 乙：弓步沖拳；甲：撤步拍防

21. 收　勢

　（1）甲、乙：虛步抱拳禮

　（2）甲、乙：還原

二、精功八極對接拳套路圖解

1.起 勢

(1)甲、乙：預備勢

甲（圖中左側人物，後同）、乙（圖中右側人物，後同）側面相對，相距四步左右，對面併步直立。目視前方。（圖6-1）

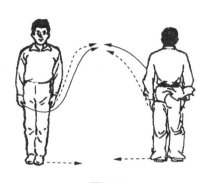

圖6-1

【要點】：頭要端正，下頦內收，兩臂自然下垂。

(2)甲、乙：虛步抱拳禮

甲、乙左腳前上成左虛步，同時右手成拳，左手成掌前伸於胸前，左掌貼於右拳面上成抱拳禮狀。目視對方。（圖6-2）

【要點】：步子虛實要分明，甲、乙同時做。

圖6-2

圖 6-3

（3）甲、乙：馬步頂肘

甲、乙左腳震步，右腳前上，身體左轉成馬步，同時左拳屈於胸前，有時向右側頂出。目視對方。（圖 6-3）

【要點】：上步協調，頂肘一致，同時動作。

第一段

2.甲：翻拳砸擊；乙：弓步上架

甲身體重心前移成弓步，同時用右翻砸拳向上、向前、向下砸乙臉部；乙身體重心前移成弓步，同時用右臂向右上架防甲砸拳之臂。互視右臂。（圖6-4）

【要點】：甲翻砸拳以肘為軸，以拳背為力點；乙架臂及時，屈臂上架。

圖 6-4

圖 6-5

3.甲：弓步不變；乙：弓步撥防

甲步型不變，速回抽右臂，同時用左沖拳向乙胸部擊打，目視乙胸；乙步型也不變，速回抽右臂，同時用左臂外撥甲右拳臂。（圖 6-5）

【要點】：乙換手要快速，撥防斜向用力。

4.甲：馬步側頂肘；乙：虛步橫拍攔

甲右腳帶動左腳前滑成馬步；同時左拳收回，右肘向右側頂擊乙胸部，目視乙胸；乙右腳後撤一步，左腳前上半步成為左虛步，同時用右掌向左橫拍甲右肘，目視右掌。（圖 6-6）

【要點】：甲頂肘要與滑進步一致，乙撤步與甲滑進步要協調一致。拍防肘要橫向用力。

圖 6-6

5.甲：弓步貫拳；乙：弓步捧封

甲右腳帶動左腳前滑步成弓步，同時用左貫拳貫擊乙右耳側，目視乙耳部；乙上體右轉，同時用兩手向右上封甲左拳臂，目視兩手方向。（圖6-7）

圖 6-7

【要點】：甲貫拳要用力，力達左拳；乙轉身捧架，捧防及時，兩手同時上捧。

6.甲、乙：馬步撐掌

甲身體左轉成馬步，同時左拳成掌向左，右拳成掌向右成撐掌擊乙胸部，目視乙胸；乙換成馬步，同時左掌向左，右掌向右，成撐掌橫拍甲右臂，目視甲右臂。（圖6-8）

【要點】：雙方左右兩掌同時撐開。要協調一致。距離相宜。

圖 6-8

八極拳運動全書

圖 6-9　　　　　　　　　　圖 6-10

7.甲：大纏摳肋（左）；乙：撤步搓掌

甲右手刁抓乙右腕旋擰，同時右腳震步身體右轉，前上左腳成馬步，左臂從乙右臂上方伸經乙右腋下過後背，用左手中食兩指摳乙左肋部。目視乙。（圖 6-9）

乙右腳後撤步成為弓步，同時左掌前推甲胸部，右手趁機猛向後回抽解脫。目視甲。（圖 6-10）

【要點】：甲刁腕要輕快，圓活，幅度不可太大，進步要快；乙伸臂退步，協調一致。

8.甲：大纏摳肋（右）；乙：撤步搓掌

甲左手刁抓乙左腕外旋擰，同時左腳震步身體左轉，前上右腳成弓步，右臂從乙左臂上方前伸經左腋下過後背，用右手中、食兩指摳乙右肋部。目視乙。（圖 6-11）

圖 6-11

圖 6-12

乙左腳後撤步成為弓步，同時右掌前推甲胸部，左手趁機猛向後回抽解脫。目視甲。（圖6-12）

【要點】：甲刁腕要輕快，圓活，幅度不可太大，進步要快；乙伸臂退步，協調一致。

9.甲：翻拳砸擊；乙：橫臂架防

甲右拳向上、向前、向下砸擊乙臉部，目視乙；乙右臂向右上撞架開甲拳之臂，目視甲。（圖6-13）

【要點】：甲翻拳砸擊與乙屈臂上架要協調一致，同時動作。

圖 6-13

10.甲：弓步沖拳；乙：撤步拍防

甲左腳前上成
弓步，同時右拳回
抽並用左拳向乙胸
部擊打，目視乙
胸；乙右腳後撤一
步，同時回抽右
拳，並用左掌向右
橫拍開甲左拳臂，
目視甲。（圖6-14）

圖 6-14

【要點】：甲轉身擊打要一致；乙撤步拍掌要同時。
拍防橫向用力，以橫破直。

第二段

11.甲、乙：馬步頂肘

甲右腳前上成馬步，同
時左拳收於腹前，用右側頂
肘頂擊乙胸部；乙左腳後撤
成馬步，同時左手成拳收於
腹前，右側頂肘阻甲來肘。
目視對方。（圖6-15）

【要點】：甲進步頂肘
要一致；乙退步頂肘要協
調。雙方同時動作。

圖 6-15

12. 乙：翻拳砸擊；甲：弓步上架

乙身體重心前移成弓
步，同時用右翻砸拳向
上、向前、向下砸擊甲臉
部，目視甲；甲身體重心
前移成弓步，同時用右臂
向右上架防乙砸拳之臂。
甲、乙互視右臂方向。
（圖6-16）

圖6-16

【要點】：乙翻砸拳
以肘為軸，以拳背為力點；甲架臂及時，屈臂上架。

13. 乙：弓步沖拳；甲：弓步外撥

乙步型不變，速回抽右臂，同時用左沖拳向甲胸部擊
打，目視甲胸部；甲步型不變，速回抽右臂，同時用左臂
外撥乙右拳臂。（圖6-17）

【要點】：甲換手要快速，撥防斜向用力。

圖6-17

14. 乙：弓步側頂肘；甲：虛步橫拍攔

乙右腳帶動左腳前滑成弓步，同時左拳收回，右肘向右側頂擊甲胸部，目視甲胸；甲右腳後撤一步，左腳前上半步成為左虛步，同時用右掌向左橫拍乙右肘，目視右掌。（圖6-18）

圖 6-18

【要點】：乙頂肘要與滑進步一致；甲撤步與乙滑進步要協調一致。拍防肘要橫向用力。

15. 乙：弓步貫拳；甲：弓步捧封

乙右腳帶動左腳前滑成弓步，同時用左貫拳貫擊甲右耳側，目視甲耳部；甲上體右轉，同時用兩手向右上捧封乙左拳臂，目視兩手方向。（圖6-19）

【要點】：乙貫拳要用力，力達左拳；甲轉身捧架，捧防及時，兩手同時上捧。

圖 6-19

圖 6-20

16.甲、乙：馬步撐掌

乙身體左轉成馬步，同時左拳成掌向左、右成撐掌擊甲胸部，目視甲胸；甲換成馬步，同時左掌向左，右掌向右，成撐掌橫拍乙右臂，目視乙右臂。（圖 6-20）

【要點】：雙方左右兩掌同時撐開。要協調一致。距離相宜。

17.乙：大纏摳肋（左）；甲：撤步搓掌

乙右手刁抓甲右腕外旋擰，同時右腳震步身體右轉，前上左腳成馬步，左臂從甲右臂上方前伸經甲右腋下過後背，用左手中、食兩指摳甲左肋部。目視甲。（圖 6-21）

圖 6-21

圖 6-22

　　甲右腳後撤步成為弓步，同時左掌前推乙胸部，右手趁機猛向後回抽解脫。目視乙。（圖 6-22）

　　【要點】：乙刁腕要輕快，圓活，幅度不可太大，進步要快；甲伸臂退步，協調一致。

18.乙：大纏摳肋（右）；甲：撤步搓掌

　　乙左手刁抓甲左腕外旋擰，同時左腳震步身體左轉，前上右腳成馬步，右臂從甲左臂上前伸經左腋下過後背，用右手中、食兩指摳甲右肋部。目視甲。（圖 6-23）

圖 6-23

圖 6-24

甲左腳後撤步成為弓步，同時右掌前推乙胸部，左手趁機猛向後回抽解脫。目視乙。（圖 6-24）

【要點】：乙刁腕要輕快，圓活，幅度不可太大，進步要快；甲伸臂退步，協調一致。

19.乙：翻拳砸擊；甲：橫臂架防

乙右拳向上、向前、向下砸擊甲臉部，目視甲；甲右臂向右上橫架開乙拳之臂。目視乙。（圖 6-25）

【要點】：乙翻拳砸擊與甲屈臂上架要協調一致，同時動作。

圖 6-25

20. 乙：弓步沖拳；甲：撤步拍防

乙左腳前上成弓步，同時右拳回抽並用左拳向甲胸部擊打，目視甲胸；甲右腳後撤一步，同時回抽右拳，並用左掌向右橫拍開乙拳臂。目視乙。（圖6-26）

圖 6-26

【要點】：乙轉身擊打要一致；甲撤步拍掌要同時。拍防橫向用力，以橫破直。

21. 收 勢

（1）甲、乙：虛步抱拳禮

甲、乙左腳裏收半步成左虛步，同時右拳左掌前伸於胸前，左掌貼於右拳面上，成抱拳禮狀。目視對方。（圖6-27）

圖 6-27

圖 6-28

【要點】：步子虛實要分明，甲、乙同時做。

(2)甲、乙：還原

甲、乙左腳內收成併步直立，兩臂自然下垂於體側，還原。目視前方。（圖 6-28）

【要點】：頭要端正，下頦內收，兩臂自然下垂。

第二節　六肘頭對接

六肘頭對接套路易學易練，而且內涵極為豐富，變化多端，技擊實用。此拳可以對練也可單練，單練套路練習方法見第三章第五節。

一、六肘頭對接動作順序（拳譜）

1.甲、乙：預備勢
2.甲、乙：抱拳禮
3.甲、乙：拉弓式

第一段

4.甲：上步黑虎掏心；乙：撤步刁手

5.甲：進步頂肘；乙：屈臂截肘

6.甲：埋腿上挎；乙：逃腿搖手

7.甲：貫耳捶；乙：旋抱肘

8.甲：揣肋炮；乙：掛肘擊襠

9.乙：貫耳捶；甲：閉肘

第二段

10.乙：上步黑虎掏心；甲：撤步刁手

11.乙：進步頂肘；甲：屈臂截肘

12.乙：埋腿上挎；甲：逃腿搖手

13.乙：貫耳捶；甲：旋抱肘

14.乙：揣肋炮；甲：掛肘擊襠

15.甲：貫耳捶；乙：閉肘

16.甲、乙：收勢

二、六肘頭對接套路圖解

1.甲、乙：預備勢

甲、乙相距約2公尺相對併步直立，兩臂前伸，兩手握拳，拳心相對，拳面朝前。目視對方。（圖6-29）

【要點】：頭身端正，下頦內收，兩臂自然伸直。

圖 6-29

2.甲、乙：抱拳禮

甲、乙兩拳向前上畫弧，經頭側至兩肩上，掌心向下，肘尖向前。目視對方。（圖6-30）

甲、乙兩掌從肩向下經胸前下撐外分上畫於頭兩側成拳，拳心均向前，拳面均向上。目視對方。（圖6-31）

乙兩拳向裏下落至喉前，左拳變掌附於右背旁，直臂向前平推成抱拳禮式。目視對方。（圖6-32）

圖 6-30

八極拳運動全書

圖 6-31

圖 6-32

甲、乙右拳變
掌與左掌同時以腕
為軸向前抓握成
拳，拳心相對，拳
面均向前。目視對
方。（圖6-33）

【要點】：動
作連貫，甲、乙同
時動作。

圖6-33

3.甲、乙：拉弓式

甲、乙左腳前上半步，成為左四六步，左拳臂不動，
同時，右拳屈肘收至腹前，拳心向下，拳面向前。目視對
方。（圖6-34）

【要點】：雙方上步要同時一致，步子虛實分明，左
拳伸出與虛步的形成要協調一致。

圖6-34

第一段

4.甲：上步黑虎掏心；乙：撤步刁手

甲上右步，同時右拳擊
向乙胸部，左掌立於右胸
前，目視乙；乙左腳向左後
方斜撤一步，右擰身的同
時，右手向外勾帶甲右拳，
左臂回收置於體側，目視
甲。（圖6-35）

圖6-35

【要點】：甲上步與右
沖拳要同時，沖拳快速、有
力；乙撤步與摟手要一致，摟手防拳要及時。

5.甲：進步頂肘；乙：屈臂截肘

甲前進一步，同時右拳回收屈肘頂擊乙胸部，左掌護
於右肘下；乙撤右步，同時
屈左臂以前臂之外側截擊甲
右肘，右掌護於左肘內側，
頭左轉，目視甲。（圖6-
36）

【要點】：甲進步與頂
肘要一致，頂肘快速；乙撤
步與橫拍肘要一致，拍肘防
守要及時，拍肘橫向用力。

圖6-36

圖 6-37　　　　　　　　　　　　圖 6-38

6.甲：埋腿上挎；乙：逃腿搖手

甲右腳向前跨步置於乙左腿後，同時右臂向上翻砸乙臉部，膀根也發衝力撞擊乙身體，左掌護於右肘下。目視乙。（圖6-37）

乙速抬左腿落於甲右腿外側，右手同時格擋甲右前臂，上動不停，雙掌下勾拋甩甲右臂。目視甲。（圖6-38）

【要點】：甲埋腿與翻砸拳要一致；乙格攔要及時。

7.甲：貫耳捶；乙：旋抱肘

甲後坐胯變右虛步，右拳回抽至腰間，左掌變拳外旋貫擊乙右耳；乙旋身以左前臂之橈骨外側抱擊甲左拳，右掌護於左肘內側，目視甲。（圖6-39）

圖 6-39

【要點】：甲貫耳要快速；乙以左前臂橫格防守，格防要橫向用力。

8.甲：揣肋炮；乙：掛肘擊襠

甲由右虛步變為右四六步，左拳回拉至腰間，同時右拳擊乙左肋，目視乙；乙左肘下掛甲右拳，目視甲。（圖6-40）

乙上右腳變半馬步，右拳貫擊甲襠部，左掌護於臉右側，目視甲；甲左轉身變為馬步，右拳回抽擰裹以右前臂崩格乙右拳，左掌立於右臂內側，目視乙。（圖6-41）

【要點】：甲右拳擊打快速，乙下掛臂防要及時。

圖6-40

圖6-41

9.乙：貫耳捶；甲：閉肘

乙速起身成四六步，同時右拳回收至腰間，左拳擰旋貫擊甲右耳，目視甲；甲右擰身，右拳變掌上撩掛擋乙左拳，左掌護於右肘下，目視乙。（圖6-42）

【要點】：乙貫拳還擊要快速；甲屈肘架防要及時。

圖 6-42

第二段

10.乙：上步黑虎掏心；甲：撤步刁手

　　乙雙足向前滑進一步，同時收左拳變掌立於胸前，出右拳擊甲胸部，目視甲；甲左腳向左後方斜撤一步，右擰身的同時右手向外勾帶乙右拳，左臂下垂置於體側，目視乙。（圖6-43）

　　【要點】：乙上步與右沖拳要同時，沖拳快速、有力；甲撤步與摟手要一致，摟手防拳要及時。

圖 6-43

圖 6-44

11. 乙：進步頂肘；甲：屈臂截肘

　　乙向前滑進一步，同時右拳回收屈肘頂擊甲胸部，左掌護於右肘下，目視甲；甲撤右腳，同時屈左臂以前臂外側截擊甲右肘，右掌護於左肘內側，頭左轉，目視乙。（圖 6-44）

　　【要點】：乙進步與頂肘要一致，頂肘快速；甲撤步與橫拍肘要一致，拍肘防守要及時，拍肘橫向用力。

12. 乙：埋腿上挎；甲：逃腿搖手

　　乙右足向前跨步置於甲左腿後，同時右臂打開向上翻砸甲臉部，膀根亦發衝力撞擊甲身體，左掌護於右肘下。目視甲。（圖 6-45）

　　甲速抬左腿落於右腿外側，右手同時格擋乙右前臂，

圖 6-45

圖 6-46

上動不停，雙掌下勾拋甩乙右臂。目視乙。（圖 6-46）

【要點】：乙埋腿與翻砸拳要一致；甲格擋要及時。

13. 乙：貫耳捶；甲：旋抱肘

乙後坐胯變右虛步，右拳回收至腰間，左掌變拳外旋貫擊甲右耳，目視甲；甲旋身以左前臂外側抱擊乙左拳，右掌護於左肘內側，目視乙。（圖 6-47）

【要點】：乙貫耳要快速；甲以左前臂橫格防守，格防要橫向用力。

圖 6-47

圖 6-48　　　　　　　　　　　圖 6-49

14.乙：揣肋炮；甲：掛肘擊襠

乙由右虛步變右四六步，同時左拳回收至腰間，出右拳擊甲左肋，目視甲；甲左肘下掛乙右拳，目視乙。（圖6-48）

甲上右腳變半馬步，右拳貫擊甲襠部，左掌護於臉右側，目視乙；乙左擰身變馬步，右拳回抽擰裏以右前臂崩格甲右拳，左拳立於右臂內側，目視甲。（圖6-49）

【要點】：乙右拳擊打快速，甲下掛臂防要及時。

15.甲：貫耳捶；乙：閉肘

甲速起身成四六步，同時右拳回收至腰際，左拳擰旋貫擊乙右耳，目視乙；乙右擰身變四六步，同時右拳變掌上撩掛擋甲左拳，左掌護於右肘下，目視甲。（圖6-50）

【要點】：甲貫拳還擊要

圖 6-50

快速；乙屈肘架防要及時。

【說明】：練至此時可不做收勢，可接做「4. 甲：上步黑虎掏心，乙：撒步刁手」再做第二遍，如此反覆練習。以上對練為甲、乙互相攻防，初練要慢，對練時可按直線往復練習，待熟練之後，亦可走圓圈進行練習，也可以忽左忽右練習，隨心所欲。

16. 甲、乙：收勢

甲右掌封按乙右肘尖，同時右足後撒一大步，右掌隨之回抽至腰際，左拳內旋回收變掌前劈成拉弓式，目視乙；乙撒右足，同時右掌探爪向下回收，左掌亦同時前劈成拉弓式，目視甲。（圖 6-51）

甲、乙分別將左足撒至右足內側成併步，左掌回收，雙掌外畫上旋下按至小腹，垂於體側，成併步直立。目視對方。（圖 6-52）

【要點】：雙方同時撒步前劈成拉弓式；收勢要頭正身直，下頦內收，兩臂自然下垂。

圖 6-51

圖 6-52

第三節　八極單拆拳對接

　　「八極單拆拳對接」也稱「八極拳對練」「八極拳對打」「八極拳對截」，它是按第五章第二節「八極單拆拳」單練套路的動作順序，其一段中的動作與另一段中相應的動作進行攻防交手的對練套路。

　　經常練習此拳，可熟悉攻防技法，培養距離感，提高技擊意識，提高實戰能力。

一、八極單拆拳對接動作順序（拳譜）

1. 甲、乙：預備勢
2. 甲、乙：猛虎問路頭一請
3. 甲、乙：豁打頂肘奔胸膛

第一段

4. 甲：轉風拐於朝太陽；乙：左上封架用雙掌
5. 甲：臥牛橫炮打撞牆；乙：裏面捧架用雙掌
6. 甲：調步攦手猛踢襠；乙：調步下封巧格擋
7. 甲：翻臂砸拳迎面放；乙：轉身捧架用雙掌
8. 甲：猛虎探掌搓鼻梁；乙：裏面捧架用雙掌
9. 甲、乙：轉身馬步兩分掌

第二段

10. 甲：震腳掐肚用雙掌；乙：退步下分扒摟忙
11. 甲、乙：轉身移位馬步掌
12. 甲：刁攦手接大纏上；乙：退步搓掌解脫忙

13. 甲：刁攦手接大纏上；乙：退步搓掌解脫忙

14. 甲：捧腕小纏搶搜肚；乙：掛踏反擊搜肚腸

15. 乙：邁步走前用肩撞；甲：上步使掌奔胸膛

16. 乙：捧腕小纏搶搜肚；甲：掛踏反擊搜肚腸

17. 甲：挑打跪膝把拳藏；乙：倒步提膝搶砸忙

18. 乙：羣起身體左彈踢；甲：撤步下封疊雙掌

19. 乙：落步拐子朝太陽；甲：左上封架用雙掌

20. 乙：攦手轉身拳擊襠；甲：轉身格攔迎面掌

21. 乙：調步攦手猛踢襠；甲：調步下封巧格擋

22. 乙：翻臂砸拳迎面放；甲：轉身上捧用雙掌

23. 乙：猛虎探掌搓鼻梁；甲：裏面捧架用雙掌

24. 甲、乙：轉身馬步兩分掌

第三段

25. 乙：震腳掐肚用雙掌；甲：退步下分扒打忙

26. 甲、乙：轉身移位馬步掌

27. 乙：刁攦手接大纏上；甲：退步搓掌解脫忙

28. 乙：刁攦手接大纏上；甲：退步搓掌解脫忙

29. 乙：掉腕小纏搶搜肚；甲：掛踏反擊搜肚腸

30. 甲：邁步走前用肩撞；乙：上步使掌奔胸膛

31. 甲：捧腕小纏搶搜肚；乙：掛踏反擊搜肚腸

32. 乙：挑打跪膝把拳藏；甲：倒步提膝掄砸忙

33. 甲：羣起身體左彈踢；乙：撤步下封疊雙掌

34. 甲：落步拐子朝太陽；乙：左上封架用雙掌

35. 甲：攦手轉身拳擊襠；乙：轉身格攔迎面掌

36. 甲：調步攦手猛踢襠；乙：調步下封巧格擋

37. 甲：翻臂砸拳迎面放；乙：轉身上捧用雙掌

38. 甲：猛虎探掌搓鼻梁；乙：裏面捧架用雙掌

39. 甲、乙：轉身馬步兩分掌

第四段

40. 甲、乙：踩打擄捶連擊忙

41. 甲、乙：踩打擄捶連擊忙

42. 甲、乙：斜插拗步逞剛強

43. 甲、乙：轉身上步反背掌

44. 甲、乙：猛虎出洞掏心上

45. 甲、乙：退步封架手牽羊

46. 甲、乙：彈手併步歸中堂

47. 甲、乙：收勢

二、八極單拆拳對接套路圖解

1. 甲、乙：預備勢

甲、乙併步站立側面相對，間隔六步左右（穿黑鞋者為甲）。（圖6-53）

【要點】：頭要端正，下頦內收，兩臂自然下垂，精神飽滿。

圖6-53

2. 甲、乙：猛虎問路頭一請

甲、乙同時左轉身，左腿前提膝，同時，右掌直臂經體前向左平擺，掌心朝左；左手握拳抱腰，拳心朝上。目視右掌。（圖6-54）

甲、乙左腳沿右腿內側向下震腳併步，兩膝略屈，同時右掌變拳回收抱腰，拳心朝上，左拳前沖，拳眼朝上。目視左拳。（圖6-55）

圖 6-54

圖 6-55

甲、乙身體左轉 90°，同時，左腳向前一步成半馬步，左拳微下沉，右拳隨體轉後擺，拳眼朝前下方。（圖6-56）

　　甲、乙同時左腳尖外撇，左腿屈膝支撐，右腳向前上步，腳尖點地成右虛步，同時，右拳由後向前上微屈臂內旋鑽拳與顎平，拳心向左，左拳下落於右肘尖下。目視右拳。（圖6-57）

　　【要點】：支撐腿要穩，運動要輕靈、快速、協調，甲、乙同時動作。

圖 6-56

圖 6-57

3.甲、乙：豁打頂肘奔胸膛

甲、乙右腿屈膝收至左膝前，右拳屈肘於右肩上，左拳不動。目視前方。（圖 6-58）

右腳下震，屈膝半蹲，左腳提於右腿側，同時右拳由肩上向右下後擺與腰平，拳眼向下，左臂不動。（圖 6-59）

圖 6-58

圖 6-59

圖 6-60

　　左腳向左前上步成馬步，同時左臂屈肘猛力前頂肘，拳成開口拳（不握實），小指第二關節對準鼻尖，拳眼向下。目視對方（圖 6-60）

　　【要點】：左腳上步與頂肘要同時進行。甲、乙同時動作，要協調一致。

第一段

4.甲：轉風拐於朝太陽；乙：左上封架用雙掌

　　甲向左轉體 180°，上右步，左拳收抱腰間，拳心向上，同時，右拳向乙左耳部貫擊；乙右腳前上一步，向左轉體 180°。同時，左拳變掌捧架甲右前臂，右掌捧架甲右上臂。目視對方。（圖 6-61）

　　【要點】：甲貫擊時要用

圖 6-61

力，剛猛清脆，力貫前臂，甲上步轉身與乙上步轉身要協調一致，距離相宜。乙捧架時，兩手要同時上捧。

5.甲：臥牛橫炮打撞牆；乙：裏面捧架用雙掌

甲上體右轉，左腿蹬直成右弓步，同時右拳屈肘抱腰，拳心向上，左拳變掌向乙臉部推擊。

乙上體右轉，左腿蹬直成右弓步，同時右掌捧架甲左前臂，左掌捧架乙左上臂。目視對方。（圖 6-62）

【要點】：甲左推掌要利用右轉體。動作幅度不宜過大，動作要快速有力；乙捧架要準確、有力、及時，兩臂彎曲同時。

6.甲：調步擄手猛踢襠；乙：調步下封巧格擋

乙左掌向下用小指側擊甲左肋，同時，左腳向前上步，右腳繼續上一步，左腿屈膝提起，身體左後轉。目視甲左肋。

甲左腳尖外撇，左腿屈膝半蹲，右腿挺膝蹬直成左弓

圖 6-62

圖 6-63 圖 6-64

八極拳運動全書

步,甲、乙換位。(圖 6-63)

甲左掌成拳屈肘收抱於左腰側,拳心向上,同時,右腳向乙襠部彈踢,左腿站穩;乙上動不停,左腳後落成右弓步,同時,左掌成拳,屈肘收於左腰側,拳心向上,右臂向下格擋甲踢腿。目視對方。(圖 6-64)

【要點】:甲彈踢與乙格擋要協調一致。步法和距離要注意,不要有先後和過近過遠。

7.甲:翻臂砸拳迎面放;乙:轉身捧架用雙掌

甲右腳下落,成右弓步,同時,右拳經胸前向上、向前、向下翻臂砸擊乙臉。目視右拳。

乙上體右轉,同時,左拳變掌與右掌一起向上分別屈肘捧架甲前臂與上臂。目視甲右臂。(圖 6-65)

圖 6-65

【要點】：翻砸拳幅度不可太大，要迅猛；乙的捧架要準確，兩掌同時。

8.甲：猛虎探掌搓鼻梁；乙：裏面捧架用雙掌

甲上體右轉，同時，右拳屈肘抱腰，拳心向上，左拳變掌推擊乙臉；乙上體右轉，左、右掌向右上方分別屈肘捧架甲左前臂與上臂。目視對方。（圖6-66）

【要點】：甲、乙左推掌要利用右轉體。動作幅度不宜過大，動作要快速有力；乙捧架要準確、有力、及時，兩臂要同時。

9.甲、乙：轉身馬步兩分掌

甲、乙速向左轉，成為馬步，同時，左掌直臂向左平擺，掌心朝左，掌指朝上；右拳變掌直臂互擊其胸部，兩臂水平。目視對方。（圖6-67）

【要點】：雙方左右兩掌同時撐開擊其胸部。要協調一致。距離相宜。

圖6-66　　　　　　　圖6-67

第二段

10. 甲：震腳掐肚用雙掌；乙：退步下分扒摟忙

甲體右轉 90°，左腿支撐，右腳回收，腳尖點地成右虛步，同時，左掌變拳，屈肘抱腰，拳心向上，右掌向左扣拍乙左前臂。目視對方。（圖 6-68）

甲右腳上提再下震，左腳向左前方一步成左弓步，同時，左拳變掌後攔乙後腰，右掌推其胸部，兩掌相對用力，做掐腰動作。（圖 6-69）

乙右腳後退成左弓步，同時，兩掌變勾向上、向裏、向下、向外分扒甲兩臂。目視對方。（圖 6-70）

【要點】：甲虛步橫拍與上步掐掌要連貫。掐掌時兩掌同時相對用力。乙退步，下分要及時，要快。

圖 6-68

圖 6-69

圖 6-70

11.甲、乙：轉身移位馬步掌

乙左掌猛擊甲左肋。

甲左腳裏挪半步腳尖點地，右腿支撐成左虛步，同時，左臂向上、向裏、向下、向外畫一小圈摟扒乙左掌。目視對方。（圖6-71）

甲、乙同時前上一步，雙方左手貼在一起，互成左腳在前交叉步。目視對方。（圖6-72）

甲、乙右腳同時再上一步，左右（移位）轉體，腳尖內扣，甲成右虛步，乙成右虛步，同時，甲右掌向乙左臉部直臂砍掌，乙用左臂外旋格架甲右掌。目視對方。（圖6-73）

繼而，乙左轉身，左腳向左後微退成馬步，同時，雙方右掌擊打對方右胸，雙方左掌架在頭

圖 6-71

圖 6-72

圖 6-73

的左上方。目視對方。（圖6-74）

【要點】：身體轉動360°，轉動時步法要協調，互相換位置。手法要密切配合，不要脫節。距離相宜。

12. 甲：刁擄手接大纏上；乙：退步搓掌解脫忙

甲右手以腕為軸由下向外、向上、向下纏卷，刁抓乙的右腕（纏卷要小巧、緊湊），同時身體右轉90°，身體重心略後移成右虛步，左臂由上向下後落。（圖6-75）

圖6-74

圖6-75

圖 6-76

圖 6-77

甲抬起右腿在左
腿前猛烈震腳，左腳
提起上步插在乙右腿
後，左臂由後經上向
前以肘壓乙右臂，並
下插抱住乙腰部。
（圖 6-76）

乙被擒，急速右
後轉，同時，提右

圖 6-78

腿，右臂伸直掙脫甲的摟抱。（圖 6-77）

接上勢，乙向右轉體 180°，右腿抽出向右後落成馬
步，同時左掌向甲左胸推擊，右掌變拳抱腰。目視對方。
（圖 6-78）

【要點】：甲刁腕要輕快，圓活，幅度不可太大，進
步壓肘，抱腰要連貫，短促有力；乙伸臂退步。擊掌連貫
快速。

13. 甲：刁攦手接大纏上；乙：退步搓掌解脫忙

甲左手以肘為軸，由下向外、向上、向下纏卷抓乙左腕（纏卷要小巧、緊湊），同時身體左轉 90°，身體重心略後移，成左虛步，右臂由上向下落。（圖 6-79）

甲抬起左腿在右腳前猛烈震腳，右腳提起上步插在乙左腿後，右臂由後經上向前以肘壓乙左臂後，下插抱住乙腰部。（圖 6-80）

乙被擒，急速左後轉，同時提左腿，左臂伸直，掙脫甲的摟抱。（圖 6-81）

圖 6-79

圖 6-80   圖 6-81

接上勢，乙向左
轉體 180°，左腿抽
出向左後落成馬步，
同時，右掌向甲右胸
推擊，右掌變拳抱
腰。目視對方。（圖
6-82）

圖 6-82

【要點】：甲刁
腕要輕快，圓活，幅
度不可太大，進步壓肘，抱腰要連貫，短促有力；乙伸臂
退步。擊掌連貫快速。

14.甲：捧腕小纏搶搜肚；乙：掛踏反擊搜肚腸

甲右臂回收，以右腕上挑乙右掌，同時，左手在乙右
手臂上蓋壓，乙右手在甲兩手之間，上體右轉 90°，身體
稍後坐成右虛步。（圖 6-83）

圖 6-83

甲右手腕纏卷扣緊乙手腕並外撐，置於腹前，同時向右轉體 90°，右腳震地，左腳上步於乙右腿後成馬步。（圖 6-84）

乙右手被纏，速向右轉成右虛步，右臂迅速屈肘前頂解脫後右拳回收抱腰，同時，左手抓住甲左腕前推。（圖 6-85）

乙左手將甲左手拉回於腰間，右手向前下猛推甲左肩胛骨，同時上體左轉 90°，右腳後掛甲左腳（上、下肢配合一致），使甲前倒用右手扶地。目視對方。（圖 6-86）

【要點】：甲做小纏要緊扣乙右手掌，同時做「提點卷壓」的動作。乙掛踏須手腳協調，動作乾脆，發力短促。

圖 6-84

圖 6-85

圖 6-86

15.乙：邁步走前用肩撞；甲：上步使掌奔胸膛

甲速滑轉左肩解脫乙的右掌，同時起身，乙左手不放，右腿前弓，抵在甲左腿前並速進右肩短促有力地撞擊甲左肋。（圖6-87）

乙向左轉體，右腿抽出並向左提膝，左拳抱腰，右臂微向後上擺動，斜置。（圖6-88）

圖6-87　　　　　　　　圖6-88

乙右腳下落震地後左腳上一步成馬步，同時，甲速上右腳成右弓步，左拳抱腰，拳心向上，右掌向前直臂推擊甲右胸。目視對方。（圖6-89）

【要點】：乙撞肩要短促有力，快速，為邁步走開打下基礎，邁步走要快速不可停頓。甲上步推掌要與邁步走協調一致。不可有先後，距離要適宜。

圖6-89

16.乙：捧腕小纏搶搜肚；甲：掛踏反擊搜肚腸

乙見甲來掌，速將右腕頂於甲右掌下，同時左手在甲手背上蓋扣壓緊，成甲手被乙擒在兩手間，上體右轉90°，身體稍後坐成右虛步。（圖6-90）

乙以右手腕纏卷扣緊甲手腕並外擰置於腹前，同時向右轉體90°，右腳震地，左腳上步，插進甲身後成馬步，左臂則向前屈肘，以上臂壓甲右肘。（圖6-91）

甲手被纏，速向右轉，右臂迅速屈肘前頂，以解脫對方擒拿，左手抓住乙左腕將其臂前推，同時速抽右手於腰間，成為右虛步。（圖6-92）

圖 6-90

圖 6-91

圖 6-92

甲左手將乙左手拉回於
腰間，右手向前下猛推乙左
肩胛骨，同時上體左轉
90°，右腳後掛乙左腳，使
乙前倒，用右手扶地。目視
對方。（圖6-93）

【要點】：乙做小纏要
緊扣甲右手掌，同時做「提
點卷壓」的動作。甲掛踏須
手腳協調，動作乾脆，發力短促。

圖6-93

17.甲：挑打跪膝把拳藏；乙：倒步提膝搶砸忙

乙突然起身，用左肩靠撞甲身，甲右臂趁勢插入乙左
臂下上挑其臂，上體右轉90°。（圖6-94、圖6-95）

乙身速向左轉，撤左步成右弓步，同時左臂向左、向
上、向後掄臂抱於腰間，拳心朝上，右臂順勢向上、向
前、向下掄砸甲頭；同時甲速出左臂向上架乙右臂，並上

圖6-94

圖6-95

圖 6-96

圖 6-97

左步成左弓步，上體右轉 90°，右拳抱腰，拳心向上。
（圖 6-96）

　　甲右腿跪步。同時右拳直臂擊打乙襠；乙則提右膝，
護襠。（圖 6-97）

　　【要點】：甲挑臂跪步，沖拳要協調連貫，一氣呵
成。乙退步掄砸提膝要協調一致，快速與甲上步成為一
體，距離相宜。

18.乙：犟起身體左彈踢；甲：撤步下封疊雙掌

　　乙右腳不落，速起左
腳，向甲襠踢去，同時右
拳抱腰，拳心向上。

　　甲則速起身，兩掌疊
起（左掌在上）拍擊乙左
腳面。（圖 6-98）

　　【要點】：跳踢要與
上勢掄臂拳連貫一起，一

圖 6-98

氣呵成。拍擊要準，雙方密切配合，距離相宜。

19. 乙：落步拐子朝太陽；甲：左上封架用雙掌

乙兩腳下落，屈膝半蹲成馬步，身體右轉90°，隨轉體，左拳向甲右耳貫擊；甲則身體速右轉，兩臂微屈以掌封架。目視對方。（圖6-99）

【要點】：乙貫擊時要用力，剛猛清脆，力貫前臂，甲轉身與乙轉身要協調一致，距離相宜。甲捧架時，兩手要同時上捧。

20. 乙：擄手轉身拳擊襠；甲：轉身格攔迎面掌

甲左掌擊乙左肋部；乙右臂速向前、向下格攔甲左臂，雙方同時提左腳向對方左腳外移步，並向左後轉體，乙右臂繼續外攔甲左臂，雙方成左腳在前交叉步。目視對方。（圖6-100）

雙方再向左轉體（互相移位）右腳隨轉體向左腳併攏，屈膝半蹲，乙右臂仍外攔甲左臂，乙左掌直臂向甲臉

圖6-99　　　　　　　圖6-100

部推擊，甲則速用右臂向上挑架。（圖6-101）

【要點】：雙方移位步法要協調一致，保持距離。擊肋推掌發勁剛猛。轉身步法、手法要連貫協調。

圖6-101

21.乙：調步擄手猛踢襠；甲：調步下封巧格擋

乙兩掌變拳抱腰，起右腳向甲襠部彈踢；同時甲左腳向左後退步成馬步，右掌握拳向下、向左格擋乙右腿，左掌貼在右上臂外，立掌。目視對方。（圖6-102）

【要點】：甲彈踢與乙格擋要協調一致。步法和距離要注意，不要有先後和過近過遠。

圖6-102

22.乙：翻臂砸拳迎面放；甲：轉身上捧用雙掌

乙右腳下落成馬步，
同時，右掌向上、向前、
向下翻臂砸擊甲臉。目視
右拳。

甲上體左轉，同時，
左臂向上捧架乙右前臂，
右臂向上捧架乙右上臂，
兩臂微屈。目視乙的右
臂。（圖6-103）

圖6-103

【要點】：翻砸拳幅度不可太大，要迅猛；乙的捧架
要準確，兩掌同時。

23.乙：猛虎探掌搓鼻梁；甲：裏面捧架用雙掌

乙上體右轉，左腿前弓，同時，右拳屈肘抱腰，拳心
向上，左拳變掌立掌推擊甲臉。

甲則上體右轉，右臂向右上方捧架乙左前臂，左掌推
住乙左上臂，兩臂微屈。
目視對方。（圖6-104）

【要點】：乙左推掌
要利用右轉體，動作幅度
不宜過大，動作要快速有
力；甲捧架要準確、有
力、及時，兩臂要同時。

圖6-104

圖 6-105

24.甲、乙：轉身馬步兩分掌

甲、乙速向左轉成為馬步，同時，左掌直臂向左後平擺，掌心朝外，掌指朝上，右拳變掌直臂互擊其胸部。目視對方。（圖 6-105）

【要點】：雙方左右兩掌同時撐開擊其胸部，要協調一致，距離相宜。

第三段

25.乙：震腳掐肚用雙掌；甲：退步下分扒打忙

乙右腳裏收半步，身體重心坐於左腿成右虛步，同時，左掌變拳屈肘抱腰，拳心向上，右掌向左橫拍甲左臂。目視對方。（圖 6-106）

乙震右腳，左腳上步成左弓步，同時，左拳變掌摟攔甲後腰，右掌推其胸部，兩掌相對用力。（圖 6-107）

甲右腳繞落至乙左腿外側成右弓步，同時兩掌成勾向

圖 6-106

圖 6-107

圖 6-108

上、向裏、向下、向外分乙兩臂。目視對方。（圖 6-
108）

【要點】：乙虛步橫拍與上步掐掌要連貫。掐掌時兩
掌同時相對用力。甲退步，下分要及時，要快。

26.甲、乙：轉身移位馬步掌

甲左掌猛擊乙左肋，右手抱拳於腰部，乙左腳裏抽半

步，腳尖點地成左虛步，同時，左臂向上、向下、向外格擋甲左掌。目視對方。（圖6-109）

甲、乙雙方左腳上一步，雙方左手貼在一起，互成左腳在前交叉步。（圖6-110）

甲、乙雙方右腳再上一步，左右（移位）轉體，腳尖內扣，乙成左虛步，甲成右虛步，同時甲向乙左側臉部砍掌，乙用左臂外旋格架甲右掌。目視對方。（圖6-111）

甲向左轉體成馬步，乙左腳向後撤步，體左轉成馬步，同時甲、乙右掌互擊對方右胸，雙方左掌架在左側上

圖6-109

圖6-110

圖6-111

圖 6-112

方。目視對方。（圖 6-112）

【要點】：身體轉動 360°；轉動時步法要協調，互相換位置。手法要密切配合。不要脫節。距離相宜。

27.乙：刁攎手接大纏上；甲：退步搓掌解脫忙

乙右手以肘為軸，由下向外小繞環，在甲腕外側以右手指刁攎甲右腕部，同時身體右轉 90°，身體重心略後移成右虛步，左臂由上下落。（圖 6-113）

圖 6-113

乙右腳在左腳前猛烈震腳，左腳上步插在甲右腿後，左臂由後經上向前以肘壓甲右臂後下插抱住甲腰部。（圖6-114）

甲被擒急速右後轉，同時右臂伸直，掙脫乙的摟抱。（圖6-115）

甲接上勢，向右轉體180°，右腳後撤成馬步，同時左掌向乙左胸推擊，右掌變拳抱腰。目視對方。（圖6-116）

【要點】：乙刁腕要輕快，圓活，幅度不可太大，進步壓肘，抱腰要連貫，短促有力；甲伸臂退步。擊掌連貫快速。

圖 6-114

圖 6-115 　　　　　圖 6-116

28.乙：刁攦手接大纏上；甲：退步搓掌解脫忙

乙左手以肘為軸由下向外小繞環，在甲腕外側以右手刁攦甲左腕部，同時身體左轉 90°，身體重心略後移成左虛步，右臂由上下落。（圖 6-117）

乙左腳在右腳前猛烈震腳，右腳上步插在甲左腿後，右臂由後經上向前以肘壓甲左臂後，下插抱住乙腰部。（圖 6-118）

甲被擒，急速左後轉，同時，左臂伸直，掙脫甲的摟抱。（圖 6-119）

圖 6-117

圖 6-118

圖 6-119

甲向左轉體 180°，左腿後撤，成馬步，同時，左掌向甲左胸推擊，右掌變拳抱腰。目視對方。（圖 6-120）

【要點】：乙刁腕要輕快，圓活，幅度不可太大，進步壓肘，抱腰要連貫，短促有力；甲伸臂退步。擊掌連貫快速。

29.乙：捧腕小纏搶搜肚；甲：掛踏反擊搜肚腸

乙右臂屈於胸前，以右腕上墊於甲右掌下，同時，左手在手臂上蓋壓扣緊，在甲兩手之間上體右轉 90°，身體稍後坐成右虛步。（圖 6-121）

圖 6-120

圖 6-121

乙右手腕繞環至指扣緊甲手腕內側，將甲手腕外撐，置於腹前。同時向右轉體 90°，右腳震地，左臂壓甲右臂，左腳上步插進甲身後。（圖 6-122）

甲手被纏，速向右轉，右臂迅速屈肘前頂，解脫對方擒拿，左手抓住乙左腕將其臂向前推，同時速抽右手變拳抱腰，成右虛步。（圖 6-123）

甲左手將乙左手拉於腰間，右手向前下猛推乙左肩，同時上體左轉 90°，右腳後掛乙左小腿使乙前倒用右手扶地。目視乙。（圖 6-124）

【要點】：乙做小纏要緊扣甲右手掌，同時做「提點卷壓」的動作。甲掛踏須手腳協調，動作乾脆，發力短促。

圖 6-122

圖 6-123

圖 6-124

30.甲：邁步走前用肩撞；乙：上步使掌奔胸膛

乙速滑轉左肩，解脫甲的右掌，同時起身，甲左領手沒放，速進右肩撞擊乙左肋。（圖6-125）

甲右腳尖外撇，經左腿前左邁。（圖6-126）

甲右腳下落震地，左腳上一步成馬步。

乙速上右腳成右弓步，左拳抱腰，拳心向上，右掌向前直臂推擊甲右胸部。目視對方。（圖6-127）

圖6-125　　　　　　　　圖6-126

【要點】：甲撞肩要短促有力，快速，為邁步走開打下基礎，邁步走要快速不可停頓。乙上步推掌要與邁步走協調一致。不可有先後，距離要適宜。

圖6-127

31.甲：捧腕小纏搶搜肚；乙：掛踏反擊搜肚腸

甲見乙來掌速將右腕墊乙右掌下，同時右手在乙手背上蓋壓扣緊，成乙手背被甲擒在兩手間，上體右轉 90°，身體稍後坐成右虛步。（圖 6-128）

甲右手腕繞環指扣緊乙手腕內側，將乙手腕外擰置於腹前，同時向右轉體 90°，右腳震地，左臂壓乙右臂，左腳上步插進乙身後成馬步。（圖 6-129）

乙手被纏速向右轉，右臂迅速屈肘前頂，解脫對方擒拿，左手抓住甲左腕將其臂前推，同時，速抽右手變拳抱腰，成右虛步。（圖 6-130）

圖 6-128

圖 6-129

圖 6-130

乙左手將甲左手拉回於腰間，右手向前下猛推甲左肩，同時上體左轉90°，右腳後掛甲左小腿，使甲前倒，用右手扶地。目視前方。（圖6-131）

【要點】：甲做小纏要緊扣乙右手掌，同時做「提點卷壓」的動作。乙掛踏須手腳協調，動作乾脆，發力短促。

32.乙：挑打跪膝把拳藏；甲：倒步提膝掄砸忙

甲突然起身，用左肩靠乙身，乙右臂趁勢插入甲左臂下將其臂上挑，上體右轉90°。（圖6-132、圖6-133）

甲身速向左轉，撤步成右馬步，同時，左拳向左、向上、向後掄臂，抱腰，拳心向上，右臂順勢向上、向前、向下抱砸乙頭部，乙速出左臂上架，同時，乙上左步成左弓

圖 6-131

八極拳運動全書

圖 6-132

圖 6-133

圖 6-134

圖 6-135

步，體右轉 90°，右臂屈肘抱腰。（圖 6-134）

乙右腳跟步成跪步，同時右拳直臂擊甲襠部。

甲速提右膝護襠。（圖 6-135）

【要點】：乙挑臂跪步，沖拳要協調連貫，一氣呵成。甲退步掄砸提膝要協調一致，快速與甲上步成為一體，距離相宜。

33. 甲：聳起身體左彈踢；乙：撤步下封疊雙掌

甲左腳蹬起，先屈後伸，向乙襠彈踢，同時，右拳回收抱腰，拳心向上；乙起身兩掌重疊（左掌在上）拍擊甲左腳面。（圖 6-136）

【要點】：跳踢要與上勢掄臂拳連貫一起，一氣呵成。拍擊要準，雙方

圖 6-136

密切配合，距離相宜。

34.甲：落步拐子朝太陽；乙：左上封架用雙掌

甲兩腳落地，屈膝半蹲成馬步，身體右轉 90°，隨轉體，左拳向乙右耳旁貫擊。乙身體速右轉，兩臂微屈兩掌封接甲左臂。目視對方。（圖 6-137）

【要點】：甲貫擊時要用力，剛猛清脆，力貫前臂，甲上步轉身與乙上步轉身要協調一致，距離相宜。乙捧架時，兩手要同時上捧。

35.甲：攄手轉身拳擊襠；乙：轉身格攔迎面掌

乙左掌擊甲左肋，甲左臂速向前、向下、向外格攔乙左臂，雙方同時左轉體提左腳向對方左腳外移步外撇成交叉步，甲左臂繼續外攔乙左臂。目視對方。（圖 6-138）

圖 6-137

圖 6-138

繼而，雙方再向左轉體（互相移位），右腳向左腳併攏，屈膝半蹲，甲左臂仍外攔乙左臂，甲右掌直臂向乙臉部推擊，乙速用右掌向上外挑架。（圖6-139）

【要點】：雙方移位步法要協調一致，保持距離。擊肋推掌發勁剛猛。轉身步法、手法要連貫協調。

36.甲：調步擄手猛踢襠；乙：調步下封巧格擋

甲兩掌變拳抱腰，同時，右腳向乙襠部彈踢。

乙左腳向左後退一步成馬步，同時右掌變拳向下、向前格擋甲右腿，左掌立掌護腋。目視對方。（圖6-140）

【要點】：甲彈踢與乙格擋要協調一致。步法和距離要注意，不要有先後和過近過遠。

圖6-139

圖6-140

37.甲：翻臂砸拳迎面放；乙：轉身上捧用雙掌

甲右腳下落成右弓步，同時右拳向上、向前、向下翻臂砸擊乙臉部。目視右拳。

乙上體左轉，兩臂屈肘以兩掌向上托架甲右臂。（圖6-141）

【要點】：翻砸拳幅度不可太大，要迅猛；乙的捧架要及時準確，兩掌同時。

38.甲：猛虎探掌搓鼻梁；乙：裏面捧架用雙掌

甲上體右轉，同時右拳屈肘抱腰，拳心向上，左拳變掌推擊乙臉。

乙上體右轉，兩臂屈肘兩掌向右上方托架甲左臂。目視對方。（圖6-142）

圖 6-141

圖 6-142

圖 6-143

【要點】：甲、乙左推掌要利用右轉體。動作幅度不宜過大，動作要快速有力；乙捧架要準確、有力、及時，兩臂要同時。

39.甲、乙：轉身馬步兩分掌

甲、乙速向左轉成為馬步，同時左掌直臂平擺，掌心朝外，掌尖朝上，右拳變掌直臂互擊其胸部。目視對方。（圖 6-143）

【要點】：雙方左右兩掌同時撐開擊其胸部。要協調一致。距離相宜。

【說明】：如果覺得運動量不夠，則可以練至第三段動作 39.「甲、乙：轉身馬步兩分掌」時，立即接做第二段動作 10.「甲：震腳掐肚用雙掌　乙：退步下分扒摟忙」連續再做第二遍練習。

第四段

40. 甲、乙：踩打擴捶連擊忙

甲、乙同時身右轉，左腿蹬直成右弓步，同時左掌由後向前抓握右腕。目視對方。（圖6-144）

甲、乙同時左後轉體，右腳上提經左腿前向左邁，兩臂（左掌仍握右腕）向下、向左。目視前方。（圖6-145）

甲、乙右腳下震，左腳上提於右小腿內側，同時兩臂（左掌仍握右腕）繼續向上、向後、向下、向前立圓掄臂於腰側。目視左前方。（圖6-146）

圖 6-144

圖 6-145　　　　　　圖 6-146

甲、乙左腳向前一步成左弓步，同時左掌變拳抱腰，拳心朝上，右拳直臂向前沖出，拳心向下。（圖6-147）

甲、乙都右轉上體成馬步，同時，右拳屈肘抱腰，拳心向上，左拳直臂向右側平沖，拳心向下。（圖6-148）

【要點】：邁步、震腳上步，兩臂環繞，要協調一致，環繞臂要在身體前畫立圓。用腰勁帶動雙臂。弓步側沖拳要擰成一勁，出拳要快脆。

圖 6-147

圖 6-148

41.甲、乙：踩打擄捶連擊忙

甲、乙身體都左轉成左弓步，同時右拳變掌向後、向上、向前抓握左腕。（圖6-149）

甲、乙都以左腳為軸，左後轉體，同時，左腳上提經右腿向前邁，兩臂（右掌仍握左腕）向下、向後。目視右前方。（圖6-150）

甲、乙都左腳下震，右腳上提於左小腿內側，同時兩手（右掌仍握左腕）繼續向上、向後、向下、向前繞於腰側。目視右前方。（圖6-151）

圖6-149

圖6-150

圖6-151

甲、乙右腳向前一步成右弓步（甲、乙換位），同時右掌鬆開變拳回收抱腰，拳心向上，左拳直臂向前平沖，拳心朝下。（圖6-152）

　　甲、乙身體左轉成馬步，同時左拳屈肘抱腰，拳心向上，右拳直臂向左平沖，拳心向下。（圖6-153）

　　【要點】：邁步、震腳上步，兩臂環繞，要協調一致，環繞臂要在身體前畫立圓。用腰勁帶動雙臂。弓步側沖拳要撐成一勁，出拳要快脆。

圖 6-152

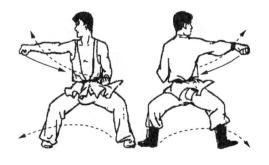

圖 6-153

42.甲、乙：斜插拗步逞剛強

甲、乙左腳向前一步，身體右轉90°，同時右拳屈肘抱腰側，拳心向上，左拳向前屈臂於面前，拳心向上。目視左拳。（圖6-154）

甲、乙下肢不變，左右拳變掌，掌心向上，右掌經左掌心向前穿掌，身體左轉90°。同時左掌成勾向下、向後平擺於體後，勾尖向下。目視勾手。（圖6-155）

【要點】：擰腰穿掌後勾手要協調一致。

圖6-154

圖6-155

43. 甲、乙：轉身上步反背掌

甲、乙左腳尖都內扣，同時身體右轉180°，右腳回收半步，腳尖點地成虛步，同時右掌後擺於腹前變勾，左勾手變掌，左臂上架於頭左上方，繼而，右腿向前微移成半馬步，同

圖 6-156

時右勾手向前直臂崩出，勾尖朝下，左掌按於襠前。目視右勾手。（圖 6-156）

【要點】：沉腰坐胯，氣貫丹田，力點在勾頂。

44. 甲、乙：猛虎出洞掏心上

甲、乙重心後坐於左腿，身體右轉 90°，右腳回收，腳尖點地成左虛步，同時左勾手變拳回收抱腰，右掌立掌直臂前推。目視左掌。（圖 6-157）

【要點】：虛步的形成與推掌要協調，推掌順肩。

圖 6-157

圖 6-158

45.甲、乙：退步封架手牽羊

甲、乙重心移至右腿上，右腳後撤成左虛步，同時右拳向下、直臂向體後擺，左掌向體右前上方穿出。目視左手。（圖 6-158）

【要點】：退步後擺掌要協調一致。

46.甲、乙：彈手併步歸中堂

甲、乙右轉體 90°，左腳收回與右腳併攏，左掌變拳屈肘回收，拳心朝後，前臂垂直，右掌變拳先置於左肘下，而後右拳向右拉開後擺，左拳屈肘向左側平頂出。目視左肘。（圖 6-159）

【要點】：要拔腰頂頭，臀部內收。

圖 6–159

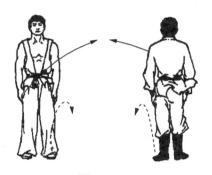

圖 6–160

47.甲、乙：收勢

甲、乙兩臂自然下垂，立正還原。目視前方。（圖6–160）

【要點】：體態要自然，精神飽滿。

八極拳運動全書

第**7**章

八極拳實戰用法

第一節　六大開各招實戰用法

　　八極拳頗講究「崩撼突出」和「以短制長」。技法上以「六大開」為核心，所謂「六大開」也稱「六打開」，是指：頂、抱、擔、提、挎、纏六字訣，即打開對方門戶之意。其各招用法如下：

一、頂的開法

　　乙半馬步用右拳向甲臉部擊出，左拳抱於腰間，拳心向上；甲左拳前臂外旋，格架乙右臂。目視乙右臂。（圖7-1）

　　甲左拳前臂外旋格架的同時，右拳由腹前向乙下頦勾擊，身體隨之左轉

甲　　　　　乙

圖 7-1

圖 7-2　　　　　　　　　　　圖 7-3

90°，右腳則立即向乙右腿脛骨踹出。（圖7-2）

接上式，甲右腳回收落地，腳掌橫平，向右轉體90°，右足在左足前猛烈踏地震腳，這時左腳快速向乙襠部插進，立成馬步，同時左臂彎曲，以肘尖猛頂乙心窩，右拳則由前向上，經肩部向後下伸臂，拳與胯平，拳心向後。（圖7-3）

【要點】：格架，踹腿動作必須同時發力，要自然協調，上下配合也得拳腳到位。震腳上步，頂肘必須快速狠準。頂肘要注意身體重心降低，動作猛烈正確。尤其上步頂肘時，步幅要大，但最好要左腳掛住乙左腳，使其難以施展。頂肘要全力向前，力達肘尖，這些動作都要絲絲入扣。

二、抱的開法

乙半馬步，用右拳向甲臉部擊出，左拳則抱於腰間，拳心向上；甲右虛步，二掌合攏，手心向上托起乙右臂，身體重心後移，目視乙臂部。（圖7-4）

圖 7-4

圖 7-5

甲上動不停，右腳提
起在左腳前猛烈踏地震
腳，這時左腳也即提起，
迅速上前一步，成左弓
步，左掌順勢外撐，左臂
彎曲速橫掌攔於乙的後腰
部，右掌則向乙前胸推
出。目視乙。（圖 7-5）

圖 7-6

上勢不變，二掌用力
合抱，做掐掌折腰動作。（圖 7-6）

【要點】：托掌、掐掌要協調有力，震腳助力。左攔
和右推（即掐掌），這兩掌之力要同時向裏合抱，必須屈
臂。弓步步幅亦要大，左腳必須扣住乙右腳，身體重心下
降可前傾。

三、擔的開法

乙半馬步，用左拳向甲胸部擊出，右拳抱於腰間，拳

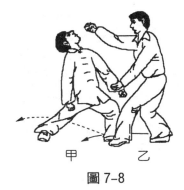

乙　　　甲　　　　　　　　甲　　　乙

圖 7-7　　　　　　　　圖 7-8

心向上；甲左弓步，用左拳下按
外摟乙的左拳。目視乙左拳。
（圖 7-7）

上動不停，右拳向上、向
前、向下翻臂蓋砸乙頭部，拳心
朝上，乙後閃。目視右翻砸拳。
（圖 7-8）

乙　　　甲

圖 7-9

甲隨即上右步，插入乙的襠
部成馬步，同時，用右肘尖撞擊
乙胸部。（圖 7-9）

【要點】：按掌，翻砸要協調，砸拳要快速，右肘撞
擊時，右腿上步要快，同時可甩右膝擋擊乙襠部，上身要
儘量貼靠對方。

四、提的開法

甲用左弓步左沖向乙頭部擊出，目視左拳；乙用右臂
朝上外架，撥甲左臂。目視甲臂。（圖 7-10）

八極拳運動全書

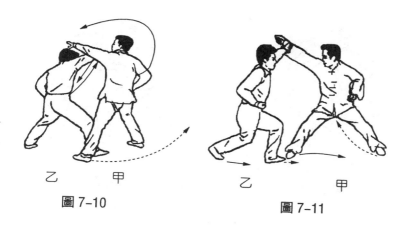

乙　　　甲
圖 7-10

乙　　　　甲
圖 7-11

　　甲提右腳向後倒步，成右
弓步，同時右拳直臂朝乙頭部
掄砸，目視右拳；乙急上左
步，成左弓步，左臂向上外
架，搜甲右臂。目視甲右臂。
（圖 7-11）

　　乙左腳牽動右腳，向前屈
膝下跪成跪步，同時右拳直臂
朝甲襠部擊出，目視甲襠部。
甲右腳速向後移，同時提左膝
躲開乙沖拳，護住襠部。（圖 7-12）

乙　　　甲
圖 7-12

　　【要點】：掄臂砸拳要成豎圓，不可橫掄，退步提膝
護襠時，要與砸拳協調一致。

五、挎的開法

　　（1）乙馬步用拳向甲左耳貫擊，拳眼朝下，臂微屈，

乙　　　甲

圖 7-13

乙　　　甲

圖 7-14

拳與肩平；甲見乙右拳貫來時，向左急轉體成馬步，同時出雙掌伸兩臂捧封乙右臂，目視乙右臂。（圖 7-13）

　　上動不停，甲左拳架住乙右臂。右掌橫擊乙右肋。目視乙肋部。（圖 7-14）

乙　　　甲

圖 7-15

　　乙右臂速向下、向外格開甲的橫擊掌，同時左拳變掌向甲臉部搓擊；甲速用右掌向上、向外架開乙的搓臉掌，同時左掌屈臂橫擊乙的左肋，目視乙。（圖 7-15）

　　【要點】：捧封要及時準確，身體重心要低。橫擊掌時（因是短擊法），仍得架住乙肘部，防其屈肘頂擊，橫擊掌還要快猛。

　　（2）乙馬步左側拳向甲右肘擊出，甲左手抓住乙腕，將臂向前推出，同時成為右虛步。（圖 7-16）

　　上動不停，左手將乙手拉回腰間，右手則向前下方猛

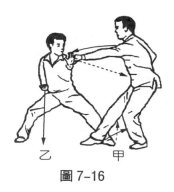

圖 7-16

圖 7-17

推乙左肩胛骨部位，同時身體左轉 90°，左腳猛然後退一步蹬地，以右腳後跟及小腿部分，向乙小腿脛骨部位掛踏，使其重心失調倒地，乙前倒時，立即用右手撐地。（圖7-17）

乙撐地起身，甲則速上右腳成為馬步，再用右肩靠撞乙左肋部。（圖7-18）

圖 7-18

【要點】：掛踏必須手、腳協調，動作乾脆，發力短促，剛猛，上步要步幅大，儘量貼近乙，靠撞肩要猛狠兼之。

六、纏的開法

(1) 小 纏

乙馬步右側掌，向甲胸部擊去，左拳抱於左腰側。目

圖 7-19

圖 7-20

視甲。（圖 7-19）

　　甲向右轉體 90°，重心後坐於左腿成左虛步，右臂屈肘胸前，以右腕墊貼乙右掌，同時以左手壓緊乙的手背，準備小纏。（圖 7-20）

　　甲繼續以腕繞環至右手指，扣緊乙手腕內側，遂將乙手腕拿住外撐，置於腹前，同

圖 7-21

時向右轉體 90°，右腳提起，下踏震腳（或用腳踹乙腿），左腳則隨右震腳離地，在乙身後成馬步。（圖 7-21）

　　【要點】：小纏時要雙手緊扣乙右手掌，防備其手脫出。同時做指點乙腕部內側，再向內翻轉乙手腕，由上往下壓也要跟上。

　　(2) 大　纏

　　甲左臂收回，以肘為軸，向下、向外小繞環，用右手

圖 7-22

圖 7-23

圖 7-24

指刁住右腕部，同時身體左轉90°，身體重心略向後撤，成左虛步，左臂由上向下落至身後方。（圖 7-22）

甲上動不停，抬起右腿，在左腳前猛烈震腳後，復提左腳插在乙右腿之後，別住其腿（或插入乙襠內，施展下把摔），左臂由後上抬，並以肘壓彎乙右臂，右手仍抓緊乙腕部不放。（圖 7-23）

甲接上動，右肘繼續下壓，迫使對方身體下降，左手則趁機向乙右臂下插入，抱緊其腰部。（圖 7-24）

【要點】：刁腕動作要輕巧快速，圓活有力，緊緊不放，幅度也不必過大，順著對方手腕由下向上、向外刁摟扣緊，然後進身壓肘，大纏要協調自然而就，還必須短促有力，刁手壓肘，上步抱腰，動作也得連貫，不可脫節鬆散。尤其刁腕，動作起來必得運用腰部扭力，以帶動手臂

刁攢。纏絲勁，身、腰、手幾個動作均應協調圓活。

　　以上為八極拳六大開，也是練功時必須遵守奉行的要訣。若經長時期演練，方能融會貫通，以求達到千變萬化之境界。

第二節　八大招各招實戰用法

　　八大招乃是八極拳的技擊精華，也是八極拳的技擊核心，在實戰中必須要求眼隨手轉、手腳齊到，上打下封，緊逼硬攻，長短兼施，尤擅長「進身靠打，挨身肘發」。現將各招的實戰用法介紹如下：

一、閻王三點手實戰用法

　　甲、乙雙方左高三體勢對立為備戰姿勢；甲左腳在前向前上步，同時用左拳擊打乙胸臉部。（圖7-25）

　　乙見甲左直拳擊來，屈左臂向外上格擋。（圖7-26）

圖7-25

圖7-26

圖 7-27

圖 7-28

圖 7-29

圖 7-30

　　乙格擋同時，用掌向外、向下按壓甲左拳，右腳向前
上步，用右拳向上、向前、向下翻拳（拳心向上）砸擊甲
臉部。（圖 7-27）

　　甲速退左腳，上體稍左轉，同時用兩掌架乙右臂。
（圖 7-28）

　　乙見右拳被捧，速用左掌推擊甲的臉部。（圖 7-29）

　　甲身體稍右轉，用兩掌捧架乙左臂。（圖 7-30）

　　乙見左掌又被架開，身體左轉用右掌擊打甲臉部。

（圖 7-31）

此招因右拳翻砸，左掌、右掌推擊甲的臉部，故又名為「眼望三見手」，又因此三手連擊，快似閃電，故又稱「眼望閃電手」。

圖 7-31

【要點】：乙格攔要及時，上步翻砸要快速，與左右擊掌要連貫，快猛準狠；擊掌時，要充分利用轉腰，用腰勁以助之。

二、猛虎硬爬山實用法

甲、乙雙方左高三體勢對立為備戰姿勢；甲左腳在前向前進步，同時用左直拳擊打乙臉部。（圖 7-32）

乙見甲左拳擊來，屈左臂向外格攔。（圖 7-33）

隨即用右腳向前踩擊甲的左小腿，同時用右掌向前橫

圖 7-32

圖 7-33

圖 7-34

圖 7-35

劈甲的左耳側。（圖 7-34）

　　甲左腿後退躲閃，乙立即上左腳插入甲的右腳後面，同時用左肘尖頂擊甲心窩。（圖 7-35）

　　若頂擊不中，乙用右膝頂撞甲腹襠，同時用右拳擊打其下頦。（圖 7-36）

　　此招因踩腳，與頂膝形似猛虎爬山，故而得名。

圖 7-36

　　【要點】：乙格攔要及時。橫劈踩擊應同時進行。左腳上步與頂肘應同時進行，左步要上得大，插入甲的右腳後面關住其腳，使之不能變化。撞膝與擊頦要同時，要狠準。

三、迎門三不顧實用法

　　甲、乙雙方左高三體勢對立為備戰姿勢；甲左腳在前

圖 7-37

圖 7-38

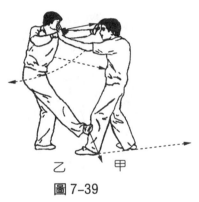

圖 7-39

圖 7-40

向前上步,用左直拳擊打乙臉部。(圖 7-37)

乙速用右臂向外上挑架來拳。(圖 7-38)

乙動作不停用右腳踩擊甲左膝部,同時用左掌擊其臉部。(圖 7-39)

甲後退躲開乙踩腳,乙隨即用右拳擊打甲臉部;甲用左臂屈肘上架開來拳。(圖 7-40)

乙見右拳被架,出掌推開甲左肘臂,回抽右拳。(圖

圖 7-41　　　　　　　　圖 7-42

7-41）

　　乙動作不停右腳前進半步掛住甲右腳，同時身體左轉，隨即用右拳擊打甲腹、肋部。（圖 7-42）

　　此招因迎門而不顧一切地連續快速搶攻，故而得名。

　　【要點】：乙要主動搶攻，搶在甲擊中之前，上下要協調一致，步法要靈活，邊進邊打，邊打邊防，一氣呵成。

四、霸王硬折繮實用法

　　甲、乙雙方左高三體式對立為備戰勢；甲左腳向前進步，同時用左直拳擊打乙臉部。（圖 7-43）

圖 7-43

圖 7-44

圖 7-45

圖 7-46

圖 7-47

　　乙用左掌向外擋撥，並翻掌抓握其腕。（圖 7-44）

　　乙動作不停右腳前上一步，身體左轉，同時用右肘向下壓砸甲肘尖部。（圖 7-45）

　　若被甲解之，乙速退右步，用右側沖拳擊打甲左耳側。（圖 7-46）

　　又若被甲低頭躲過，並用右直拳擊打乙臉部進行還擊，乙可上左步並用右掌向上抄托甲來拳。（圖 7-47）

乙動作不停，右掌翻掌抓握住甲拳腕回領，同時用左肘頂擊甲胸部、心窩。（圖7–48）

此招的領臂形似勒馬扯韁，故又名「霸王硬扯韁」。

圖 7–48

【要領】：乙領臂要及時，托架上步要及時，領臂、頂肘要一致。頂肘時要進左腳，並用左膝撞擊甲襠部。

五、迎封朝陽手實用法

甲、乙雙方左高三體式對立為備戰勢；甲左腳前上半步，同時用左拳擊打乙胸部。（圖7–49）

乙左手翻掌接握住來拳外撑回拎。（圖7–50）

乙動作不停速上右腳步，身體左轉，同時用右肘下壓

圖 7–49

圖 7–50

圖 7-51

圖 7-52

圖 7-53

圖 7-54

砸甲的左肘尖部。（圖 7-51）

　　若被甲解之後退左步，乙順式操右拳打擊甲腹部，同時後插左步接近甲。（圖 7-52）

　　甲見乙右拳搡來，速抽右步躲閃；乙進右腳，右後轉身，同時用左陽掌（掌心向上）掌尖戳擊甲喉部。（圖 7-53）

　　若被甲偏頭躲過，乙速用右陽掌掌尖戳擊甲太陽穴。（圖 7-54）

圖 7-55 圖 7-56

甲迎陽掌用左臂向上封架。（圖 7-55）

乙身體右轉，用左陽掌再次戳擊甲喉部。（圖 7-56）

因此招連戳三掌均為陽掌，且第二掌是直插甲的太陽穴，被甲所迎封，故名為「迎封朝陽手」。又因三掌連擊快似如風，故又被稱為「迎風朝陽手」。

【要點】：接握拳腕要及時，三掌連擊要快速，以快取勝。

六、左右硬開門實用法

甲、乙雙方同向側立；甲用左直拳擊打乙胸部。（圖 7-57）

圖 7-57

圖 7-58　　　　　　　　　　　圖 7-59

圖 7-60　　　　　　　　　　　圖 7-61

　　乙見甲左拳擊來，速用右前臂向外格擋。（圖 7-58）

　　甲收回左拳用右直拳向乙胸部擊打。（圖 7-59）

　　乙動作不停，右臂向左橫格擋開來拳。（圖 7-60）

　　乙動作不停，左腳向前上步於甲右腳後側關住其腳，同時用左掌臂攔抱住甲的後腰，並用右掌掐擊甲喉部。（圖 7-61）

　　因此招採用了右臂左格右擋的開門法，而達到防守，打開對方門戶進取的，故名為「左右硬開門」。

【要點】：乙左格右擋要及時，格擋時要用前臂猛排擋開。當甲門戶被打開時要快速不失時機地進身攔腰掐喉。

七、黃鶯雙抱爪實用法

甲、乙雙方左高三體式對立為備戰勢；甲左腳在前向前進步，同時用左拳擊打乙臉部。（圖7-62）

乙見甲左直拳擊來，速屈左臂向上架擋來拳。（圖7-63）

甲右腳前上一步，同時用右直拳擊打乙胸部，乙左腳後退一步同時兩手向上捧接甲右肘臂。（圖7-64）

圖 7-62

圖 7-63

圖 7-64

乙動作不停，速上
左步成左弓步，同時雙
掌併擊甲肋部。（圖
7-65）

因此勢的兩掌捧接
與兩掌推擊形似黃鶯的
爪相抱故而得名。

【要點】：乙架擋
要及時。接、推擊要連
貫、快速。要手身步協調一致。

圖 7-65

八、立地通天炮實用法

甲、乙雙方左高三體勢對立為備戰勢；甲左腳向前半
步，同時用左直拳擊打乙胸部。（圖7-66）

乙用左手接握住甲左拳腕。（圖7-67）

乙動作不停，向外纏擰，右腳前上一步，身體左轉，

圖 7-66

圖 7-67

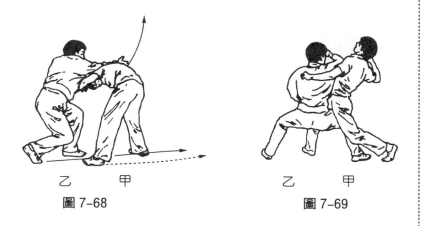

圖 7-68　　　　　　　　　　　圖 7-69

同時，用右臂向前、向下砸擊甲頭部。（圖7-68）

　　若被甲低頭躲之，乙速進右腿於甲襠下，用膝闖撞，同時左手回領，屈右臂，用右肘尖頂擊甲下頦。（圖7-69）

　　此招因是用肘向上猛頂甲下頦的，威力如炮，烈猛無比，故名為「立地通天炮」，也叫「轄打迎面肘」。

　　【要點】：接握拳腕要及時，闖撞要快速，與領臂頂肘要一致，頂肘要準狠。

第三節　八極拳母架用法選萃

一、劈拳橫靠

　　我左腳前上一步，同時用右劈拳砸擊對方臉部；對方右腳後撤步，同時用右臂向右上架開我右劈拳。（圖7-

| 對方 | 我 | 對方 | 我 |

圖 7-70　　　　　　　圖 7-71

70）

　　對方回抽右拳，向我腹部擊打；我右臂速向下、向左橫擋開對方右來拳。（圖 7-71）

　　接著，雙方同時上右腳，我右腳前上步於對方身後，同時用右肩靠撞對方右肋部，使對方肋傷。（圖 7-72）

對方　　　我

圖 7-72

　　【要點】：上步與劈拳要一致，橫格防拳要及時，橫向用力。上步進身靠肋要快速、及時、猛狠。橫格防與進身靠撞要連成一氣。橫格防即進身靠的前奏動作。

二、推臂絆靠

　　對方右腳前上一步，同時用右拳向我臉部擊打；我左腳在前，身體重心後移，同時用右臂外撥來拳。（圖 7-73）

對方　　　　我

圖 7-73

對方　　　　我　　　　　　　對方　　　　　　我

圖 7-74　　　　　　　　　　圖 7-75

　　接著，我右腿支撐身體，左腳提起準備前上步，左掌向左前推對方右上臂，右拳收於腰側。（圖 7-74）

　　不停，我左腳落地，右腳前上步於對方兩腿後側別絆住其雙腿，右臂從對方胸前伸過，並用右胸前靠擊對方胸部，使對方後倒。（圖 7-75）

　　【要點】：外撥防拳要及時，推臂要快，上步迅速，別絆腿牢固，靠擊猛狠，有力。靠擊時上體稍前下傾，右臂前下橫向用力。

對方　　　我

圖 7-76

對方　　我

圖 7-77

三、領臂絆靠

對方右腳前上一步，同時用右拳向我臉部擊打；我左腳在前，同時用右臂外撥對方來拳。（圖 7-76）

接著，我左腿支撐身體，右腳提起準備向前上步，右拳成掌順勢向右下抓住對方右腕向右後回領。（圖 7-77）

對方　　　　　　我

圖 7-78

不停，我右腳前上步於對方兩腿後方，別絆住對方兩腿，右臂從對方胸前伸過，同時用右胸向右前下靠擊對方胸部使對方後倒。（圖 7-78）

【要點】：外撥防拳要及時，橫向用力撥防來拳，抓腕回領對方右臂要及時，使對方有前傾感，待對方後掙調整身體重心時，快速進步絆腿，靠擊對方胸部要猛狠、有力，別絆腿要牢固。

我　　　對方

圖 7-79

我　　　對方

圖 7-80

我　　　對方

圖 7-81

四、架臂頂腹

　　我右腳前上一步，同時用右翻臂拳砸擊對方臉部；對方右腳前上步同時用右臂向上挑架我右砸拳。（圖 7-79）

　　接著，我又用左掄拳向對方頭部砸擊；對方見我左拳砸去，速用左臂向上挑架我左拳。（圖 7-80）

　　動作不停，我左腳前上步於對方右腿後側，欲別絆住其右腿，但對方也退右腿，只能別住左腿，同時屈左肘向左側下方頂擊對方胸部，使對方胸傷、後倒。（圖 7-81）

【要點】：翻砸與掄臂拳要連貫、快速，上步迅速，別絆腿要牢固，頂胸猛狠，力達肘尖。

第四節　八極拳入門架用法五招

一、砸臂絆靠

對方左腳前上步，同時用左沖拳向我腹部擊打；我左腿支撐身體，右腿提膝，同時用兩拳下砸擊對方左拳臂，攔截住對方的來拳。（圖7-82）

接著，我右腳前上步於對方左腿後方別絆住其腿，同時左拳後擺，右拳從對方胸前前伸並用右臂向右後橫撞靠擊對方胸部，使對方胸傷，後倒。（圖7-83）

【要點】：雙拳下砸攔截對方左沖拳；右拳要及時，向下用力，以橫破直。上步快速，別絆腿牢固，靠撞對方胸部要猛狠。

對方　　　　我

圖 7-82

對方　　　我

圖 7-83

二、斬腕掐腰

我用右側掌向對方胸部推擊；對方用右掌外撥我右腕，防我右側推掌。（圖7-84）

對方回抽右掌，變向向我腹部推擊；我速用右掌向左下斬截對方右掌。（圖7-85）

接著，我左腳向前上步於對方兩腿後方，掛絆住其腿，同時用左掌攬抱住對方後腰，用右掌推擊其前腰，使其腰被折。（圖7-86）

【要點】：推掌快捷，斬腕防掌要及時，準確，斬腕向左下用力。上步要迅速，掛絆腿要牢固，使其不能變化。掐腰兩掌相對用力，掐擊猛狠。

我　　　　　對方

圖 7-84

我　　　　對方

圖 7-85

我　　　　對方

圖 7-86

三、掛臂頂肘

我右腳前上步，同時用右拳翻砸對方臉部；對方右腳在前，同時用右臂向上架擋我右翻砸拳。（圖7-87）

對方速用左沖拳向我胸部擊打；我右臂速向下、向外掛開對方來拳。（圖7-88）

接著，我左腳前上一步於對方襠前，同時用左肘頂擊對方腹部，使對方腹傷，並後倒。（圖7-89）

【要點】：翻砸拳要快速，掛臂防拳要及時，上步快速，左肘頂腹要準確、猛狠、有力、力達肘尖。

四、捋臂頂胸

對方右腳前上步，同時用右掌向我臉部推擊；我右腳在前，身體重心後移，同

圖 7-87

圖 7-88

圖 7-89

時用右掌外撥防對方右掌。（圖 7-90）

接著，我身體重心前移，右手抓其腕，左手扶其肘，向右後捋對方右臂。（圖 7-91）

不停，我左腳前上步於對方兩腿後方，掛住其腿，同時左臂屈肘從對方右臂下撞頂其胸部，使其胸傷。（圖 7-92）

再接著，我借對方後掙之機，用雙掌向左橫向撞擊對方腹部，使對方後倒。（圖 7-93）

我　　　　對方

圖 7-90

我　　　　對方

圖 7-91

我　　　　對方

圖 7-92

我　　　　對方

圖 7-93

圖 7-94

圖 7-95

【要點】：外撥防掌要及時，捋臂要借對方的推掌之勁，上步掛腿要快速、牢固，頂肘擊胸要猛狠，雙掌撞腹要順對方後掙之勁，撞腹有力。

我　　　　　　對方

圖 7-96

五、摟臂絆靠

對方右腳前上一步，同時用右掌向我臉部劈擊，我右腳在前，身體重心後移，同時用右臂向右上挑架開對方來掌。（圖 7-94）

接著，對方用左拳向我胸部擊打；我上體右轉，同時用兩臂順其沖拳之勁，向右後挑帶。（圖 7-95）

不停，我左腳前上一步於對方右腿後方絆掛住其腿，同時用左肩左肘頂靠對方胸腹，使對方胸腹受傷。（圖 7-96）

<table>
<tr><td align="center">我</td><td align="center">對方</td><td align="center">對方</td><td align="center">我</td></tr>
<tr><td align="center">圖 7-97</td><td></td><td align="center">圖 7-98</td><td></td></tr>
</table>

再接著，我順其後移動之機用雙臂掌向左後橫擊其胸，將其擊倒。（圖 7-97）

【要點】：挑架臂要及時快速，絆腿牢固，靠頂有力雙臂橫擊與靠頂要連貫。

第五節　六肘頭實用法精選

六肘頭其技法以肘見長，其為六肘，變化無窮，技擊實用，現精選出四招，介紹給讀者。

一、飛虎入懷

對方前上右步，用左拳向我臉部擊打；我右腳後撤成馬步，右後偏身躲開對方來拳，並用左肘向右格擋對方左臂。（圖 7-98）

動作不停，我左腳帶動右腳向左側闖步，成為左弓

對方　　　　我

圖 7-99

對方　　　　我

圖 7-100

步，並用左肘頂撞對方胸部，使
對方後仰。（圖 7-99）

【要點】：撤步偏身閃躲要
及時，格臂防拳橫向用力，闖步
進身與左頂肘要一致，頂肘快
速，猛狠有力，力達左肘尖。

對方　　　　我

圖 7-101

二、公牛頂撞

對方右腳前上一步，成為馬步，同時用右側頂肘向我
胸部頂擊；我左腳左前上成四六步，閃身躲開對方右肘鋒
芒，並用左掌向前橫推開對方來肘。（圖 7-100）

接著，我左腳後撤一步，右腳前上步於對方右腿外後
側，別絆住對方右腿，成為馬步，並用右肘頂擊對方胸
部，使對方後倒。（圖 7-101）

【要點】：上步閃身及時，左掌推按對方右肘橫向用
力，換步要快速，別絆腿要牢固，右肘頂擊對方胸部要快
速有力，力達右肘尖。

對方　　　　　我　　　　　　　對方　　　　　我

圖 7-102　　　　　　　　　　圖 7-103

三、山羊觝角

　　對方右腳前上成虛步，
同時用左掌向我右面扇擊；
我右腿前上一步成為右虛
步，同時用右臂架擋對方左
扇掌。（圖 7-102）

對方　　　　　我

圖 7-104

　　接著，我右腳帶動左腳
前闖步成為馬步，同時用右肘頂擊對方腹部，使對方後
仰。（圖 7-103）

　　【要點】：上步要快，右臂架防對方左掌及時，闖步
與右頂肘要一致，頂擊對方腹部要快速有力，力達右肘。

四、黑熊撞牆

　　對方右腳前上一步，成為右四六步，同時用右掌向我
襠部抓擊；我左腳左上步，成為馬步，同時用右臂向前橫
格對方右臂，防開對方右手。（圖 7-104）

接著，我左手向下、向外推按對方右臂，我右腳帶動左腳，向右側闖步，用右膝頂撞對方襠部，並用右肘頂擊對方喉部，使對方襠、喉受傷。（圖7-105）

對方　　　我

圖7-105

【要點】：右臂格防對方右手要及時，左掌下按與闖步撞襠和右肘頂對方喉要一致，頂撞快速、猛狠。

第六節　八極連環拳各招實戰用法

八極連環拳是以八極拳基本動作和基本技擊方法結合實戰腿法編製而成的套路。其動作簡單實用，攻防兼備。現將每個招勢在實戰中的運用方法分別介紹如下：

一、弓步架打

此勢為雙方實戰前的一種既有利於進攻，又有利於防守的攻防兼備的準備姿勢，即格鬥預備勢。（圖7-106）

對方上右步，用右貫拳擊我耳部，我速屈

我　　　　　對方

圖7-106

我　　　　　對方

圖 7-107

我　　　　對方

圖 7-108

左臂向左上架挑。（圖 7-107）

　　動作不停，速上右步，同時用右直拳擊打對方胸部。
（圖 7-108）

　　【要點】：架防要及時，上步擊打要一致，擊打對方
胸部要猛狠。

二、下斬翻砸

　　對方上右步，用右直拳向我臉部擊打，我速用左臂向
外挑架。（圖 7-109）

我　　　　對方

圖 7-109

我　　　　　對方

圖 7-110

我　　　　對方

圖 7-111

八極拳運動全書

對方見右拳被架速用左直拳擊打我右肋部，我身體重心左移，速用右臂向下斬開來拳。（圖 7-110）

對方速用右拳擊我腹部；我用左拳向下按之。（圖 7-111）

動作不停，用右翻砸拳砸擊對方臉部。（圖 7-112）

我　　　　對方

圖 7-112

【要點】：挑架、斬拳與按臂要及時，砸面要快速有力，力達拳背。

三、馬步撐捶

對方上左步用右直拳擊打我右肋部；我速用右臂摟開來拳。（圖 7-113）

隨之左腳向對方右腿後上步，身體右轉，用左拳從對方面前穿過，靠擊對方。（圖 7-114）

【要點】：摟臂防拳要及時，上步快速，靠擊要迅

<table>
<tr><td>我</td><td>對方</td><td>我</td><td>對方</td></tr>
<tr><td colspan="2">圖 7-113</td><td colspan="2">圖 7-114</td></tr>
</table>

猛。

四、踩踢攢拳

對方前上右步，用右直拳擊打我臉部；我速屈左臂向上架開來拳。（圖 7-115）

動作不停，用右腳踩擊對方小腿脛，同時用攢拳擊打對方下頦。（圖 7-116）

<table>
<tr><td>我</td><td>對方</td><td>我</td><td>對方</td></tr>
<tr><td colspan="2">圖 7-115</td><td colspan="2">圖 7-116</td></tr>
</table>

我　　　　　對方　　　　　　　　我　　　　　對方

圖 7-117　　　　　　　　　　　圖 7-118

【要點】：架防來拳要及時，踩脛與攢拳要猛狠。

五、摟按推掌

　　對方上右步，用右拳打我胸部；我速用左掌向左下按開來拳。（圖 7-117）

　　動作不停，左腳前上一步，用右掌推擊對方臉部、或掐其喉部。（圖 7-118）

　　【要點】：按腕防拳要及時，右掌擊對方臉部要快狠。

六、蹲步側打

　　對方前上右步，用左拳擊打我臉部；我速用右臂向上挑架。（圖 7-119）

　　動作不停，左腳收成並蹲步，並用左拳擊打對方腹部。（圖 7-120）

　　【要點】：挑架防拳要及時，側打對方胸部快速有力，力達拳面。

我　　　　　　對方

圖 7-119

我　　　　　　對方

圖 7-120

七、大纏架打

　　對方上左步成為馬步，用左側擊掌推擊我胸部；我速用左掌繞抓住其腕。（圖 7-121）

　　速上右步，並用右肘壓對方左肘關節。（圖 7-122）

我　　　　　　對方

圖 7-121

我　　　　　　對方

圖 7-122

對方見左臂被擒，用右拳推擊我臉部；我用左掌向上架開來掌，速用右臂向後橫擊，將對方擠倒。（圖7-123）

【要點】：繞抓腕要及時並回領對方左臂，上步扣腿要牢固，壓對方左肘要反其肘關節，橫擊要有力。

我　　　對方

圖7-123

八、小纏側打

對方前上右步成為馬步，同時用右掌推擊我胸部；我身體重心後移，同時，右掌向上，左掌向下，將對方右掌夾在己左掌背，右掌心之間。（圖7-124）

動作不停，右腳下踏地，左腳向前上步成馬步，同時做小纏切腕壓肘動作。（圖7-125）

若對方解之，我可用左側拳擊打對方腹部。（圖7-126）

我　　　　　對方　　　我　　　　對方

圖7-124　　　　　　　圖7-125

我　　　　對方

圖 7-126

我　　　　對方

圖 7-127

我　　　　對方

圖 7-128

【要點】：扣對方右
手於自己右腕上要牢固，
切腕以右掌外沿為力點，
上步扣腿要牢固，側打有
力。

九、跪步架打

對方前上左步，用左
直拳攻打我臉部；我速屈
右臂向上架開來拳。（圖7-127）

動作不停，右腳前上一步成為跪步，並用左拳由下向
上勾擊對方腹部。（圖7-128）

【要點】：架防要及時，勾擊對方腹部要猛狠。

十、架臂側踹

對方前上左步，同時用右拳擊打我臉部；我速用左臂

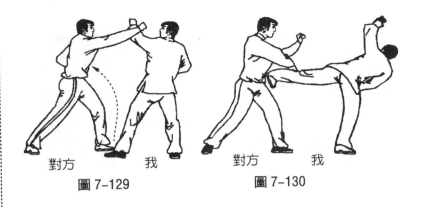

對方　　　　　我　　　　　　　對方　　　　我

圖 7-129　　　　　　　　圖 7-130

向上架開對方右拳。（圖 7-129）

　　動作不停，用左腿踹擊對方腹部。（圖 7-130）

　　【要點】：架臂防守要及時，側踹腿要快速有力。

十一、馬步側打

　　對方前上左步成馬步。用左側沖拳擊打我胸部；我速用右掌向前下拍按開對方左拳。（圖 7-131）

　　動作不停，身體左轉，用左拳擊打對方胸部。（圖 7-132）

對方　　　　　我　　　　　　對方　　　　　我

圖 7-131　　　　　　　　圖 7-132

圖 7-133

圖 7-134

【要點】：拍按防打要及時，上步側打要一致，擊打對方胸部要猛狠。

十二、擄臂勾踢

對方左腳前上一步，同時用右沖拳擊打我胸部。（圖7-133）

動作不停，我用右手抓接住對方右拳腕，左掌挾其肘向右後擄帶，同時用右腳勾踢對方左腿，使對方前倒。（圖7-134）

【要點】：接抓臂要準，擄帶有力，勾踢要快猛。

十三、側身踹腿

對方前上左步，用右拳擊打我頭部；我速用左臂向上架開來拳。（圖7-135）

動作不停，身體左側傾

圖 7-135

斜，用右踹腿踹擊對方腹部。（圖 7-136）

【要點】：架臂防拳要及時，側踹要快速有力。

十四、丁步下斬

對方前上左步，用左拳擊打我胸部；我速用右臂格開來拳，用左掌抓擊對方臉部。（圖 7-137）

對方速用右腳彈踢我襠部；我速後退右腳成為丁步，左掌成拳向下斬擊對方彈踢腿。（圖 7-138）

【要點】：格防來拳要及時，抓對方臉部要準狠，下斬防拳要快速。

對方　　我

圖 7-136

對方　　我

圖 7-137

對方　　我

圖 7-138

對方　　　　我　　　　　　　　　　對方　　　　我

圖 7-139　　　　　　　　　　　　圖 7-140

十五、懷抱嬰兒

我上左步用右直拳擊打對方臉部；對方用左臂上架。
（圖 7-139）

我進右步於對方左腳之後，用右肘頂擊對方胸部。
（圖 7-140）

【要點】：動作要連貫、快速有力，頂擊要猛狠。

十六、跪步撩打

對方前上左步，用
左拳擊打我右肋部；我
速用右掌向下按消對方
來拳，用左掌抓擊對方
臉部。（圖 7-141）

對方見我左掌抓
去，速用右臂向上挑

對方　　　　我

圖 7-141

對方　　　　　我

圖 7-142

對方　　　　　我

圖 7-143

開。（圖 7-142）

　　我見左掌被挑，我速用右臂挑開對方右臂，騰出左拳。（圖 7-143）

　　動作不停，身體下跪成跪步，同時用左掌撩擊對方襠部。（圖 7-144）

　　【要點】：挑架拳要有外撥之力，撩擊襠部要準狠。

對方　　　　　我

圖 7-144

十七、踩腿扇掌

　　我用左腳踩擊對方左小腿脛，同時用右掌扇擊對方左耳部。（圖 7-145）

　　若對方後退左腳躲之，我左腳可前下落於對方右腳後掛住其腿，用左掌橫擊對方右肋部。（圖 7-146）

　　【要點】：扇耳與踩腿要準狠，落步掛腿要牢固，左

對方　　　　　我

圖 7-145

對方　　　我

圖 7-146

掌橫擊要有力，力達左掌外沿。

十八、蹬腿斜靠

對方用右擺腿，橫擊我腰時；我速用右肘向左格擋。（圖 7-147）

動作不停，速用右腳蹬擊對方腹部。（圖 7-148）

對方　　　我

圖 7-147

對方　　　　我

圖 7-148

若被對方左轉身躲開，我可落右步，斜靠對方，將對方摔倒。（圖 7-149）

【要點】：蹬腿要快猛，斜靠要有力。

十九、跪步勾打

對方前上左步，用右直拳擊打我頭部；我速用左臂挑架。（圖 7-150）

身體向下跪成跪步，速用右拳由下向上勾擊對方腹部。（圖 7-151）

【要點】：挑架要及時，勾打對方腹部要有力。

對方　　我

圖 7-149

八極拳運動全書

我　　　對方

圖 7-150

我　　　　對方

圖 7-151

第七節　八極拳貼身靠制敵十法

　　八極拳實戰運用時，講究挨、崩、擠、靠，上打下封，長短並進，手腳齊到。發招時，多用頂、抱、擔、提、挎、纏，制敵中突出進身靠打，挨身肘發。現就八極拳貼身靠打制敵的十法介紹如下：

一、山呼海嘯

　　當敵方前上左腳，成為左弓步，同時用右拳向我頭部劈打時，我左腳前上成為左虛弓步，同時用右臂向上架住敵方右劈拳。（圖 7–152）

　　敵方右拳速抽回，再直臂向我襠部擊來，我速用右臂向左前撥開敵方右拳臂。（圖 7–153）

圖 7–152

圖 7–153

動作不停，我右腳前上闖步於敵方襠前成為馬步，同時右拳側沖，並用右肩、背靠撞對方胸部。（圖 7-154）

【要點】：架臂、挑臂防守要及時，闖步撞敵胸要一致，快、猛。

敵　　　　我

圖 7-154

二、虎踞龍蟠

當敵方前上右腳成為右弓步，同時用右翻拳向我臉部翻砸時，我左腳前上成為左弓步，並用右臂向上架住敵方使之翻砸拳。（圖 7-155）

敵方速抽右拳，然後用右側沖拳向我胸部擊來，我速用左手握其右臂左後領，同時右腿屈膝提起準備前邁。（圖 7-156）

敵　　　　我

圖 7-155

敵　　　　我

圖 7-156

動作不停，我右腳前下落步於敵方右腿後成馬步，右拳向右側過敵後頸伸出，並用右腋靠撞敵方胸部，使之後摔。（圖7-157）

【要點】：架臂、領臂防守要及時，上步、領臂、靠擊要一致，靠擊要快猛。

敵　　　我

圖 7-157

三、熊羆擋門

當敵方前上右腳成為右弓步，同時用右翻背掌向我臉部扇來時；我左腳在前成為左虛步，同時用右臂向上架開敵方來掌。（圖7-158）

動作不停，我左腿支撐體重，右腿屈膝上提，並順勢抓握敵方右腕向右後回領。（圖7-159）

敵　　　我

圖 7-158

敵　　　我

圖 7-159

接著我右腳前上步於敵
方右腿後方成為馬步，同時
左臂左擺，用右手掐敵方喉
右下按，使之後摔。（圖
7-160）

【要點】：架臂防守要
及時，抓腕回領要快速，上
步掐喉要一致，掐喉要準、
狠。

敵　　　我

圖 7-160

八極拳運動全書

四、擂打頂肘

我前上右腳成為右虛步，同時用右拳前下擂打敵方頭
部；敵方速前上右腳成為右虛步，同時用右臂屈上架我右
拳。（圖 7-161）

動作不停，我用左拳前下掄劈敵方頭，敵方成為右弓
步，同時用左臂上架我手臂。（圖 7-162）

我　　　敵

圖 7-161

我　　　敵

圖 7-162

接著我左腳前上闖步於敵
方襠前成為馬步，並用左肘頂
擊敵方胸部。（圖 7-163）

【要點】：擂打要連環快
速。闖步、頂肘要一致，頂肘
要猛、狠。

五、猛虎出洞

我　　　敵

圖 7-163

當敵方前上左腳成為左弓
步，同時用左拳向我腹部打來時；我左腿支撐體重，右腿
屈膝提起成為左獨立步，同時用兩臂下砸敵方左臂。（圖
7-164）

動作不停，我右腳前下落步於敵方左腿後成為右弓
步，同時右臂經敵方胸前前伸，並用右腋及右肩部靠撞敵
方胸部，使之後摔。（圖 7-165）

【要點】：雙拳下砸臂防守要及時；上步靠擊要一
致，靠擊要快、狠。

敵　　我

圖 7-164

敵　　我

圖 7-165

圖 7-166　　　　　　　圖 7-167

我　　　　敵　　　　　　　我　　　　敵

六、格臂掐掌

　　當敵方前上右腳成為右弓步，同時用右掌向我襠部抓擊時；我右腳前上成為右弓步，同時用右掌向左砍攔敵方右腕。（圖 7-166）

　　動作不停，我左腳前上步於敵方右腿之後，左掌臂攔抱敵方後腰，我右掌前推敵方胸，使之腰受折。（圖 7-167）

　　【要點】：砍攔敵方右腕要及時；上步要快速，掐腰要有力。

七、懷抱嬰兒

　　當敵方前上右腳成為右弓步，同時用右拳向我臉部擊來時；我右腳在前成為右虛步，同時用右臂上架敵方右來拳。（圖 7-168）

　　動作不停，敵方又用左直拳向我腹部擊來；我右臂速向下、向外格開敵方來拳。（圖 7-169）

　　接著，我左腳前上一步成為馬步，同時屈左肘頂擊敵

圖 7-168

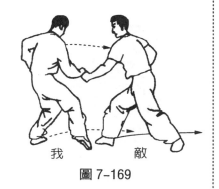

圖 7-169

圖 7-170

圖 7-171

方胸部。（圖 7-170）

　　【要點】：架臂、斬臂要及時；上步頂肘要一致，頂擊要快、猛。

八、虎爪把月

　　當敵方前上右腳成為右虛步，同時用右掌向我臉部擊來時；我右腳前上步成為右虛步，同時用右臂上架敵方右推掌。（圖 7-171）

我　　　　　敵

圖 7-172

我　　　　　敵

圖 7-173

　　動作不停，我左腳前上步，同時兩手握敵方右腕臂右後領拉。（圖 7-172）

　　接著，左臂從敵右臂下伸進，並屈肘頂擊敵胸。（圖 7-173）

　　然後再用兩臂左後砸敵方胸腹，使之後摔。（圖 7-174）

我　　　　　敵

圖 7-174

　　【要點】：架掌領臂要及時；上步頂胸要一致，砸腹胸要猛狠。

九、烈火轟雷

　　當敵方前上右腳成為右弓步，同時用右掌下劈我頭時；我右腳前上一步成為右虛步，同肘用右臂向上架住敵方右臂。（圖 7-175）

　　動作不停，敵方左拳向我右肋部擊來，我上體右轉，並用兩臂向前、向上挑開敵方左臂。（圖 7-176）

　　接著，我左腳前上步於敵方右腿後方成為左弓步，並

我　　　敵

圖 7-175

我　　　敵

圖 7-176

我　　　敵

圖 7-177

我　　　敵

圖 7-178

用兩臂向左後橫擊敵方左肋部，使之後摔。（圖 7-177）

　　【要點】：架臂、挑臂防守要及時，橫擊要快速，有力。

十、平地撾牆

　　當敵方前上右腳成為右弓步，同時用右拳向我襠部擊來時；我左腳在前成為左弓步，同時用左臂向左斬開敵方右臂。（圖 7-178）

我　　　敵　　　　　　　　我　　　　敵

圖 7-179　　　　　　　　　圖 7-180

　　動作不停，敵方又用左直拳向我胸部擊來，我速用右
臂向外格掛開敵方左拳。（圖 7-179）

　　接著，我右腳前上步於敵方右腿後成為右弓步，同時
用右肩胸撞靠敵方胸部，使之後摔。（圖 7-180）

　　【要點】：格斬防守要及時，上步撞胸要一致，撞胸
要猛、狠。

第八節　　八極拳小架應敵秘法

一、單練童子拜羅漢（抱拳）———懷抱嬰兒肘

頂山（拉弓、兩儀式）兩招的應敵秘法

　　敵馬步右側沖拳擊打我腹時；我用左手接握來拳回
領，並前上右腳成為馬步，同時用右肘下壓敵方右肘關
節。（圖 7-181）

　　我不停，右肘向右側頂擊敵方喉部或臉部。（圖 7-

圖 7-181

圖 7-182

182）

【要點】：接腕要及時，回領並外擰其臂，頂肘要快、狠、準。

二、金龍合口頭頂天（抱球式）———金龍合口拉弓式（開弓勢）———飛虎展翼下山崗（穿袖）三招的應敵秘法

敵左弓步右沖拳擊打我胸部時；我右拳上抬敵方來拳，左手按其來拳向後擄，同時身體後坐成左虛步。（圖7-183）

圖 7-183

圖 7-184　　　　　　　　　　　　圖 7-185

動作不停，我右掌按住敵方來拳，騰出左手，並用左拳擊打敵臉部。（圖 7-184）

緊接上動，我右腳前上成並蹲步，身體左轉同時，用右掌側擊敵臉部。（圖 7-185）

【要點】：動作要連貫，快速，擄臂要及時，擊打要準狠。

三、閉襠反手朝陽掌（閉地肘、合子手）——懷抱嬰兒肘頂山（兩儀式）兩招的應敵秘法

敵用左腳向我襠部踢擊；我成馬步並用右臂向前挑開來腿。（圖7-186）

圖 7-186

圖 7-187

圖 7-188

動作不停，我上體稍右轉成弓步，同時兩掌齊向前戳擊敵方喉部。（圖 7-187）

緊接上動，我右腳闖步，同時用右肘撞擊敵胸部。（圖 7-188）

【要點】：挑腿護襠要及時，戳喉要快、準、狠，頂肘闖步要一致，協調。

四、抱虎歸山斬胸膛（斬胸）———仙人大坐山頭望（挖眉）兩招的應敵秘法

敵前上右腳成右弓步，並用兩臂抱我腰部；我右弓步，用兩掌向下、向外分開敵方兩臂。（圖 7-189）

圖 7-189

敵　　　我

圖 7-190

敵　　　　我

圖 7-191

動作不停，我兩掌突然向上、向前推擊敵方胸部。
（圖 7-190）

【要點】：分掌防守要及時，推胸要快猛。

五、撥雲見日托槍勢（闖步硬開門）——童子抱心驚回首（炮提式）兩式的應敵秘法

敵右弓步用右沖拳擊打我左肋部時；我身體右移，並用左手托其來拳之肘向前回擄。（圖 7-191）

動作不停，我右腳前上成右弓步，並用右掌推擊敵臉部。（圖 7-192）

【要點】：托肘回擄要及時並順其來勁，推擊要快、準、狠。

敵　　　　我

圖 7-192

圖 7-193　　　　　　　　圖 7-194

六、上步跪膝架梁防（擔山、跪膝式）招式的應敵秘法

敵左弓步，右拳向我耳部貫擊；我右弓步左臂上挑其來拳。（圖 7-193）

動作不停，我前上左腳成跪步，並用右直拳擊打敵方襠部。（圖 7-194）

【要點】：挑臂要及時，上成跪步要快速，擊打要快、準、狠。

七、懷中抱月鎖喉嗓（擁肘式）───拷打搜肚緊跟上（搜肚拳）兩式的應敵秘法

敵前上右腳成右弓步，用雙臂抱我時；我速上右腳成為馬步，並用右肘撞擊敵腹部。（圖 7-195）

動作不停，我右腳關住敵左腿，同時右臂向右後擊敵胸部，使敵後倒。（圖 7-196）

我　　　　敵

圖 7-195

我　　　　敵

圖 7-196

【要點】：頂腹要猛，後擊胸要狠，右肩臂有右後靠之力。

八、順手牽羊站一旁（纏絲）招的應敵秘法

敵左弓步，左掌抓住我右腕時；我左掌速按住敵左掌背於己腕上。（圖 7-197）

我動作不停，下帶回領，並用右前臂壓折其左腕，敵反腕受折而傷。（圖 7-198）

我　　　　敵

圖 7-197

我　　　　敵

圖 7-198

我　　　敵

圖 7-199

敵　　　我

圖 7-200

【要點】：我按掌，敵手於我右腕上要牢，壓腕回領要一致，壓腕有力。

九、跟打兩捶連擊忙（連環捶）招的應敵秘法

我左弓步同時用右拳擊敵左肋部。（圖 7-199）

當敵用左拳下斬開我右拳時，我上體右轉成馬步，並用左拳側打敵腹部。（圖 7-200）

【要點】：動作要快速、連貫、有力、準確。

十、老虎出洞拗步掌（朝陽手）招的應敵秘法

敵左弓步用右直拳擊打我左肋時，我用左勾手摟開敵來拳。（圖 7-201）

動作不停，我上體左轉，右掌直臂前推敵方臉部。（圖 7-202）

【要點】：摟手要及時，推擊要快、準、狠。

圖 7-201　　　　　　　　　圖 7-202

十一、猛虎回頭忙扇襠（盼前回頭）───猛虎
出洞掏心上（通背式）兩招的應敵秘法

　　我馬步並用右勾向右上撩擊敵方襠部時，敵用左臂外
格。（圖 7-203）

　　我見敵襠護住，上體速右轉，並用左掌搓擊敵方面
部。（圖 7-204）

　　【要點】：撩襠要快，搓面要準、狠。

圖 7-203　　　　　　　　　圖 7-204

圖 7-205

圖 7-206

十二、撣手併步歸中堂（單翼式）

敵右弓步並用右直拳擊打我左肋部；我左手向前上托推開敵方來臂。（圖 7-205）

動作不停，左闖步，同時用左肘頂擊敵胸部。（圖 7-206）

【要點】：推防要及時，頂肘、闖步要一致，頂肘要迅猛。

第九節　八極四郎寬拳技擊精選

四郎寬拳內容豐富，招式多變，技擊實用，現將其部分動作的技擊精華介紹如下：

一、豁打頂肘

甲前上左腳，成為左弓步，同時用左直拳擊打乙臉

圖 7-207

圖 7-208

部；乙前上左腳成為左弓步，同時用右臂向右上架開甲的來拳。（圖 7-207）

甲左拳屈臂收於胸前，同時用右直拳擊打乙胸部；乙左拳成掌接握甲右拳腕回領，同時用右腳踩擊甲左腳面，右鑽拳擊打甲下頦。（圖 7-208）

圖 7-209

甲左腳後退一步，防開乙的踩腳；乙下腳踏地，左腳前上一步於甲右腳後方掛住其右腿，同時，右拳向下、向後舉，用左肘頂擊甲胸部。（圖 7-209）

【要點】：乙上架要及時；踩腳、領臂，攥拳要步調一致，上步頂肘要快狠。

二、擒臂頂胸

甲前上左腳成為左弓步，同時用左直拳擊打乙胸部；

乙

甲

圖 7-210

乙

甲

圖 7-211

乙右腳後退半步成為左虛步，
同時用左臂向左上架開甲左
拳。（圖 7-210）

　乙右腳向前跺擊甲左腿
脛，同時用右掌扇擊甲左耳
部。（圖 7-211）

　甲左腳後退一步防開乙右
腿；乙右腳踏地，左腿向前一
步於甲右腿後掛住其腿，同時

乙

甲

圖 7-212

右掌成拳向下、向後舉，用左肘頂擊甲胸部。（圖 7-
212）

　【要點】：乙外架要及時，外架同時要順勢握其腕回
領，右跺擊與揹掌要一致。上步要快速，頂肘要準狠。

三、架臂頂胸

　甲前上左腳成為左弓步，同時用右拳擊打乙胸部；乙
左腳前上一步成為左弓步，同時用右掌向左橫拍開甲右

圖 7-213　　　　　　　　　　　圖 7-214

八極拳運動全書

拳。（圖 7-213）

　　甲右拳收回，同時用左拳擊打乙臉部；乙前上右步踩擊甲左腳，同時用右臂上架甲左拳。（圖 7-214）

圖 7-215

　　甲左腳防踩後退一步，乙左腳前上一步於甲右腿後，掛住其腿，同時用左肘頂擊甲胸部。（圖 7-215）

　　【要點】：橫拍、上架要及時，上步頂肘要步調一致，要快準狠。

四、撞防頂胸

　　甲前上左腳成為左弓步，同時用右直拳擊打乙胸部；乙身體右轉，用左肩撞開其來拳。（圖 7-216）

　　乙左腳向左前滑闖一步掛住甲右腿，同時用左肘頂擊甲胸部。（圖 7-217）

圖 7-216

圖 7-217

【要點】：乙防守要及時，滑闖要快速，頂擊要狠準。

五、托防頂胸

甲前上左腳，成為左弓步，同時用右拳擊打乙臉部；乙前上左腳成為左弓步，同時右掌接托其拳，左掌托其肘回領。（圖 7-218）

乙左腳前滑闖一步成為弓步，並用左腳掛住甲左腿，同時用左肘頂擊甲胸部。（圖 7-219）

圖 7-218

圖 7-219

圖 7-220

圖 7-221

乙右掌成拳後
舉。（圖 7-220）

【要點】：乙防
守要及時，領臂、進
步、頂肘要一致，快
速有力。

六、轉風拐子

甲前上左腳成為
左弓步，同時用右直

圖 7-222

拳擊打乙左肋部；乙左臂下外斬開其來拳。（圖 7-221）

乙右腳前上一步掛住其腳，同時用右貫拳擊打甲左耳
部。（圖 7-222）

【要點】：乙下斬要及時，上步貫拳要協調一致，貫
拳要快準。

圖 7-223

圖 7-224

七、架防貫耳

甲前上左腳，同時用右拳擊打乙臉部；乙左臂向上架開其來拳。（圖 7-223）

乙左拳成掌順勢握領其臂，同時前上右腳成為右弓步，用右貫拳擊打甲左耳部。（圖 7-224）

【要點】：乙上架要及時，上步貫拳要快速準確，有力。

八、掛防貫耳

甲左腿支撐體重，用左腳蹬擊乙腹部；乙用左臂向下、向外掛開其腿。（圖 7-225）

乙右腳前上一步成為右弓步，同時用右貫拳擊打甲左耳部。（圖 7-226）

圖 7-225

圖 7-226　　　　　　　　圖 7-227

【要點】：乙掛腿要及時，上步貫拳要快準狠。

九、臥牛橫炮

甲前上左腳成為左弓步，同時用左貫拳擊打乙右耳部；乙速前上右腳成為右弓步，同時用右臂向上架開甲左貫拳。（圖 7-227）

圖 7-228

乙速用左掌推擊甲臉部。（圖 7-228）

【要點】：乙架臂要及時，推面還擊要快速。

十、斬臂搓面

甲前上左步成為左弓步，同時用左直拳擊打乙腹部；乙前上右腳成為右弓步，同時用右臂向下、向外斬開來拳。（圖 7-229）

乙速用左掌推擊甲臉部。（圖 7-230）

圖 7-229

圖 7-230

【要點】：乙下斬要及時，推面還擊要快。

十一、翻拳劈砸

甲前上左腳成為左弓步，同時用右拳擊打乙胸部； 乙左腳前上一步成為左弓步，同時用右掌接握甲右拳腕。（圖 7-231）

乙速用左手下按其右臂，右腳前上成右虛步，同時，騰出右手成拳翻砸甲臉部。（圖 7-232）

圖 7-231

圖 7-232

圖 7-233　　　　　圖 7-234

【要點】：乙防守要及時，上步砸拳要快準狠。

十二、格防砸面

甲前上左腳成為左弓步，同時用左拳擊打乙腹部；乙前上左腳成為馬步，同時用左臂外格甲右臂。（圖7-233）

甲左腳後退一步成為右弓步，乙右腳前上一步成為右弓步，同時用右翻砸拳砸擊甲臉部。（圖7-234）

【要點】：乙格臂要及時；上步翻砸要快準狠。

十三、踢襠砸面

甲前上右步成為右弓步，同時用左拳擊打乙臉部；乙左腳前上成左弓步，同時用左掌接握其左拳。（圖7-235）

圖 7-235

圖 7-236

圖 7-237

乙用右腳彈踢甲襠部，甲速用左拳下外撥拍。（圖 7-236）

乙右腳下落成為右弓步。同時用右翻拳砸擊甲臉部。（圖 7-237）

【要點】：乙防守要及時，彈踢要準，翻砸要快速、準確、有力。

十四、推擊分掌

乙前上右腳成為右弓步，同時用右直拳擊打甲胸部；甲前上右腳成為馬步，同時用雙掌繃住乙來拳。（圖 7-238）

乙速用左掌推擊甲臉部，甲身體右轉速用雙掌向右捧開乙

圖 7-238

圖 7-239

圖 7-240

圖 7-241

左臂。（圖 7-239）

　　乙身體左轉成為馬步，同時左掌向左平舉，右掌向右推擊甲左肋部。（圖 7-240）

　　【要點】：乙動作要連貫而快速有力。

十五、架防擊肋

　　甲前上右腳成為右弓步，同時用右直拳擊打乙胸部；乙右腳前上成馬步，同時用右臂向外上架開其右臂。（圖7-241）

　　乙身體右後轉，左腳右前上步成為馬步於甲右腿後掛住其腿，同時右臂向右平舉，用左掌推擊甲右肋部。（圖7-242）

　　【要點】：乙架臂防守要及時，上步推分掌要協調，

乙　　　　甲
圖 7-242

甲　　　　乙
圖 7-243

甲　　　　乙
圖 7-244

甲　　　　乙
圖 7-245

擊掌要快速有力。

十六、撥防擊面

　　甲前上左腳，同時用左直拳擊打乙肋部；乙右腳前上一步成為馬步，同時用右臂向後撥開甲左拳。（圖 7-243）

　　並速用左掌推擊甲臉部，甲偏頭閃過。（圖 7-244）

　　乙左掌左擺平舉，同時用右掌推擊甲胸部。（圖 7-245）

圖 7-246

圖 7-247

【要點】：乙防守要
及時，擊掌要連貫快速。

十七、架防擊面

甲前上左腳成為左弓
步，同時用右拳擊打乙臉
部；乙前上左腳成為左弓
步，同時用左掌外上架開
甲右拳。（圖 7-246）

圖 7-248

甲用左拳擊打乙臉部，乙速用右拳上架開來拳。（圖
7-247）

乙右腳滑闖一步扣住甲左腳成為馬步，同時兩臂做分
掌用右肘靠擊甲胸部。（圖 7-248）

【要點】：乙架臂要及時，闖步扣腿要快速貼靠甲，
靠肘要猛。

乙　　　甲

圖 7-249

乙　　　甲

圖 7-250

十八、撞襠靠胸

　　甲前上左腳成為左弓步，同時用右直拳擊打乙胸部；乙用右臂向左橫格來拳。（圖7-249）

　　乙順勢翻掌握住甲右拳腕，身體右轉，回領其臂，同時用左直拳擊打甲臉部。（圖7-250）

乙　　　甲

圖 7-251

　　甲後仰躲過，乙左腳前上並闖步用膝撞擊甲襠部，同時兩臂做分掌用左肘靠擊甲胸部。（圖7-251）

　　【要點】：乙防守要及時，握領沖拳要步調一致。闖步分掌靠擊要快速準確、協調。

十九、掐肚雙撞

　　甲前上右腳成為右弓步，同時用右直拳擊打乙臉部；

甲　　　　乙　　　　　甲　　　　乙
圖 7-252　　　　　　　圖 7-253

乙成為右虛步，同時雙掌向上繃托甲來拳。（圖 7-252）

　　乙動作不停，左腳前上一步成為左弓步，同時用雙掌撞擊甲腹部。（圖 7-253）

　　【要點】：繃托要及時，撞腹要快速，有力。

二十、格防推胸

　　甲前上右腳成為右弓步，同時用右直拳擊打乙臉部；乙成為右虛步，同時用右拳向左橫格開來拳。（圖 7-254）

　　甲速用左拳連擊乙，乙右臂向右橫格開來拳。（圖 7-255）

　　並乘機前上左腳於甲右腿後外側，關住其腿，同時左臂後攔住甲後腰，用右拳推擊甲胸部。（圖 7-256）

乙　　　　　　甲
圖 7-254

八極拳運動全書

圖 7-255　　　　　　　　圖 7-256

【要點】：乙防守要及時，上步，攔腰推胸（即掐腰）要協調一致，兩掌相對用力。

第十節　八極對接拳單拆應手制敵二十四法

　　八極拳單拆是我國傳統名拳之一。它以簡樸剛烈，兇猛異常、技法實用性強的獨特風格著稱於世。技法上講究挨崩擠靠、崩撼突擊、迅猛兇狠，以短制長。應用時，攻中有防，防中寓攻，招法連貫，三盤連擊，勁足勢猛。要求眼隨手轉，手腳齊到，上打下封，緊逼硬攻，短長兼施。臨陣應手可制敵頃刻之間，正如《八極拳譜》所贊曰：「八方來敵，八方擊斃。」又有「文有太極安天下，武有八極定乾坤」之說。因而備受技擊家的喜愛。現就將八極拳單拆應手制敵二十四技法，介紹如下：

我　　　　對方　　　　　　我　　　對方

圖 7-257　　　　　　　　　圖 7-258

一、踩腿攢打

　　我併步屈膝半蹲，左拳
屈肘托腮，右拳直臂右側
舉，目視對方，準備應手；
對方三體式站立，欲向我進
攻。（圖 7-257）

我　　　對方

圖 7-259

　　對方右腳前上成弓步，
同時用右拳向我胸部擊打而
來；我左手接抓住對方右腕回領，同時用右腳踩擊對方脛
骨。（圖 7-258）

　　接著，我右腳落成右虛步，同時用右拳攢打對方下頦
部，使對方頦傷。（圖 7-259）

　　【要點】：接抓防拳要及時。踩腿以腳底為力點，腳
尖外展，踩擊要準、狠。攢打下頦，由下向上打出，力達
拳面，攢打要快速、準確、有力。

我　　　　對方

圖 7-260

我　　對方

圖 7-261

二、掛臂頂肘

對方右腳前上成弓
步，同時用左拳向我腹部
擊打而來；我右腳前上成
虛步，同時用右臂向外下
掛開對方左來拳。（圖
7-260）

我不停，上體右轉，
左臂上舉。（圖7-261）

我　　　　　對方

圖 7-262

接著，我左腳前上一步於對方右腿外後側掛絆住其
腿，同時用左肘頂擊對方胸部，使對方胸傷。（圖7-
262）

【要點】：外下掛臂要及時，外掛擋順其來拳之勁，
橫向用力。上步掛絆腿要牢固，頂肘擊胸要快速、準確、
兇狠，力達肘尖。

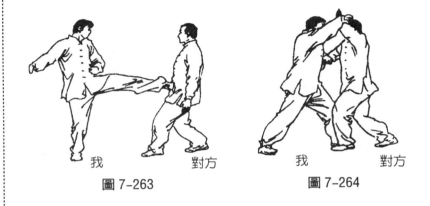

我　　　　　　　　對方　　　　　　　　　我　　　　　　　對方

圖 7-263　　　　　　　　　　　　　圖 7-264

三、攢擊推掌

我右腳支撐身體，用左踹腿踢對方腹部，對方挺腹抗住。（圖 7-263）

接著，我左腳落成弓步，同時用左掌下扒按開對方的右沖拳，並用右拳貫擊對方左耳部，我右拳被對方架擋住。（圖 7-264）

我　　　　　　對方

圖 7-265

再接著，我速用左掌推擊對方臉部，使對方臉傷。（圖 7-265）

【要點】：踹擊對方腹部要快。按掌防拳及時，貫拳橫向用力，力達拳面。推面要快速、準確有力。動作要連貫。

四、撩面擊襠

我左腿支撐身體，右腿屈膝上提（防對方上步踩

我　　　　對方

圖 7-266

我　　　　對方

圖 7-267

腳），同時用左反彈掌撩擊對方臉部；對方見我左掌擊去，速用右臂架擋我左掌。（圖 7-266）

接著，對方用左拳向我腹部還擊；我左手向右下按開對方左拳，同時右腳下落於左腳內側成並蹲步，並用右拳擊打對方襠部。（圖 7-267）

【要點】：反彈掌擊面要短快，與按防擊襠動作要連貫，按防拳要及時。擊襠要準確、猛狠。落步以使重心下降，以助擊襠之力。

五、彈踢翻砸

我併蹲步，用左推掌向對方面部推擊；對方左弓步，同時用左臂向上擋架住我左推掌。（圖 7-268）

接著我左手反手抓住對方左腕，右手按其左肘關節向左後領對方左臂，同時用右腿彈

我　　　　　對方

圖 7-268

我　　　　　　對方

圖 7-269

我　　　　　　對方

圖 7-270

踢對方腹部。（圖 7-269）

　　然後，我右腳落步，同時用右翻砸拳砸擊對方臉部，使對方臉傷。（圖 7-270）

　　【要點】：推掌、領臂、彈腹、砸面要連貫、快速、有力，不給對方喘息之機。

六、纏臂頂肘

　　對方左腳前上成弓步，同時用左沖拳向我腹部擊打；我成右虛步，同時用左手下按防對方右沖拳，同時我用右翻臂掌扇擊對方臉部，對方用右臂向上擋架住我右掌。（圖 7-271）

　　接著，我右手反手抓握其右腕向右後回領，同時我用左掌下按對方右肘，並用左肘撞擊對方右耳部。（圖 7-272）

我　　　　　　對方

圖 7-271

八極拳運動全書

我　　　　對方

圖 7-272

我　　　對方

圖 7-273

動作不停，我左腳前上一步於對方右腿外後側絆住其腿，同時用左肘從對方右腋下撞擊對方右肋部，使對方肋傷。（圖 7-273）

【要點】：按腕消拳要及時，扇面快速；領臂壓肘要反其關節，上步絆腿要牢。頂撞對方肋部要猛狠。

七、彈襠頂胸

對方左腳前上成弓步，同時用左貫拳擊我右耳；我左腿支撐身體，同時用右臂擋架開對方左貫拳，並用右腿彈踢對方腹部；對方用右手外掛開我右腿。（圖 7-274）

接著，我右手向上擋架對方左臂，同時右腳下落，身體右轉，左腳上成馬步，並用左肘撞擊對方

我　　　對方

圖 7-274

胸部，使對方胸傷。（圖 7-275）

【要點】：架臂防拳要及時向上用力擋架，彈腿快速。右腿下落、轉身、上步要協調、一致。左肘頂擊胸部要準確、猛狠。

八、翻砸頂肘

對方右腳前上成弓步，同時用右沖拳向我腹部擊打；我速由右手

圖 7-275

接抓住對方右拳腕向右後回領，同時用右腳踩擊對方右腿脛骨。（圖 7-276）

接著，我右腳下落，左腳前上成虛步，同時用左翻砸拳砸擊對方臉部；對方速用右臂向上擋架住我的左砸拳，同時用左沖拳還擊我腹部；我速用右手刁按對方左拳。（圖 7-277）

我右手順勢握其左腕向右後領對方左臂，同時我左腳向前進半步成為馬步，並用左肘頂擊對方胸部，使對方胸傷。（圖 7-278）

圖 7-276

圖 7-277

我　　　對方

圖 7-278

我　　　對方

圖 7-279

我　　　對方

圖 7-280

【要點】：接抓對方右
腕要準確，踩腿要準狠。落
步、上步、翻砸要協調一
致，刁抓胸領臂與頂肘要同
時，頂肘擊胸猛狠。

九、壓架彈踢

對方左腳前上成弓步，
同時用左拳向我腹部擊打；
我左腳前上成虛步，同時用左掌向下壓按對方左腕；對方
又用右翻臂掌向我臉部扇擊；我速用右臂向上擋架住來
掌。（圖 7-279）

接著，我右手順勢刁抓住對方右腕，向右後回領，同
時用右彈腿踢擊對方腹部，使對方腹傷。（圖 7-280）

【要點】：壓、架防拳、掌要及時，刁腕領臂與踢腹
要一致。踢腹要快速、猛狠、有力。

我　　　對方　　　　　　　我　　　對方

圖 7-281　　　　　　　　圖 7-282

十、翻砸架打

我右腳前上成虛步，同時用右翻臂掌扇擊對方臉部時；對方左腳前上成弓步，同時用右臂向上擋架開我的右掌。（圖 7-281）

接著，對方左腳後退一步，同時用左沖拳向我臉部擊打；我速用左掌向上架防開對方的左沖拳，同時成左跪步，並用右沖拳擊打對方襠部，使對方襠傷。（圖 7-282）

【要點】：翻掌扇擊要快速，架防對方左沖拳要及時，向上托掌。跪步前滑，擊襠快速、準確、有力，力達拳面。

十一、沖架頂肘

我右腳前上成弓步，同時用左沖拳向對方腰部擊打；對方右弓步，同時用左臂外掛開我左沖拳。（圖 7-283）

對方用右推掌向我面部推擊，我速用右臂擋架住對方

圖 7-283

來掌。（圖 7-284）

　　動作不停，我右手刁抓住對方右腕向右後回領同時，左腳前上成馬步，並用左肘頂撞對方右肋部，使對方肋傷。（圖 7-285）

　　【要點】：沖拳快速，架擋防掌要及時，抓腕領臂、上步、頂肋要一致，領臂借其推掌之勁。上步注意勾掛絆腿，使對方右腿不能變化。頂肘擊肋要猛狠。

圖 7-284

圖 7-285

我　　對方
圖 7-286

我　　對方
圖 7-287

十二、敞懷踹腿

八極拳運動全書

對方右腳前上成弓步，同時用右沖拳向我胸部擊打；我身體後閃成右虛步，同時用右掌從右向左橫拍開對方來拳。（圖 7-286）

我　　對方
圖 7-288

接著，我左腳前上成馬步，同時右掌隨之向右後擺，同時用左推掌推擊對方腹部。（圖 7-287）

然後，對方右轉身禦我左掌，並用左沖拳還擊我胸部；我速用左掌向右橫拍開對方左拳，並用左腳踹擊對方左腿脛骨，使對方腿傷。（圖 7-288）

【要點】：橫拍防要及時，上步推擊腹部要快猛。踹腿準狠，力達左腳掌外側。

我　　　　對方

圖 7-289

我　　　對方

圖 7-290

十三、掛防搬打

對方左腳前上成弓步，同時用左拳向我左肋部打來；同時用左臂外掛防開對方左沖拳。（圖7-289）

接著，我速進身，用胸部貼近對方胸部，同時用左手搬住對方後腦同拉。（圖7-290）

我　　　對方

圖 7-291

動作不停，我用右拳擊打對方臉部，使對方臉傷。（圖7-291）

【要點】：外掛防拳要及時橫向用力。進身快速；搬頭要牢，猛狠，有力，力達拳面。

十四、外撥掐掌

對方左腳前上成弓步，同時用右掌向我臉部推擊；我

我　　　對方

圖 7-292

我　　對方

圖 7-293

我　　　　對方

圖 7-294

左腳在前成為左虛步，同時用左臂外撥開對方右掌。（圖7-292）

　接著，對方又用左沖拳向我腹部擊打；我速用右勾手外摟開對方左拳，同時用左翻掌扇擊對方臉部。（圖7-293）

　動作不停，我右腳前上一步於對方襠前，並用右膝撞擊其襠，同時用左臂攬抱住對方後腰，並用右掌推擊對方下頜部，使對方頰傷。（圖7-294）

　【要點】：撥、摟防要及時，扇掌快速，上步攬抱、推頜要協調一致，推頰快、準、狠。

十五、格抄擊胸

　對方右腳前上成弓步，同時用右沖拳向我胸部擊打；我重心後移成右虛步，同時用右臂向左橫格防開對方來

圖 7-295　　　　　　　　圖 7-296

拳。（圖 7-295）

接著，對方又用左蹬腿向我胸部蹬擊；我左腳前上成四六步，同時用右臂抄抱住對方左蹬腿，並用左掌側擊對方胸部。（圖 7-296）

【要點】：抄抱防腿要及時，順其來腿上抄抱。左掌擊格防要及時，橫向用力。上步快速，橫掌猛擊，力達掌外緣。

十六、外撥靠撞

對方右腳前上成弓步，同時用右沖拳向我腹部擊打；我右腿支撐身體，左腿屈膝上提（防對方上步踩腳），同時我用左手外摟撥開對方來拳，並用右掌戳擊對方喉部；對方後仰躲過。（圖 7-297）

對方　　　　我

圖 7-297

图 7-298 图 7-299

接著，對方用左拳向我右肋擊打；我左腳下落步，同時用右臂外掛擋開對方左拳。（圖 7-298）

然後，我左腳前上成弓步，同時用左臂攬抱住對方後腰，並用我右胸或右肩靠撞對方胸部。（圖 7-299）

【要點】：向外撥摟對方右拳時牢，左拳的攻擊要及時，臂向外撐。上步快速，攬抱後腰要緊，撞擊胸部要兇猛。

十七、彈踩壓肘

對方右腳前上成弓步，同時用右拳向我腹部擊打；我身體重心後移成左虛步，同時用左掌向下按防開對方的右來拳。（圖 7-300）

接著，我身體重心前移，左腿支撐身體，同時

图 7-300

我　　　對方

圖 7-301

我　　　對方

圖 7-302

用右腿彈踢對方襠部；對方速後撤右步，同時用右臂外掛防我右彈腿。（圖 7-301）

　　然後，對方用左拳向我右肋部擊打；我速用左手抓其腕，右手按其左肘向左後回領，同時用右腳下踩對方左腿，使對方肘腿受傷。（圖 7-302）

　　【要點】：按防拳要及時，向下用力。彈腿踢襠快準、有力。領臂按肘順其沖拳之勁，按肘要反其肘關節，踩腿向下猛狠用力。

十八、推摟擊襠

　　對方右腳前上成弓步，同時用左拳向我腹部擊打；我右腿支撐身體，左腿上提（防踩腳），同時用右手外摟開對方的左沖拳。我速用左掌推擊對方面部；對方速用右掌外挑架開我左掌。（圖 7-303）

我　　　對方

圖 7-303

接著，我左腳落成並蹲步，同時用右拳向前下搗擊對方襠部。（圖7-304）

【要點】：摟手防拳要及時。推掌擊面快速。右拳搗擊襠部要準確、快速、猛狠，力達拳面。

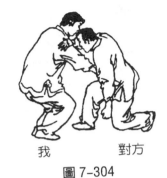

我　　　　對方

圖7-304

十九、拍架防打

對方左腳前上成弓步，同時用左沖拳向我臉部擊打；我左腳左前上成弓步，同時用左掌向右橫拍開對方來拳。（圖7-305）

對方左腳後退成右弓步，同時用右沖拳向我臉部打來；我速用右臂向上挑架開對方右來拳。（圖7-306）

接著，我用右沖拳擊打對方腹部。（圖7-307）

【要點】：橫拍防拳要及時，挑架向上用力，還擊對方腹部要快速、準確、猛狠、有力。

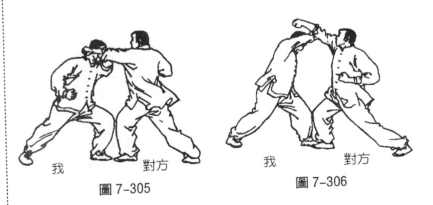

我　　　　對方　　　　　　我　　　　對方

圖7-305　　　　　　　　　　圖7-306

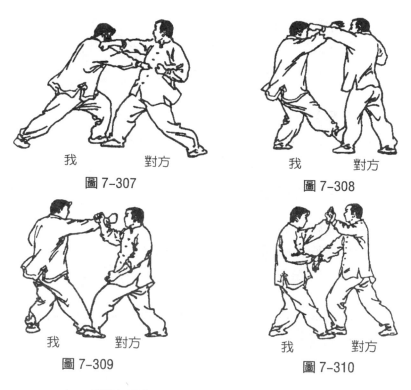

我　　　　　對方

圖 7-307

我　　　　　對方

圖 7-308

我　　　　　對方

圖 7-309

我　　　　　對方

圖 7-310

二十、踩架領打

　　對方左腳前上成左弓步，同時用左沖拳向我臉部擊打；我用右臂向右上挑架開對方來拳，同時用右腳踩擊對方左腿脛骨。（圖 7-308）

　　我右腳下落步，同時用右拳向對方臉部擊打；對方用右臂向上挑架開我右拳。（圖 7-309）

　　我又用左掌推擊對方臉部；對方速用左臂挑架住我左掌；對方用右掌向我腹部推來；我用右手接抓住對方右腕向右下回領。（圖 7-310）

我左手順勢抓住對方左腕向左右回領，同時用右拳擊打對方腹部，使對方腹傷。（圖7-311）

【要點】：挑、架、踩、打動作要連貫、快速、準確、有力。打中有防，防中有打。

我　　　對方

圖7-311

二十一、領踢靠打

對方右腳前上成弓步，同時用左手向我腹推擊而來；我左手接抓住對方左腕，右手按其左肘關節向左右回領，同時用右腳彈踢對方腹部。（圖7-312）

我右腳落成弓步，同時用右臂斜靠對方胸部；對方速用右臂擋架我右臂。（圖7-313）

接著，我右手順勢抓握住對方右腕向右後回領，同時前上左腳，並用左拳擊打對方右肋部。（圖7-314）

對方　　　我

圖7-312

對方　　　我

圖7-313

對方　　　我

圖 7-314

對方　　　　我

圖 7-315

【要點】：領臂按肘
要反其肘關節，彈踢腹部
要有力，力達腳尖。右臂
斜靠要猛狠。擊肋與領臂
要一致，擊肋猛狠。

對方　　　我

圖 7-316

二十二、拍防彈撩

對方左腳前上成左弓
步，同時用左拳向我臉部
擊打；我左腳前上步，同時用左掌向右橫推開對方的來
拳。（圖 7-315）

接著，我用右腳彈踢對方襠部。（圖 7-316）

然後，我右腳下落步成為馬步，同時用右拳撩擊對方
襠部。（圖 7-317）

【要點】：橫推防拳要及時。彈襠準猛，與撩拳要連
貫。撩拳擊襠要快速、準狠、有力，力達拳背。

對方　　　我

圖 7-317

對方　　　我

圖 7-318

二十三、按防擊腹

對方左腳前上成弓步，同時用右拳向我腹部擊打；我左腳後撤成右虛步，同時用左掌向下按開對方右沖拳。（圖 7-318）

接著，我左腳向前上步，同時用右沖拳擊打對方腹部。（圖 7-319）

對方　　　我

圖 7-319

【要點】：按防對方來拳要及時；左腳前上步與右沖拳擊腹要一致。擊腹要快速、準確、有力，力達拳面。

二十四、纏臂頂胸

對方左腳前上成弓步，同時用右掌向我推來；我右腳前上成虛步，同時用右臂外挑架開對方來掌。（圖 7-320）

接著，我左手順勢反手抓握住對方右腕向右後回領，

我　　　對方

圖 7-320

我　　　對方

圖 7-321

同時前上左腳成為馬步，並用左肘從對方右臂上方頂擊對
方胸部。（圖 7-321）

　　【要點】：挑架掌防守要及時，抓腕、領臂、上步、
頂肘擊胸要一致，頂胸要快速、準確、有力，力達肘尖。

八極拳拳姿

安在峰八極拳照—兩儀式

1. 兩儀式

安在峰八極拳照—豁打頂肘奔胸膛

2. 豁打頂肘奔胸膛

安在峰八極拳照—撣手併步歸中堂

3. 撣手併步歸中堂

安在峰八極拳照—臥牛橫炮打撞牆

4. 臥牛橫炮打撞牆

安在峰八極拳照—轉風拐子朝太陽

5. 轉風拐子朝太陽

安在峰八極拳照—轉身上步反背掌

6.轉身上步反背掌

7. 彈腿併步臂格擋　　　8. 腳落步子迎面砸

9. 脫手擊背腳掛踏　　　10. 斜插拗步逞剛強

11. 勾摟併步迎面掌　　　12. 刁攦手接大纏上

第7章　八極拳實戰用法

13.踩腳抽手雲抹掌　　　　　14.金絲纏腕用腰上

八極拳運動全書

15.轉環敞懷兩分掌　　　　16.震步刁手小纏上

第 **8** 章

ﾉ\極拳輔導疑問

第一節　八極拳問答

問：八極拳起源於何時何地？由誰所創？

答：這個問題至今尚沒定論，說法不一。一說起源於明代。在戚繼光所著《紀效新書・拳經捷要篇》中，介紹當時有名的十六家拳法時，曾提到「巴子拳」即「八極拳」；一說源於武當，是武當道士根據前人經驗所創；一說是清代河南嶽山寺和尚張岳山所創；一說是清代名叫「癩」的雲遊高僧所創。但均無確切史料依據，尚有待進一步考證。

目前較為可靠的是《滄縣誌》的記載。《滄縣誌》卷之八《人物・武術》記載：「吳鐘，八方八門即八極（拳）術之初祖也，字弘聲，孟村鎮，天方教人，八歲就學，聰慧過人，年甫弱冠，勇力出眾。遂棄書學技擊，晝夜練習，寒暑無間。一夜方舞劍於庭中，來一道士，吳問其姓字，其人不答，坐談武術，皆聞所未聞，道士留十年

……罷辭去。」過了兩年，道士的弟子「癖」又來，贈吳鐘《八極秘訣》一卷，並傳授了大槍術的奧妙。雍正年間，吳隻身三闖福建泉州蒲田少林寺，寺內諸多暗器無一傷身。吳鐘於乾隆年間在孟村鎮設場，使八極拳廣為流傳。故有「孟村八極」和「吳氏八極」之說。在《八極拳譜》中記有：「我（著譜人吳會清）祖諱鐘者，北方八極門拳之卓著者也。其術授於「癩」精於「癖」，技之高妙，為一時王公大人所許與，授徒一百五十餘人，一時武技號為極盛厥，後恐異術之終湮滅也，創為八極門。」譜中以道士為始祖，吳鐘為二世，沿至今已十世矣。

問：八極拳有哪些別名？

答：八極拳早年間有人稱作「巴子拳」「八忌拳」「八技拳」「八擊拳」「單拆拳」「單摘拳」「小極管招」「八極對截」「開拳」「開門拳」「開門八極」等。但近代稱「八極拳」的居多，且早已被人們所接受。至今八極拳有這麼多的名稱，這是由於時代、地區等等因素所造成的。總的來看這些命名是有一定道理的。這些命名從與「八極」二字諧音，從套路內容的概述，從運動形勢的總述，從技擊特點的概述，從古代的哲理拳論等幾個不同角度而命名的。

問：為什麼叫八極拳？

答：這個問題說法不一。下列說法可作參考。

①《淮南子·墜形訓》記有：「天地之間，九州八極。」又「九州之外，乃有八殥」「八殥之外，而有八

紘」「八紘之外，乃有八極」「殥，猶遠也」「又紘維也，維落（絡）天地而為之表，故曰紘也」。《後漢書・顯宗存明帝紀》「恢弘大道，被之八極」。故此拳稱八極者。乃取八方極遠之意也；

②是陰陽論。即八為陰陽極指變化。八極拳的運動方位，技法招術，內外功力，拳腳腰身分為八陰八陽，並以此為根本，進行基本功訓練和技擊對抗，技擊時進退虛實，上下左右，內外圓直，奇正動靜，陰陽相生，極盡變化。故此拳稱「八極」。

③四肢八節論，即掌（指）、拳、肘、肩、腿、腳、膝、胯八個關節部位都用，而且要善用，用活到極點，即所謂「八極」。

問：八極拳有幾種手型？

答：八極拳的手型分拳、掌、勾三種。

①拳：四指用力捲屈，拇指壓在食指和中指第二節處。但有時由於動作之需要，無名指和小指也可鬆握稱「開口拳」；

②掌：五指自然伸開，掌心內凹，虎口撐圓，腕部下塌，掌指向上，掌根向前突出；

③勾：五指撮在一起，腕關節彎曲。

問：「四六步」是怎樣的？

答：「四六步」就是半馬步。兩腳左右開立，略寬於肩，左腳尖外撇約 45°，上體左轉，與左腳尖方向相同。重心落於左腿十分之四，落於右腿十分之六。左腳尖外撇

為左「四六步」，右腳尖外撇為右「四六步」。

問：什麼叫「闖步」？

答：闖步就是滑搓步。當一腿屈膝震腳之後，另一腳迅速向前搓地，直沖滑出，並身體相應隨之朝前闖撞，成為馬步姿勢，此種步法叫做「闖步」。

問：碾震腳和擁搓步有什麼不同？

答：碾震腳又稱跺碾腳，它是全腳掌著地，然後腳跟提起內轉，再外轉下踏震地的一種步法。擁搓步是以腳尖、腳跟依次用力搓地的一種步法。

這兩種步法雖然都是助之發力的，但它們也有明顯的區別：碾震腳尖著地為軸，提起腳跟離開地面外旋踏震的，屬於震腳的範疇。而擁搓步是以腳心為軸，腳掌不上提（貼地面）腳尖腳跟依次搓地面撐轉，屬於搓步的範疇。

問：八極拳對頭頸有什麼要求？

答：對頭頸姿勢，拳論中有「頭頂懸」「虛領頂勁」「頂頂挺頸」等提法。這些提法都是指頭要上頂，又避免頸部用力的意思。如頂勁過大則引起頸部肌肉僵直，失掉了靈活性和自然性。如果頭部東倒西歪，不僅影響姿勢優美和轉動的協調，且會精神難以集中，還會影響大腦的支配和狀態的反射。因此，對頭頸部的要求不能看成只是一個姿勢問題，而應把它與精神集中密切聯繫起來。如果做到頂頂挺頸，就能使周身上下協調一致。動作起來就會靈

活無呆滯的現象。

問：八極拳對於肩肘有什麼要求？

答：上肢姿勢最重要的是「沉肩墜肘」，其中最關鍵的是沉肩（鬆肩）。肩是上體極為重要的環節，三角肌把上臂同肩胛骨和鎖骨連接在一起，背闊肌把胸椎、腰椎與肱骨連接在一起，胸大肌又把肱骨、胸骨和鎖骨連結起來。所以要做全臂部的活動，同時又是胸和背的運動。只有肩部高度放鬆，上體、胸背等處才能全鬆下來，從而達到上體輕鬆靈活，下肢沉實穩當。肩要鬆沉靈活，肘關節必須下墜（垂）其目的是更好地鬆沉肩關節，便於變化。因此，八極拳要求「沉肩墜肘」。

問：八極拳對胸背有什麼要求？

答：練習八極拳首先要做到「含胸拔背」。何為含胸？「含胸」就是胸不用力外挺的意思。也就是僅僅兩臂微微內含，胸肌鬆弛，不是挺胸怒氣。能「含胸」自然能「拔背」，即做到脊背舒展自然。如果胸部挺起，則心氣不易下降，橫氣填胸，丹田空空；身體重心下輕，下盤不穩不固。同時還妨礙肺臟的吐故納新。也妨礙血液回流於心臟，練久影響不良。因此，儘量做到「含胸拔背」對練好八極拳十分重要。

問：八極拳對於腰脊有什麼要求？

答：練習八極拳腰脊尤其重要。拳論說：「命意源頭在腰間。」這就是說腰脊在練習八極拳過程中起著主宰作

用。「塌腰」是對腰的具體要求。腰部要向下垂,但不可用力,不能使腰部肌肉緊張而影響轉動的靈活性。要按照脊柱的生理曲線自然下塌。注意含胸塌腰是向下鬆沉,頂頂挺頸,是虛虛上領,使脊柱有上下對拉的意思。脊柱是貫串整個軀幹的中軸,起著維持身體姿勢的作用。

問:八極拳對襠臀有什麼要求?

答:練習八極拳要適當地「吊襠斂臀」,就是臀部不要外凸。不然就造成腰部前挺和胸部突出的現象,使胸肌緊張而影響呼吸和動作的完整。因此,要「吊襠斂臀」以保持軀幹正直。

問:「氣沉丹田」是怎麼回事?

答:「氣沉丹田」是用意識導引氣血下沉至小腹部,要求全身放鬆,意識活動似守非守地寄於小腹部。八極拳之所以要求「氣沉丹田」是因為氣沉丹田能增進呼吸功能,能促進血液循環,堅實內臟,促進消化吸收,能降低重心,使下盤穩固,有利於技擊。

問:八極拳的「六字訣」是什麼?

答:八極拳的六字訣是:「頂、抱、擔、提、挎、纏」,簡釋如下:

①「頂」是上領下沉左頂右拉的「十字整勁」。是將力量集中於身體部位於一點上,用整勁衝撞被擊部位為頂,常用的部位有頭頂、肩頂、肘頂、膝頂等;

②「抱」是緊縮一團,枕戈待發,寓攻於防中有攻的

技擊法。是肢體向內攬合攏的力量和打法；

③「擔」就是以拳輪為力點的翻砸拳法。是借助擰轉伸挺等身法和手法，向不同方位發出劈、抽、掛、挑等勁力和動作的方法；

④「提」是指腿的變化。是向上用力的方式；

⑤「挎」是短擊和快摔法。也有挎臂外翻和胯打的意思；

⑥「纏」是擰轉抓拎以巧制人的方法。是以圓破直之法，是一種刁、扣、捋、索勁力和手法。

問：八極拳的樁功及其作用是什麼？

答：八極拳樁功大致分來有兩種。一種是外功樁法，另一種是內功樁法。

外功樁包括摟樁、靠樁等，用以增強拳掌肘肩胯背臀等部位的硬度，提高擊打格擋、頂撞和抵抗能力。訓練近異發功進行短擊和貼身靠打的方法。提高協調性能。起到「外練筋骨皮」的效用。

內樁功包括站樁和活步樁兩種。站樁有二儀樁（先天樁）、三體樁（三尖並照樁）、四向樁（十字樁）等。用於鍛鍊氣的鼓蕩，去其浮躁，外示安逸。發展腿部的力量，提高耐久力，並練周身的動力定型，穩固下盤，使其起步靈活。總之是達到「內練一口氣」的目的。

問：練習八極拳的益處有哪些？

答：練習八極拳能很好地發展靈敏、速度、力量、耐力等素質，提高動作協調能力，對內臟器官和中樞神經系

統也有很好的作用，還可以增強血液循環系統，呼吸系統和消化系統活動的機能。有利於改善大腦皮層和各神經中樞的協調關係，除此之外，還有培養近身打法著實發力，適時解脫的技能和機智勇敢頑強的意志品質。總之有利於健體，有利於實戰的培養。

第二節　八極拳理歌釋義

一、拳似流水腰連貫

「拳似流水」是對上肢「手法」所提出的要求。要求「手法」運動必須像流水般輕快、柔勻、敏捷；著力必須像駭濤驚浪般拍擊陡岸。不僅在拳臂掄劈時如此，像抖腕、攦手這樣的小動作也該如此。

上肢運動要達到「拳如流水」的要求，就必須以「腰連貫」，意在肩、肘、腕鬆活的情況下，「發力於腰、傳於肩、催於肘、達於手」。要做到「拳似流水腰連貫」，必須做到順肩擰腰、身正步順、自然協調，使全身的力量貫到力點上。

二、腰似蛇行腳似鑽

「腰似蛇行」是對「身法」提出的要求。「身法」是以腰為軸帶動周身，結合動作而變化。因而，「腰似蛇行」的身法要求：一方面是在運動時要求各種「身法」像「蛇行」那樣靈活，有曲折、有變化；另方面也是對胸椎

和腰椎的柔韌性提出了高要求，使動作完成得既柔軟又堅韌。

「腳似鑽」是對「步法」提出的要求。「步法」在八極拳裏，不僅要快，而且要穩固，有如「震腳闖步如穿石入洞，落地生根」之固。這樣就能為軀幹的活動提供必要的穩固條件。步不穩則拳亂，步不快則拳慢。「步法」的穩固和快速直接影響著八極拳的品質。

三、剛柔圓活上下連

「剛柔」，是對勁力而言。八極拳的勁力有「明勁」「暗勁」。明勁則剛，具有威猛沉穩，發如炸雷的風格，暗勁剛柔，它以「四六步」為主，用「擁搓」「跺碾」步法儘量做到緩慢均勻，動作之間不斷勁，但忌「僵勁」「硬勁」。在運動時只有做到剛柔相濟，才能使勁運用柔順，飽滿，發勁才具有彈性。

「圓活」是對運動路線的要求。八極拳的動作是以各種弧線、曲線、直線為基礎構成的。練起來要自然、和順、完整。

「上下連」強調所有的動作、勢式都必須是始終連綿相屬；氣勢不斷。所謂「連」，並不是要求整個拳路動作、勢式毫無停頓地一氣完成，而是強調在一招一勢之間，應該做到「形斷意連」「勢斷氣連」，善於運用內在的心志活動。透過眼神把上下動作的意向連接起來，使之勢勢相連，貫穿一氣。

四、閭尾中正神貫頂

「閭尾中正神貫頂」意思是從頭頂經軀幹至會陰須保持成一條直線。上領頂勁，下守重心。無論身體向何方運動，都必須保持這條直線，閭尾中正，周身正中，保持任、督二脈暢通。這樣可免除身體前俯後仰，左歪右斜的錯誤，才能達到形象端莊而力變化，形成「十字整勁」「力撐八方」。

五、滿身輕俐頭頂懸

「滿身輕俐頭頂懸」是對頭部的要求。頭部虛領上頂，有如懸線將頭部提起，使其平正而不歪斜，下頦內含，頸部鬆直自然而不僵硬，以虛領頂勁，能使脊柱正直，筋肉顧順遂。這是精神與軀體結合的關鍵。

六、體內氣固神內斂

「體內氣固」是「內練一口氣」之說。「氣固」是「托、聚、沉」呼吸法的總述。在八極拳運動中，呼吸之法最忌上提，這是因沒有竄蹦跳躍動作決定的。「托氣法」用於靜止性動作，可以穩定動作，「聚氣法」用於剛脆短促有力的動作，「沉氣法」用於高動作進入低動作。這些調節呼吸的方法又須以「沉」為主，同時根據勢式的變化自然運用。

「神內斂」，是對精神的要求。在練八極拳時，首先要注意力集中，精神飽滿，要表現出勇敢機智，無所畏懼，準備格鬥的神態，臉部表情要始終保持含而不露，即

所謂「神內斂」。

七、陰陽虛實極變化

「陰陽」就是拳法中的動靜、剛柔、虛實、進退、呼吸、開合、蓄發等對立統一因素。「二而為功」，認為有陰有陽，才能有運動，有變化，才能產生功用。如果只有陰，或只有陽，都將勻動或滯息。因此，陰陽具備方可「極為變化焉」。

所謂「虛」是指輕、靈、動、蓄等動作；所謂「實」是指沉、穩、靜、發等動作。虛與實既對立又統一。練習八極拳時，切不可把虛實絕對化，應該做到虛中有實，實中有虛，忽暗忽現。

八、命意源泉在腰間

「命意源泉在腰間」的論述，是指「腰間」為四肢運動的中軸，關係到全身平衡的調整與內勁的運轉，所以要刻刻留心在腰間。練習八極拳應該留意鬆、沉、直豎、旋轉靈活，不可搖擺歪斜。這樣做才能平衡重心，摺疊有術，轉換有方，變化多樣。發力才有彈性和爆發力。

第三節　三勁合一的八極功
———兩儀樁

兩儀樁（又叫先天樁）是八極拳最重要的基本功。它是根據八極拳練習三種勁力（十字勁、沉墜勁、纏絲勁）

的需要而安排的技術，因此，練習八極拳必須練好兩儀樁。

一、何謂兩儀樁

兩儀樁是取兩儀立而生變化之意，其目的就是練先天之氣。

「無極生太極，太極動而生陽，動極而靜，靜而生陰，靜極復動，一動一靜，互為其根，分陰分陽，兩儀立焉。」「離為八極，剛柔相成」，這幾句話可以說是「八極」的基本原理。

八極對人體來說，「背為陽，腹為陰；臟為陰，腑為陽。心為陽中之陽，肺為陽中之陰，腎脾為陰中之陰，肝為陰中之陽」。

以人的四肢來講，下肢為陰，一足為陰中之陽，另一足為陰中之陰；上肢為陽，一手為陽中之陰，另一手為陽中之陽，其中一手與反側之足為陽，另一手與反側之足為陰，人走路邁左腳，擺右手（為陽），左腳落，收右臂（為陰），起右腳前邁，擺左臂（為陽）。這樣，靜則為守，動則為變，反反覆覆，變化無窮。

二、兩儀樁的練法

(一)靜站法

兩腳左右開立，中間距離略寬於肩；兩腿屈膝半蹲成馬步，兩腳尖用勁向裏扣，兩膝用勁向外撐，大腿屈平；左臂屈肘於胸前成抱嬰兒狀，拳心向下，肘與拳平行；右

臂屈肘右頂成托腮狀，腕向上翻，右拳正對鼻尖；目視右肘方向；以鼻徐徐吸氣入腹（丹田處），旋又徐徐以鼻呼出。初練時，每次靜站 1～3 分鐘，站 1～2 次。

目的：主要鍛鍊氣的鼓蕩，使氣在緊張之中仍能平和，去其浮躁，外示安逸，以增強腿部的力量和持久性能，並鍛鍊「沉墜之勁」和周身內外的「十字整勁」，使勁與氣合，內與外合。

（二）動站法

由靜站姿勢開始，步不動，左拳由下向右上經面前向下，於胸前環繞成抱嬰兒狀，拳心向下，肘尖向左與拳平行；同時，右拳向下、向左上環繞於鼻前，猛速向右側頂肘，成為托腮狀，腕向上翻，右拳正對鼻尖，目視右肘方向；拳臂環繞變勢時，以鼻徐徐吸氣入腹，頂肘時用鼻急促呼出。照此再頂左肘，反覆進行百次。

目的：主要用以練習內氣，固根築基，練短擊之法和沉墜纏絲之勁力，提高協調性能，增強攻防意念。

（三）行步法

由「靜站」姿勢開始，右腳帶動左腳向右搓地滑出（闖步），仍成馬步，同時照「動站法」做左抱嬰兒狀，右頂肘托腮狀，闖步繞臂時以鼻吸氣入腹，步落、肘至時以鼻急促呼出。照此再闖左步頂右肘，反覆進行百次。

目的：主要練習闖步頂肘，力求在運動中練內氣，固根鞏基，以沖闖速進而不失「十字勁」「沉墜勁」「纏絲勁」內氣不散，招法變換敏捷，而能內勁吞吐自如，力貫

四梢撐八面，此為兩儀椿的最高階段。

三、兩儀椿的意念

練習時要有「頭頂青天，腳踏兩灣，背貼直樹，肘穿遠山，周身運動，力撐八面，旋似螺絲入扣，發似火藥爆炸」之意。

四、兩儀椿對人體各部位的要求

對頭頸的要求是：頂頂挺勁，頦向裏收，耳聰目明，合唇叩齒，舌頂上顎，鼻呼鼻吸，振起精神。這樣要求的好處是易通三關。

對肩肘的要求是「沉肩墜肘」。這樣可以身力到肘，胸空氣和，肘不離肋，自然靈便。

對胸背的要求是「含胸拔背」，兩臂微微內合，胸肌放鬆，脊背舒展自然，如此則心氣易於下降，沉入丹田，下盤穩固，有利於吐故納新和血液回流。

對腰脊的要求是「塌腰」，就是腰部向下垂，不可用力，其好處是腰部轉動靈活，擰腰配合協調，可增加頂肘的力量。

對襠臀的要求是「吊襠斂臀」，就是襠部不要外凸，不然就會造成腰部前挺和胸部突出的現象，使胸肌緊張而影響呼吸和動作的完整，「吊襠斂臀」才能保持軀幹正直。

對膝足的要求是「撐膝扣足」，就是兩膝用力向外撐，腳尖用勁向裏扣，大腿屈平，膝不衝出足尖，足心空懸，腳趾扣地，如此則椿步力厚，如樹生根，靜似山岳，動若崩堤。

五、兩儀椿的意義及作用

兩儀椿是以靜、動、行步相結合的方式鍛鍊氣息和內臟器官的方法。靜站法是像椿那樣靜止不動，在不動中鍛鍊內部氣息的調動，鍛鍊勁力的增長，在靜中求動；行步法是動中求靜，在運動中求得氣息的平靜；動站法介於兩者之間。無論哪種方法，總之都是使內臟呼吸器官能夠適應緊張運動的需要。古人云：「欲求技擊妙用，須以站椿換勁為根始，所謂使其弱者轉為強，拙者化為靈也。」因此，練習熟練不但能增加下肢的力量，使下盤穩固，使動作更為靈活，發勁短快，有助於「三勁」的掌握和呼吸的調整，而且還可增強攻防意識，臨陣禦敵有法。假若對方以拳腳向我中路擊來，我可用抱臂格撥，乘機進步闖撞其襠（或後插關住其腿，使之不能變化），用肘進擊對方。只要功夫到家，妙用無窮。

第四節　八極拳的三步六字要法

根據八極拳家吳秀峰、楊沛武等先輩以往傳授的經驗，要練好八極拳應掌握三步六字法。

一、練習八極拳的三個步驟

(一)易　骨

初練八極拳時，要循規蹈矩，用慢速度，一招一勢都

要一絲不苟。每動都要乾淨俐落。上、中、下三盤緊密配合，協調一致。以奠其基，以壯其體。骨體壯如頑石，而形成威猛，沉穩、發如炸雷的風格。

此階段的練習為第一步，也稱之為「明勁」。要求達到對拳架動作、姿勢的正確掌握。

(二)易 筋

練習有一定基礎後，再將拳式拆開練習，一勢練好再練一勢。著重於掌握擁搓步、跺碾步兩種步法的運用。暗借兩步法發力，神氣要舒展而不可拘。以長其筋，其勁縱橫聯絡，生長而無窮，而形成沉穩、外柔內剛的特點。

此階段的練習為第二步，也稱之為「暗勁」。主要要求達到三盤配合協調一致，有明顯的對立統一勁力的感覺。注意用意不用力。

(三)洗 髓

練習時全身四肢活動，起落進退皆不可著力，專以神意運用之。雖是神意運用，但形勢規矩仍如前兩步的要求，不可改變。雖然全身活動不著力，也不能完全不著力。以清虛其內，以輕鬆其體，內中清虛之象神氣運用，圓活無滯。身體靈活，其輕如羽。

此階段的練習為第三步，也稱之為「靈勁」。主要要求達到雄猛、剛健發如炸雷的風格猶存。勁力短而快速的特點仍在。

二、練習八極拳的六字要法

(一)靜

心靜則思想集中，精神貫注。就是所謂「精足則神滿」。如果精神不飽滿，不貫注，那麼動作就顯得單調，空虛，沒有氣魄，因此，要求「精足神滿」。

(二)正

勢正則真，法就合法合理，才能掌握其實質。因此，練習時要求對每招每勢，每個細節都要細心研探，不可馬虎。

(三)穩

步不穩，則根不固，上重下輕，發招無力，一動即跌。所謂「步不穩則拳亂」。因此，要求做到步型準確。身體重心下落，使下盤穩固。

(四)鬆

全身各部肌肉放鬆，可使氣自然下行，使力不至於受阻，順達於梢。動作靈活，避免勁力僵死。因此，要求肌肉舒鬆。不可緊張。

(五)開

全身骨骼開展，則拳勢大方。使動作到位，發力飽滿。氣血運行流暢。假若氣血不行，會感胸中氣悶，出現

重心不穩、腰酸腿軟的現象。因此，要求大開大合（也不可過大），使全身各部位達到舒展自滿。

(六)合

做到六合（即心與意合，意與氣合、氣與力合，手與足合，肘與膝合，肩與胯合），全身各部無不隨之協調運動。身體靜止時無不靜止。則動靜分明。收發自如，全身渾圓一體。因此，要求達到六合。

三步六字要法為練習八極拳之要領。若循序漸進持之以恆，必練成此功。

附錄　八極拳十説

這部分資料是從各舊抄本及出版的拳術著作中輯錄的。引文依其原貌，個別稍有壓縮改動。

一　説

一理：內練一口氣，外練筋骨皮。

二　説

兩儀：兩儀者，拳中鷹熊之勢，防守進取往來之理也。吾人俱有四體百骸，伸之而為陽（鷹勢），縮之而為陰（熊勢）。故曰：陰陽暗合也。

三　説

三節：三節舉一身而言，手肘為梢節，身為中節，腳腿為根節是也。分而言之，則三節之中亦各有三節也。如手為梢節，肘為中節，肩為根節，此梢節中之三節也。頭為梢節，心為中節，丹田為根節，此中節中之三節也。腳為梢節，膝為中節，胯為根節，此根節中之三節也。其不外乎起、隨、追而已。蓋梢節起中節隨，根節追之。庶不至有長短曲直參差俯爺之病，此三節之所以貴明也。

三節不明，周身是空；上節不明手多強硬，下節不明，足多盤跌，中節不明，渾身是空。

三盤連擊：上打雲掠點提，中打挨戳擠靠，下打吃根埋根。進則發，退則穩，身不捨正門，腳不可空存，眼不及一目，拳不打定處。

　　三不：八極拳常用步法有四六步，即不丁、不八、不馬，用擁搓步、跺碾步和翻身跺子。歌訣曰：意要身正直，十趾抓地牢，兩膝微下蹲，鬆胯易擰腰，兩肘配兩膝，八方任飄搖。還有「八極、八極，兩腳不離地」之說。

　　三層道理：①練精化氣。是指練習拳術時，要保持精神集中，排除雜念，氣沉丹田，旁若無人；②練氣化神。是指練習拳術時，面貌煥然一新，氣血能隨意而達於四梢，力舉千斤，面不改色；③練神還虛。是指功夫練到純青時，人似返老還童。氣血百脈通暢無阻，身體輕靈，外不動而有內勁之感。

　　三步功夫：①易骨。是在練習拳術時築固地基，以強壯身體。骨體堅如鐵石，而形成氣質威嚴，壯似泰山；②易筋。是練習拳術時以四臂圍牆，以長其筋，筋長力大，其勁力縱橫聯絡，無窮無盡；③洗髓。是在練習拳術時，胸中空空蕩蕩。輕鬆其體，神氣運用，圓活無滯，身體轉動靈巧。

　　四　說

　　四練：一練勁力如瘋魔，二練軟綿封閉撥，三練寸截寸拿寸吐露，四練筋骨皮肉合。

　　四梢：人之血筋骨末端曰梢。蓋髮為血梢，舌為肉梢，牙為骨梢，爪為筋梢。四梢用力，則可變其常態，能

使人生畏。①血梢。怒氣填胸，豎髮衝冠，血輪速轉，敵膽自寒。髮毛雖自慚微，摧敵不難；②肉梢。舌捲氣降，雖山亦撼，肉堅似鐵，精神勇敢，一言之威落魄喪膽；③骨梢。有勇在骨，切齒則發，敵肉可食，皆裂目突。眦齒之功，令人恍惚；④筋梢。虎威鷹猛，以爪為鋒，手攫足踏。氣勢兼雄，爪之所到，皆可奏功。

四德：指氣、機、時、勢。①氣，有三個概念：浩然之氣，指志氣，氣魄，氣勢；中氣，丹田之氣，體內的氣血；呼吸，這個呼吸不是一般意義上呼吸，而是指調氣運息；②機，指機會，沒有機會本事再大，氣力再足也是沒用，要善於捕捉機會；③時，與機相聯繫。要能抓住稍縱即逝的形勢。克敵制勝；④勢，不但要會審時，還要會度勢。武術中要順其勢。不順打不出，四兩撥千斤，貴在「順其勢」也。

五　說

五行：五行者，金、木、水、火、土之謂也。如人內有五臟，外有五官，皆與五行相配合。心屬火，脾屬土，肝屬木，肺屬金，腎屬水。此五行之隱於內者，目通肝，鼻通肺，舌通心，耳通腎，人中通脾。此五行之著於外者。金生水，水生木，木生火，火生土，土生金是五行相生之道也；金剋木，木剋土，土剋水，水剋火，火剋金此五行相剋之道也。

六　說

六合：六合者，（內三合）心與意合，意與氣合，氣

與力合。（外三合）手與足合，肘與膝合，肩與胯合是為六合也。

六忌：一氣，二急，三死，四斷，五散，六猶豫。

六字訣：頂、抱、擔、提、挎、纏是也。它是各種動作的母系。歌訣曰：「一打頂肘左右翻，二打抱肘順步趕，提挎合練單揚打，順步腰身便是纏，翻身頂肘中堂立，打開神拳往後傳。」

六不輸：輸手不輸肘，輸肘不輸肩，輸肩不輸頭，輸頭不輸胯，輸胯不輸膝，輸膝不輸足。

六字要求：八極拳出勢要求狠、毒、沉、穩、暴、愣六字。要做到這六字，必須頭頂項直身要正，把根紮下氣要含，騎馬步不大不小，足扣住不倚不偏，步要前四後六，眼要精神回環。

七　說

七順：肩要催肘，而肘不逆肩。肘要催手，而不逆肘。手要催指，而指不逆手。腰要催胯，而胯不逆腰。胯要催膝，而膝不逆胯。膝要催足，而足不逆膝。道要催身，而身不逆首。心氣穩定，陰陽相合，上下相隨，內外合一，此之謂七順。

七疾：眼要疾，手要疾，腳要疾，意要疾，出勢要疾，進取要疾，身法要疾也。

八　說

八意：八意者驚、慌、狠、毒、猛、烈、神、急。

八形：八面者八卦也。即坎、離、震、兌、乾、坤、

巽、艮分四正、四隅八方。

八極：言八方極遠之地。八極拳有出手四面八方，可達極遠的地方之意。

八擊：八擊者挨、戳、擠、靠、崩、撼、突、擊。

八大招：閻王三點手，猛虎硬爬山，迎門三不顧，黃鷹雙抱爪，霸王硬折韁，迎風朝陽手，左右硬開門，立地通天炮。

八字秘訣：一寸、二裏、三提、四挎、五戳、六摟、七硬、八摔。

九　說

九要：一要意薄身直，二要肩氣下，三要外方內圓，四要含胸拔頂，五要抖胯合腰，六要手腳相隨，七要氣力貫通，八要三盤連進，九要意守丹田。

十　說

十字整勁：左頂（肘），右拉（臂），上領（頭），下沉（氣），力撐四面，開成沉附之十字整勁，則下盤穩固，而不跌，發力渾厚，重如鐵。

十大型：常用龍、虎、熊、蛇、雞、猿、鷹、鹿、鵬、鴕十大動物特徵來表示動作形態。

十大勁別：抖、縮、愣、含、驚、崩、撐、挺、豎、橫。

大展出版社有限公司
品冠文化出版社

圖書目錄

地址：台北市北投區(石牌)
　　　致遠一路二段 12 巷 1 號
郵撥：01669551＜大展＞
　　　19346241＜品冠＞

電話：(02) 28236031
　　　 28236033
　　　 28233123
傳真：(02) 28272069

·武 學 釋 典· 大展編號 A1

1. 顧留馨太極拳研究	顧留馨著	380 元
2. 太極密碼 中國太極拳百題解	余功保著	200 元
3. 太極拳今論	薛蔚昌著	200 元
4. 意拳正軌	劉正編纂	330 元
5. 二十四式太極拳技擊含義闡釋	王鋒朝著	200 元
6. 汪永泉授楊式太極拳語錄及拳照	劉金印整理	200 元
7. 太極拳的力學原理	蕭飛著	200 元
8. 太極拳理論之源《易經》通俗解	于志鈞著	280 元
9. 太極拳理傳真	張義敬著	400 元
10. 太極拳行功心解詳解	蘇峰珍著	240 元
11. 內家拳武術探微	蘇峰珍著	450 元
12. 拳道述真	李玉栓編著	220 元
13. 懂勁 內家拳的瑰寶	黃逸武著	220 元
14. 走進王薌齋－解析大成拳	李榮玉著	280 元
15. 太極拳經論透視	蘇峰珍著	220 元
16. 太極密碼(2)太極拳心法體悟	余功保著	200 元
17. 太極密碼(3)太極拳勢通解	余功保著	200 元
18. 太極密碼(4)太極十三經心解	余功保著	250 元

·楊 式 太 極 拳· 大展編號 A2

1. 楊式太極拳大架與養生(附 DVD)	孫德明傳授	330 元
2. 楊式太極拳中架與內功(附 DVD)	孫德明傳授	330 元
3. 楊式太極拳小架與技擊(附 DVD)	孫德明傳授	300 元
4. 楊式內傳太極拳 108 式(附 DVD)	張漢文編著	330 元
5. 楊式內傳太極拳家手(附 DVD)	張漢文編著	350 元
6. 楊健侯太極拳真傳(附 DVD)	胡學智著	330 元

·陳 式 太 極 拳· 大展編號 A3

1. 陳鑫太極拳法圖解(附 DVD)	陳東山著	350 元
2. 傳統太極拳(附 DVD)	朱寶珍著	300 元
3. 陳式太極拳老架一路 入門圖解七十四式(附 DVD)	張富香著	330 元

4.	32式太極劍學與練（附VCD）	李壽堂編著	300元
5.	42式太極劍學與練（附VCD）	李壽堂編著	300元
6.	24式養生太極拳（附VCD）	苗樹林編著	280元

·武 術 特 輯· 大展編號 10

1.	陳式太極拳入門	馮志強編著	180元
2.	武式太極拳	郝少如編著	200元
3.	中國跆拳道實戰 100 例	岳維傳著	220元
4.	教門長拳	蕭京凌編著	150元
5.	跆拳道	蕭京凌編譯	180元
6.	正傳合氣道	程曉鈴譯	200元
7.	實用雙節棍	吳志勇編著	200元
8.	格鬥空手道	鄭旭旭編著	200元
9.	實用跆拳道	陳國榮編著	200元
10.	武術初學指南 李文英、	解守德編著	250元
11.	泰國拳	陳國榮著	180元
12.	中國式摔跤	黃 斌編著	180元
13.	太極劍入門	李德印編著	180元
14.	太極拳運動	運動司編	250元
15.	太極拳譜 清·	王宗岳等著	280元
16.	散手初學	冷 峰編著	200元
17.	南拳	朱瑞琪編著	180元
18.	吳式太極劍	王培生著	200元
19.	太極拳健身與技擊	王培生著	250元
20.	秘傳武當八卦掌	狄兆龍著	250元
21.	太極拳論譚	沈 壽著	250元
22.	陳式太極拳技擊法	馬 虹著	250元
23.	十四式太極劍	闞桂香著	180元
24.	楊式秘傳 129 式太極長拳	張楚全著	280元
25.	楊式太極拳架詳解	林炳堯著	280元
26.	華佗五禽劍	劉時榮著	180元
27.	太極拳基礎講座：基本功與簡化 24 式	李德印著	250元
28.	武式太極拳精華	薛乃印著	200元
29.	陳式太極拳拳理闡微	馬 虹著	350元
30.	陳式太極拳體用全書	馬 虹著	400元
31.	張三豐太極拳	陳占奎著	200元
32.	中國太極推手	張 山主編	300元
33.	48 式太極拳入門	門惠豐編著	220元
34.	太極拳奇人奇功	嚴翰秀編著	250元
35.	心意門秘籍	李新民編著	220元
36.	三才門乾坤戊己功	王培生編著	220元
37.	武式太極劍精華＋VCD	薛乃印編著	350元
38.	楊式太極拳(85 式)	傅鐘文演述	200元

歡迎至本公司購買書籍

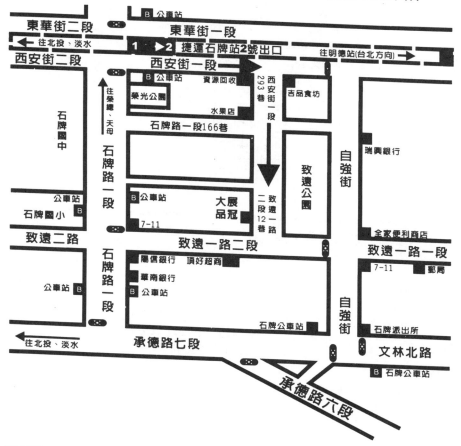

建議路線

1.搭乘捷運‧公車

　　淡水線石牌捷運站下車，由石牌捷運站２號出口出站(出站後靠右邊)，沿著捷運高架往台北方向走(往明德站方向)，其街名為西安街，約走100公尺(勿超過紅綠燈)，由西安街一段293巷進來(巷口有一公車站牌，站名為自強街口)，本公司位於致遠公園對面。搭公車者請於石牌站(石牌派出所)下車，走進自強街，遇致遠路口左轉，右手邊第一條巷子即為本社位置。

2.自行開車或騎車

　　由承德路接石牌路，看到陽信銀行右轉，此條即為致遠一路二段，在遇到自強街(紅綠燈)前的巷子(致遠公園)左轉，即可看到本公司招牌。

國家圖書館出版品預行編目資料

八極拳運動全書 / 安在峰 編著
－初版－臺北市：大展，2007【民96.01】
面：21 公分－（武術特輯：88）
ISBN 978-957-468-507-3（平裝）

1. 拳術－中國

528.972   95021566

八極拳運動全書

著　　者／安　在　峰
責任編輯／新　　硯
發 行 人／蔡　森　明
出 版 者／大展出版社有限公司
社　　址／台北市北投區（石牌）致遠一路2段12巷1號
電　　話／(02) 28236031 · 28236033 · 28233123
傳　　真／(02) 28272069
郵政劃撥／01669551
網　　址／www.dah-jaan.com.tw
E-mail／service@dah-jaan.com.tw
登 記 證／局版臺業字第2171號
承 印 者／傳興印刷有限公司
裝　　訂／建鑫裝訂有限公司
排 版 者／弘益電腦排版有限公司
授 權 者／北京人民體育出版社
初版1刷／2007年（民 96年）1月
初版2刷／2013年（民 102年）11月

定價／480元

大展好書　好書大展
品嘗好書　冠群可期

大展好書　好書大展
品嘗好書　冠群可期